アメリカ多文化社会論〔新版〕

「多からなる一」の系譜と現在

南川文里

法律文化社

新版の刊行によせて

『アメリカ多文化社会論――「多からなる一」の系譜と現在』初版は、2016年１月に刊行された。同書の狙いは、20世紀初頭からバラク・オバマ政権時代にいたるまで、アメリカ合衆国における「多からなる一」という構想がどのように展開してきたのかを、人種、エスニシティ、移民、多文化社会をめぐる基本概念を用いて論じることにあった。「移民の国」という自画像、先住民の征服や奴隷制以来の人種主義の歴史的変容、「多からなる一」を具現化させる枠組としての同化から文化多元主義、多文化主義への展開を、それぞれの時代の政治や社会運動と言論・学術研究の相互作用として描いた。その結果、多様性を軸とする包摂的な多文化社会像が定着する一方で、人種主義的な集団関係が維持・再生産される状況を「現在」として描いた。

初版の刊行後、アメリカ社会をめぐる状況はめまぐるしく変化した。2016年11月のアメリカ大統領選挙では、メディアや専門家の予想に反して、共和党候補であったドナルド・トランプがヒラリー・クリントンを破った。トランプの勝利は、多様性を尊重する社会を築きつつあったアメリカにおいて、白人中心の社会を維持しようとする政治が、依然として根強い支持を集めたことを示唆するように思われた。そして、2020年以降には、新型コロナウイルスの感染拡大によって表面化した格差や不平等、警察暴力に対する抗議から世界的な反人種主義運動へと展開したブラック・ライヴズ・マター運動、2020年大統領選挙におけるトランプの敗北と2021年１月のトランプ支持者による連邦議会議事堂襲撃事件など、多文化社会としてのアメリカのあり方を問う出来事が続いた。人種主義制度がいかに日常生活に深く組み込まれていたのか、そして反人種主義的な社会運動がいかに新たな社会を構想する創発性を有していたのか、あらためてアメリカを多文化社会として考えることの重要性を実感した人も多かっただろう。このような「現在」を理解するための道具は初版においても十分に提供したつもりではあったが、2016年から2021年までの５年間に生じた出来事と、それらをめぐる論争が喚起した新しい多文化社会論を反映させた、新版の必要性を日に日に痛感するようになった。

刻一刻と変化するアメリカについての時事的な解説が数多くあるなか、本書のねらいは、初版と同様、さまざまな出来事に通底する歴史的かつ構造的な変動をとらえる視角を提供することにある。とくに、新版をまとめるうえで具体的に重視したのは、以下の５点である。

（1）アメリカ社会の「起源」を批判的に問うセトラー・コロニアリズム論や移民国家論の近年の研究成果を反映させること
（2）人種研究における制度的・体系的な人種主義の歴史的展開とその現状理解を示すこと
（3）「多からなる一」の構想における多文化主義研究の最新の成果をふまえて、理論面・実証面でも多文化主義の変容と現代的課題を明らかにすること
（4）学術研究の成果にもとづいてオバマ現象からトランプ現象へといたる過程を説明し、2020年代におけるアメリカ多文化社会の見通しを描くこと
（5）アメリカ多文化社会の経験を日本で学ぶことの意義を示すこと

以上は初版でも意識してきたことでもあるが、新版では、それぞれの論点を明確にするために、章や節を全面的に再構成し、すべての記述に新しい研究動向のエッセンスが盛り込まれるように見なおされた。また、各章のデータや資料もできるだけ最新のものを反映した。本書がアメリカ多文化社会論の全貌を網羅できたとは思えないが、関連文献や資料について学術書と同じ形式で参照先を明示することで、読者が議論の成り立ちを追跡し、最新の研究動向へとアプローチすることが可能になるようつとめた。

「異なる文化が共存する社会」のあり方をさぐる多文化社会論では、多数派と少数派の文化をどう扱うか、共存の条件とは何か、個人や集団の権利をどこまで擁護するかといった問いをめぐる論争が続いている。本書が、私たちが生きる社会の共通課題としての「異なる文化が共存する社会」を追求するための一素材となることを願っている。

2022年１月

南 川 文 里

目　次

第Ⅲ部　21世紀のアメリカ多文化社会

序　章

「多からなる一」の追求

「多からなる一」へのアプローチ

図0.1　アメリカ合衆国の国璽とモットー

アメリカ合衆国の１ドル札には次の図像が印刷されている（図0.1）。これは「国璽」と呼ばれる国家を象徴する紋章のひとつである。合衆国の象徴である鷲がくわえている紙片に、次のように記されている。「E PLURIBUS UNUM」。これはラテン語で、「pluribus」は「複数」、「unum」は「単一」を示す単語であり、英語では「out of many, one（多からなる一）」などと訳される。鷲が13本の矢と13枚のオリーブの葉を持っていることからもわかるように、この語は、アメリカ合衆国が13の植民地を起源とする州の集まりとして建国されたことを指している。しかし今日、「多からなる一」という言葉は、連邦制度の特徴だけでなく、アメリカ合衆国という国の基本的特性を示す「モットー」とされている（Joint Committee on Printing, U.S. Congress 2003: 42）。

たとえば、「多からなる一」という語は、2004年の民主党大会で当時イリノイ州議員であったバラク・オバマが行った演説にも登場した。

> 個々人がそれぞれの夢を追い求めながら、アメリカ人がひとつの家族であるのは、この考え方があるからです。それが、「e pluribus unum」、つまり「多からなる一」という我々の国家の標語であります（Obama 2004=2010: 12-13、一部著者訳）。

のちに第44代合衆国大統領となるオバマは、この演説で、それぞれ異なった個として生きるアメリカ人が、家族的な共同体の一員でもあることを、「多からなる一」という言葉で表現した。「多」とは、個人的な自由にもとづく人種、民族、性、出身国、宗教、出自などの多様性を指し、「一」とは、家族のメタファーで語った「アメリカ社会」としての一体性を示している。異なった「多」のなかから「一」を見出すことを、アメリカの理想として語ったのである。

では、「多からなる一」は、どのような原理のもとで成立するのであろうか。実は、そのアプローチは決して一様ではない。たとえば、ドナルド・トランプは2017年１月の第45代大統領就任演説で次のように語った。

> 黒人もヒスパニックもそして白人も、私たちにはみな同じ愛国者としての赤い血が流れています。私たちはみな素晴らしい自由を享受し、同じ偉大なアメリカの旗に敬意を抱いてきました。[1)]

トランプは、異なる「多」を「一」に導くのは、「愛国者」としての共通性であると語った。演説では、「犯罪」「ギャング」「麻薬」が「アメリカの殺戮（American carnage）」をもたらすとも語っている。「愛国者」と「敵」の二分法は、「多からなる一」の実現を促進するのだろうか、それとも困難にするのだろうか。

一方、2021年に第46代大統領に就任したジョー・バイデンは次のように述べた。

> 私たちは今も前進することができます。歴史、信仰、理性が、統一のための道を示しています。私たちは互いを敵ではなく、隣人として見ることができます。私たちは、尊厳と敬意を持って互いを扱うことができます。[2)]

バイデンの演説は、「多」に対して互いに「尊厳と敬意」を持って扱うことで獲得される「一」を描いている。演説のなかでは、そのためには「白人優越主義（white supremacy）」や「体系的人種主義（systemic racism）」を含む「醜い現実」を克服する必要があると訴えた。バイデンが描く「多からなる一」は、「多」を作り出す個々の「尊厳」を互いに承認し、それを阻害する「醜い現実」との闘いによってもたらされる。

人種、エスニシティ、ジェンダーなどにもとづく多様性は、アメリカ社会を理解するための鍵のひとつである。新生国家として誕生したときから、アメリカ合衆国はその内部に多様性を抱え、その多様性のもとに国家として、国民としての統一性をどのように見出すかを模索してきた。人種的な相違、さまざまな背景を持つ移民、ジェンダーやセクシュアリティがもたらす多様性を、どのようにひとつの政治社会的な枠組のもとに位置づけるのか。「多からなる一」の実現に向けて、さまざまなアプローチが提案され、それぞれあるべき「アメリカ」の姿を描いてきた。「多からなる一」をめぐる旅路は、アメリカ社会内部の多様性のあり方だけでなく、アメリカの姿そのものを変えてきたと言える。

理念国家という難問

アメリカ合衆国は、しばしば「理念国家」と称される（古矢 2002）。国家を成り立たせる建国の理念は、独立宣言の「すべての人間は平等に作られている」という言葉や、合衆国憲法の「より完全な連邦を形成し、正義を樹立し、国内の平穏を保障し、共同の防衛に備え、一般の福祉を増進し、われらとわれらの子孫のための自由の恵沢を確保する」という目的のなかに描き込まれているとされる。そして「アメリカ市民（国民）」となる不可欠な条件は、このような建国の理念を共有することと考えられる。この条件を満たせば、たとえ宗教や人種が異なっていても、また生まれた国が違っていても、「アメリカ市民」となることは可能だ。さらに、建国の理念は、「リベラル」や「保守」といった政治的立場を超越する普遍的な理想とされる。異なった文化的背景や政治的立場にある人びとであっても、普遍的な建国の理念を共有し、その理想の実現のために努力することを通して、「ひとつの国民」となることが可能になると考えられる。

しかし、理念の共有によって「多からなる一」を実現するという営みには、いくつかの難問がつきまとう。

第一に、建国の理念の「普遍性」が抱える困難がある。建国の理念は、出自に関係なく共有できる普遍的なものでなければならない。しかし、それが普遍的なものになれば、「アメリカ人」を具体的に描くことが難しくなる。建国の理念が誰にでも共有できるものであるならば、「アメリカ人」と「非アメリカ人」の境界線はどこにあるのか。理念だけで、「一」としての連帯意識を生み出すことはできるのか。

第二の難問は、どのような条件を満たせば、理念を共有したと言えるのかが明確ではないということだ。理念の共有を判断する基準をどこに定め、その基準を満たしたかを誰が判断するのか。理念による「一」を追求するなかで、どこまで「多」を維持、主張することが可能なのか。「多からなる一」の条件は決して自明ではない。

第三の難問は、理念国家の理想に合致しない現実があったとき、それをどのように解釈するかというものだ。アメリカには、人種主義、ジェンダー差別、貧富の格差など、自由や平等の理念に矛盾する側面がいくつも見られる。この矛盾を、理念が未達成であるがゆえと考えるのか、それとも理念自体が「嘘」「欺瞞」であるがゆえと考えるのかによって、「一」を求める方向性は大きく異なる。

以上のような問題と対峙しながら、多様な個人による社会的な連帯をどのように構築するのかは、アメリカ社会が直面する基本的な論争点であり続け、その対立と変化のダイナミクスがアメリカ社会を動かしてきた（鈴木 2016: 6–7）。「アメリカ人」としての普遍的な理念の追求は、それと矛盾するような人種、ジェンダー、階級などにもとづく制約を伴ってきた（Gerstle 2001; 古矢 2005）。「多からなる一」の理想は、普遍主義的な開放性と人種や属性にもとづく不寛容が共存するなかで、有名無名の人びとの挑戦、葛藤、挫折を通して模索されてきた。本書は、アメリカ合衆国という歴史的かつ具体的な文脈のなかで、人びとが多文化社会という課題にどのように向き合い、「アメリカ人」をどのように構想してきたのかを問うものである。とくに、アメリカがその文化的多様性を強く自覚し、それを国民的な物語のなかに取り入れようとした20世紀以降の時代に注目して、「多からなる一」の系譜を追跡し、多文化社会としての可能性と課題を論じたい。

多民族社会アメリカの現在

アメリカ合衆国は、しばしば「人種のるつぼ」「サラダボウル」「多民族社会」などとたとえられる。現代のアメリカ合衆国を見れば、そこには人種的・民族的・文化的に多様な背景を持つ人びとが生活している。表0.1は、合衆国センサス（国勢調査）局が発表した2020年のアメリカ合衆国における人口構成であ

表0.1　2020年における人種エスニック別人口構成

人種エスニック集団	人口（千人）	人口に占める割合（%）	2010年からの増減率（%）
白人*	191,697	57.8	−2.6
黒人*	39,940	12.1	6.0
アメリカン・インディアン、アラスカ先住民*	2,251	0.6	0.2
アジア系アメリカ人*	19,618	5.9	35.6
ハワイ人、太平洋諸島系	622	0.2	29.2
その他の人種	1,689	5.0	179.7
２つ以上の人種*	13,548	4.1	127.1
ラティーノあるいはヒスパニック	62,080	18.7	23.0
合計	331,449	100.0	7.4

＊はヒスパニックを含まない

出典：Frey（2021）

る[3)]。2020年センサスでは、まずメキシコ、カリブ海地域、ラテンアメリカのスペイン語圏を起源とする「ヒスパニック、ラティーノあるいはスペイン系（本書では以下「ヒスパニック」と表記する）」であるか否かを尋ね、その後に回答者の「人種」について尋ねる形式となっている。そのうち、ヒスパニックであることを否定したうえで、白人であると回答した人口（非ヒスパニック白人）が、ヨーロッパにルーツを持つ、いわゆる「白人」を指すと考えられる。非ヒスパニック白人は、約1.9億人で、人口全体の57.8%を占めている。白人の多くが、ヨーロッパ諸国に起源を持つ人びとであり、その出自はイギリス、オランダ、アイルランド、ドイツ、イタリア、ロシア、ポーランドなどさまざまであり、宗教的にもプロテスタント、カトリック、ユダヤ教など多様な人びとを抱えている。人口的な多数派ではあるが、2010年からの10年間で唯一人口が減少している集団である。

一方、最初の設問で、「ヒスパニック、ラティーノあるいはスペイン系」の背景を持つと答えた人びとは、ヒスパニックと呼ばれ、その人口は6200万人程度、全体の18.7%を占めている。ヒスパニックは、その内部に複数の人種（白人、黒人など）を抱えており、センサス上は、人種とは異なる文化によって定義される「エスニック集団」と位置づけられているが、実質的には独自の人種アイデンティティを有する集団と考えられている。また、アフリカ出身の奴隷を起源とした人びとを多く抱える黒人（アフリカ系アメリカ人）の人口は、約4000万人、12.1％を占めている。近年急増しているアジア系アメリカ人が、約2000万人弱で5.9％、また、独自の歴史的背景を持つアメリカン・インディアンやネイティヴ・アメリカンと呼ばれる先住民系の人びとが、約225万人で0.6％を占めている。ほかには「ネイティヴ・ハワイアンおよび太平洋諸島系」「その他の人種」があり、さらに上記の複数のカテゴリーにチェックした「２つ以上の人種」と類型化される人びとが約1350万人で人口の約4.1％である。

このような人種エスニックな多様性の背後には、奴隷制や先住民への迫害、人種隔離制度、移民排斥運動、貧富の格差など、「理念国家」の理想から乖離した制度、政策、社会運動が存在してきた。それゆえ、アメリカ社会にとって、このような人種エスニックな多様性にどのように向き合うかは、その社会の根本的なあり方を問うきわめて重要な課題である。「多からなる一」の具現化は、異なった歴史的背景、文化的背景を有する人びとが背負う差別・排除・隔離の歴史と、理念国家としての理想のあいだの溝を埋めようとする試みでもある。

「多からなる一」の構想と制度

これまで、理念国家における「多からなる一」の構想として、さまざまなモデルが紹介されてきた（Gordon 1964; Glazer and Moynihan eds. 1975; 関根 1994; 本間 1996; 古矢 2005; Alexander 2006; 藤本 2009; Ratner-Rosenhagen 2019=2021）。本書の第Ⅱ部以降で言及する同化、文化多元主義、多文化主義は、これらの議論のなかで提示されてきたものである。アメリカ社会においては、人種、性、出身国、宗教などの特定のカテゴリーへの個人の帰属が、政治行動、社会的活動、文化的生活などのさまざまな場面で重要な意味を持っている。このようなカテゴリーの数々は、アメリカ社会の豊かな文化的多様性を形づくる一方で、社会内部の格差や排除をもたらすスティグマとしても作用している。「多からなる一」の実現とは、異なった歴史的背景、社会的地位、文化的態度を有する人びとを、理念国家のなかに位置づけ、市民社会の一員として包摂する「市民的編入（civic incorporation）」のひとつと考えられる。それは、排除や格差にさらされてきた多様な人びとを包摂し、市民社会に共存させることはいかに可能であるのかを問う（Alexander 2001; Hartman and Gerteis 2005）。

「多からなる一」を構想するうえで、編入・包摂される「市民」の範囲をどのように決め、どのような状態になったときに「一」が達成されたと見なすのか。そのルールや規則は、アメリカ史のなかで変化してきた。そして、その結果として描かれるアメリカ社会の姿もまた、さまざまなかたちをとってきた。異なる背景を持つ人びとによって構成されるアメリカ社会のあり方は、どのように定義され、それは歴史的にどのように変化してきたのか。

また、本書は、「多からなる一」を構想する思想や理論だけでなく、人びとがその構想を、具体的な社会運動や政策を通して、どのように実社会のもとに実現させようとしてきたかにも注目している。「多からなる一」は、法制度、国家の機関や組織、市民社会、社会運動のなかで、どのように表現されたのか。それは、どのようなルールをもたらし、どのような制度の変容を迫ったのか。歴史のなかでは、理想とする共存のかたち、差別や格差に対する態度、理想を成し遂げるためのルールと方法、それを支える制度など、さまざまなレベルにおいて複数の選択肢が存在し、「多からなる一」の構想と制度は、歴史的・地域的文脈のなかでかたちを変えてきた。

アメリカ多文化社会論の射程

本書が議論するアメリカ社会の経験は、多文化社会のあり方を構想するうえで重要な示唆を持つ。日本でも「多文化共生」という言葉が政策的にも採用され、地域社会、社会運動、当事者による取り組みが蓄積されている（崔・加藤編 2008; 近藤編 2011）。日本のように歴史的な背景や制度的な特性が異なっている多文化社会の課題や実践を取り上げる際に、アメリカ社会の経験から考えることには大きな意味がある。

第一に、人種、エスニシティ、多様性などの多文化社会に関する概念や理論の一部は、アメリカにおける歴史的文脈に埋め込まれて成立してきた（Sollors 1986）。アメリカ発の理論を日本の事例に安易に当てはめることには慎重であるべきだが、日本への応用可能性を検討するためには、各概念の歴史的文脈やその射程を正しく理解することが不可欠である。

そして、アメリカ社会も日本社会も、グローバルな規模での社会変動を共有しており、そのグローバルな同時代性において多文化社会のあり方を考察することも必要だ。現代の日本は、グローバルな移動性の高まり、個人化やアイデンティティをめぐる社会変容、排外主義の広がりなど、ヨーロッパやアメリカ合衆国における多様性をめぐる同時代的課題を共有している（Hollifield et al. ed. 2014; 樽本編 2018; de Haas et al. 2020）。そのようなグローバルな同時性のなかに、日本社会の課題を位置づけることも重要である。そして、アメリカが同時代の課題に対して、どのように葛藤しているのかを学ぶことで、多文化社会としての日本の指針を考えることも必要だろう。

アメリカは、覇権国家として、政治的・社会的・文化的な影響力を行使する一方で、自身もグローバルな社会変動にさらされ、それが体現する光と影の両方に巻き込まれてきた（古矢 2020）。多文化が共存する社会がいかに可能であるのかという課題に、アメリカがどのように取り組んできたのか。その教訓は、現代社会の来歴と現在、その未来を見通す視座を獲得するうえで、重要な示唆を含んでいるはずだ。

1） "Full text: 2017 Donald Trump Inauguration Speech Transcript," January 20, 2017. https://www.politico.com/story/2017/01/full-text-donald-trump-inauguration-speech-transcript-233907（最終閲覧日2021年７月１日）

2） "Inaugural Address by President Joseph R. Biden, Jr." January 20, 2021. https://www.whitehouse.gov/briefing-room/speeches-remarks/2021/01/20/inaugural-address-by-president-joseph-r-biden-jr/（最終閲覧日2021年７月１日）

3） 2000年以降のセンサスでは複数の人種集団への帰属を回答できるようになっており、複数回答の場合は「２つ以上」に含まれている。それ以外は単独の人種集団への帰属を回答したものである。

第Ⅰ部

多文化社会アメリカの形成

第1章

移民国家アメリカの条件と変容

1.1 「移民の国」をつくる条件

1.1.1 「移民の国」という自画像

アメリカ合衆国という国家の設立の物語では、北アメリカ大陸への人びとの移住の歴史が中心的な位置を占めてきた。「移民の国(a nation of immigrants)」は、アメリカの自画像として、その基本的な理念を形づくっている。この考え方を体現していると言われるのが、ジョン・F・ケネディが1950年代末に発表した次の一節である。

> 私たちは、アメリカを特定の移民の貢献によって生まれた国と見なすことはできない。なぜなら、すべてのアメリカ人が移民であるか、その子孫だからだ。インディアンでさえも、はるか昔にアメリカ大陸へ移住した人びとだ。しかし、移民の波は、それぞれの刻印をアメリカ社会のなかに残してきた。それぞれが、この国の建設とアメリカ的生活の進化のために、独自の「貢献」を果たしてきたのだ（Kennedy 1964: 64)。

ケネディが描くアメリカ社会像において、移民はアメリカ文化を形づくるものとされる。アメリカ文化の本質は、ひとつの特定の文化に集約されることはなく、複数の文化が合流することで生じる文化的な動態性にある。ここで鍵となるのは、「貢献（contribution)」という語である。ケネディは、多様な移民が持ち込んだ文化や価値観が、アメリカの一部となることによって、「アメリカ的生活の進化」が生じると考えた。

このような考え方の背景には、新大陸に生まれた合衆国を「旧大陸」ヨーロッパと異なった、新しい理念と制度にもとづいた例外的な社会とするアメリカ例外主義の考え方がある（斎藤 1995)。「建国の父」の１人で、政治家で企業家としても知られたベンジャミン・フランクリンの次の言葉は「移民の国」の例外主義を如実に反映している。

> 生まれの良さは、ヨーロッパでは大いに価値を持つだろうが、アメリカに持ち込んでもまったく値がつかないものである。アメリカでは、人びとは、その新参者について尋ねる際に、「あの人はだれだ」とは訊かずに、「あの人はなにができるのか」と訊く。（中略）イングランド、アイルランド、スコットランド、ドイツからやってきた多くの貧民は、このようなやり方によって、数年のうちに裕福な農民となる。そうした人びとは、自分たちが生まれた国においては、すべての土地はすでに占有され、労賃は安いので、かれらが生まれ落ちた悲惨な境遇から這い出すことなどとてもできなかったであろう（フランクリン 1784=2005: 118-120、一部著者訳）。

フランクリンは、「移民の国」の物語を支える重要な側面である「経済的成功」について語る。封建的な社会制度が色濃く残るヨーロッパでは「生まれ」ゆえに経済的自立が困難とされる貧農の人びとも、肥沃な土地が無限大に広がるアメリカでは、自作農として成功し、人びとから尊敬される市民となることが可能であると見なされる。ここに、自由と機会と成功の国としての「アメリカン・ドリーム」の原型を見ることも可能だろう。

フランクリンが語った夢は、旧世界にあった封建的社会関係から自由となった移民が、アメリカの広大な土地と成長途上の経済のなかで、「市民」として自立する過程を描いている。「移民の国」という自画像は、ヨーロッパ出身の移民が新大陸の国家建設に自分たちの夢を見出したことから始まった。さらに、ケネディの「すべて移民か、移民の子孫」とする「アメリカ人」像は、その後の国家とアメリカ文化の発展を「移民の貢献」によってもたらされたものと描く。すなわち、「移民の国」アメリカを成り立たせているのは、単に移民を多く受け入れているという量的側面だけでなく、移民を国家建設の神話と国民的性格の中核に位置づける考え方なのである。

1.1.2　セトラー・コロニアリズムと不自由な移民

しかしながら、ヨーロッパ出身の初期移民をアメリカの創造者と見なす「移民の国」の自画像を、そのまま額面通りに受け入れることはできない。

第一に、「肥沃な土地が無限大に広がるアメリカ」へやってきた植民者を主体とした物語は、その土地を生きてきた先住民の存在をかき消してしまう。ヨーロッパ人による植民地建設は、広大な「無主地（*terra nullius*）」を占有したことから始まったとされているが、実際は、その土地は、先住民のさまざまな部族が日々生活していた場所であった。この土地を占有するために、植民者は、先住民が土地を所有・活用する能力を欠いた「野蛮な」人びとであると見なして徹底的に排除した（中村 2020: 56）。このように、先住民を排除し、入植者が権力と資源を独占する植民地建設のあり方は、セトラー・コロニアリズム（settler colonialism）と呼ばれる（Wolfe 2006）。

セトラー・コロニアリズムは、北米先住民が生きる環境を劇的に変えた。15世紀末のヨーロッパ人と先住民との接触以後、1700年までの２世紀の間に北米の先住民人口は、伝染病の蔓延によって約10分の１に減少したと言われる（Taylor 2013=2020: 25）。先住民は、北米における帝国間戦争にも巻き込まれた。ヨーロッパ人に協力した人びとも武力で抵抗した人びとも、結局は、ほとんどの先住民が殺されるか、もともと住んでいた土地を奪われ、内陸部への移住を強制された（Hixson 2013）。「移民の国」の自画像は、このような虐殺と排除の歴史を忘却することによって可能となった。

さらに、植民地期の移住者もまた、一様ではなかった。自発的に移住し、新大陸で自由を謳歌し、独力で未来を切り開く移民像は、必ずしも歴史的な実態を反映したわけではない。たとえば、北米の植民地建設を支えた人びととして、年季奉公人（indentured servants）が挙げられる。これは、一定期間衣食住の支給以外は無給で働く契約を結んで移住し、その期間満了後に「解放」された人びとである。奉公人の多くは、渡航費用を借金しており、奉公期間には結婚や職業変更は認められず、主人の絶対的な支配下に置かれた。労働環境も劣悪なため、年季満了を前に病気などで死亡する奉公人が後を絶たなかった。年季奉公人の多くは、イギリスやアイルランド出身の貧困層で、17世紀におけるチェサピーク湾植民地（現在のヴァージニア州など）への移住者の約４分の３が、奉公人として到着した人びとだった（Taylor 2013=2020: 82）。

イギリスの生活条件の改善や農業移民の増加に伴って年季奉公人は減少したが、17世紀から南部植民地でタバコやトウモロコシを作る大農園を支えたのは、アフリカから強制的に持ち込まれた黒人奴隷の労働力であった。奴隷貿易は、現在のアメリカ東海岸から西インド諸島、南米のブラジルにいたるまで環大西洋規模に広がる巨大産業であった。アフリカ出身の奴隷の多くが大規模農園に導入され、18世紀にイギリス領植民地が「輸入」した奴隷は150万人を数え、それは同時期の自由移民の3倍以上の数であったという（Taylor 2013=2020: 82）。一方で、反乱への恐れから、奴隷法が各地で定められ、奴隷の移動や集会は禁止され、鞭打ちなどの厳しい刑罰や人種間結婚の禁止が制度化された。北米植民地時代に確立した奴隷制度は、「すべての人間は平等につくられている」と宣言して独立したアメリカ合衆国でも維持された。

ヨーロッパ出身の移民を主体としたセトラー・コロニアリズムは、先住民を排除する一方で、年季奉公人や奴隷などの「不自由な」移民を大量に導入した。さらに、建国期のアメリカでは女性や貧困層も参政権を否定され、新生国家の正式なメンバーとして、十全な権利を認められていなかった。先住民から奪った「無限の空間」における自由と機会を享受したのは、実際にはきわめて限定された人びとであった。「移民の国」は、その出発点において、セトラー・コロニアリズムにもとづく植民地建設と不自由な労働力の搾取という前提条件のもとで成立したのである。

1.1.3 出生地主義と移民国家アメリカ

アメリカは、「移民の国」像が想定する自由移民だけでなく、先住民や黒人奴隷など、異なった権利や地位を持つ人びとを抱えて成立した。それゆえ、「アメリカ人」としての市民権（citizenship）は、領域内の異質性に対峙しながら「アメリカ人」の境界線を定めるものとなった[1)]。市民権の境界は、歴史のなかで変動し、さまざまな人びとの排除と包摂をもたらしてきたが、その基本的なルールとして強調されるのが、出生地主義（*jus soli*）の原則である。

出生地主義とは、その領域内で生まれることを市民権付与の条件とする原則である[2)]。この原則は、イギリス慣習法のもとで初期の移民から適用されてきたが、実際に制度化されたのは、奴隷制廃止後の1868年に制定された合衆国憲法修正14条においてであった。修正14条は、アメリカにおける市民権を、「合衆国で生まれ、あるいは帰化をした者、およびその管轄権に属する者すべては、アメリカ合衆国の市民であり、居住する州の市民である」と規定した。これは当初、奴隷制廃止後に奴隷であった人びとに連邦市民としての基本的権利を保障することを想定した修正であった。その後、1898年に連邦最高裁判所が、アメリカ国内で出生した中国人の子どもが「出生時に市民権を取得し、出生後に剥奪されない」と判断したことから、出生地主義は移民にも適用されることが確定した（高佐 2003: 235）。

出生地主義原則のもとで、アメリカで生まれたすべての人間は、アメリカ市民（＝国民）とされ、その決定的な条件は、親が誰であるかではなく、生まれた場所がどこであるかだった。アメリカで生まれた子どもは、親が外国人であっても、アメリカ市民の資格を得ることができる[3)]。このような制度は、「国民」の枠外に置かれる移民に対する見方にも大きく影響する。外国人である移民から子どもが生まれれば、その子ども（＝移民第二世代）は出生地主義によって「市民」となることを約束される。そのため、移民は、将来の「市民」の親として、安定した生活環境と十全な教育機会を与える役割を期待される。このように、移民もまた「市民社会」の一部を構成する重要な成員と考えられ、子どもが「市民」となるために必要な生活や教育環境をつくるために、その親である移民への福祉や支援も正当化される。このような論理によって、「移民の国」という包摂的な国民社会像が、具体的な移民の権利保障や政策支援へと結びついた。

このように、「移民の国」としての制度的基盤は、南北戦争の終結と奴隷制の廃止、憲法修正14条の制定による連邦市民権の設置とその移民への適用によって確立した。19世紀後半の国家体制の変動は、移民に対する市民権の保障と出入国管理を連邦政府が担う「移民国家」の原型を形づくったのである（貴堂 2019: 159）。

1.2 「移民の国」理念の確立——大量移民から「移民制限」の時代へ

1.2.1 大量移民時代の到来と「多からなる一」の模索

「移民の国」というアメリカ社会を特徴づける理念を、移民の歴史的展開と関連づけて見てみよう。建国直後の18世紀後半から1850年ごろまでは、植民地時代の流れを引き継ぎ、ヨーロッパ諸国からの移住者を中心とした時代であった。この時代に、移民としてアメリカにやってきたヨーロッパ人の多くが、先述したフランクリンの「案内」にもあるように、農業に従事し、豊富な土地をかかえるアメリカ大陸で独立農民となることを夢見て移住した人びとであった。フランクリンが挙げた国々からもわかるように、その出身地もイギリス、アイルランド、ドイツなどの西北ヨーロッパに偏っていた。植民地期から建国直後の時期まで、初期アメリカを政治家、企業家、宗教家として支えた人びとの多くが、これらの地域からの移民とその子孫であった。また、初期移住者の時代のアイルランド出身の移民は、独自の特徴を持つ移民集団であった。アイルランド系移民はカトリックが多数を占め、植民地期には年季奉公人として移住する人も多かった。1840年代末にアイルランドで起きた大飢饉を受けて、1850年代には100万人以上がアメリカ合衆国へと移住した（U.S. Department of Homeland Security［以下DHS］2020: 6）。

これに続く1850年代から1924年までの20世紀転換期を挟んだ時期は、「大量移民時代」と呼ばれている。移民の数は、南北戦争期に一度減少するものの、その後、爆発的に増加し、20世紀の最初の10年間にピークを迎えた。この時代の大量移民がアメリカの人口構成に与えた影響は大きく、1910年の段階で「外国生まれ」が全人口の約15％を占めていた（Gibson and Jung 2006: 37）。大量移民時代の特色は、それ以前の時代に対し、ヨーロッパ域内における移民の出身地が変化している点である。1900年から1909年のあいだに最大の移民送り出し国となったのは、オーストリア＝ハンガリー（約200万人）、イタリア（約193万人）、ロシア（約150万人）などのヨーロッパ東部・南部の地域であった（DHS 2020: 6）。

出身地の変化は、移民の社会的性格も大きく変えた。まず、これらの地域の出身者は、カトリック、ギリシア正教、ユダヤ教などの非プロテスタントが多い。これは、プロテスタントを中心としたそれ以前のヨーロッパ系移民と比べると、はるかに幅広い宗教的・言語的・文化的な多様性をもたらした。また、大量移民時代の新規移民は、19世紀半ば以降のアメリカ資本主義の発達と産業化の要請に応え、工場などで働く低賃金労働者が多数を占めた。彼らは、シカゴ、ニューヨーク、デトロイトなど、東海岸や中西部の大都市やその近郊に集中し、巨大な都市労働者階級を形成した。その結果、移民労働者向けのアパートメントが集まった都市中心部には、「スラム」や「ゲットー」と呼ばれる地区が姿を現し、このような集住地区を舞台に、移民のエスニック文化が維持された。移民は、出身地と同じ教会に通い、出身地の言語で書かれた新聞を読み、出身地と同様の食生活を享受し、出身地にもとづく人間関係を維持した（Handlin 1951=1973; Bodner 1985）。

このような、新しい大量移民に直面したのは、東海岸や中西部の都市だけではなかった。19世紀半ばまでに合衆国の一部となった西海岸地域でも、移民はその社会構成の重要な一部となった。西海岸はもともとスペイン領植民地としての歴史をもち、スペイン語系人口を多く抱えた発展途上地域であった。そこへ、西へと移住してきたヨーロッパ系移住者が加わり、さらに19世紀半ばの「ゴールドラッシュ」以降は、中国からの移民労働者が大量流入し、鉄道建設や鉱山労働に従事した。1882年に中国からの移民が禁止されると、日本からの移民が増加し、1900年から09年までに約14万人が渡米した。西海岸には、この地域の先住者であったメキシコ系、新たな流入者としてのアジア系、そして大陸を横断してやってくるヨーロッパ系移民が、労働と生活の空間を共有する複雑な人種構成にもとづく社会が成立していた（Chan 1991; Almaguer 1994）。

このように大量移民の時代は、出身地域、階層、宗教などの点で、移民人口の内実を著しく多様化させ、「アメリカ人」の内容を大きく変容させた。東・南ヨーロッパあるいはアジア出身の移民が殺到した大量移民時代とは、アメリカ社会がこれまでに経験したことがなかった多様性や異質性に直面し、その社会のあり方を根本的に問いなおす機会となった。

このような変化を背景に、「移民の国」アメリカの象徴的存在となったのが、ニューヨーク湾に1883年に設置された自由の女神像である。像があるリバティ島のすぐ近くに、アメリカに到着した移民が入国審査を受けるエリス島があり、この像は、20世紀転換期に大西洋を渡った移民にとって、自由と機会の国への到来を象徴するものとなった。そして、その台座には、作家エマ・ラザルスによる詩「新しい巨像（New Colossus）」が刻まれた。以下はその一節である。

私のもとへ、その疲れた、貧しく
自由の息吹を求めて身を寄せ合う人びとを連れてきなさい。
その人びとでごった返す岸辺の不幸な難民たちよ
家を失い、荒波にもまれた人びとを私のもとへ送りなさい。
私は、黄金の扉のそばで、松明を掲げています！

ラザルスのメッセージは、世界じゅうの「自由の息吹」を求める人びとにとっての「約束の地」として、アメリカを定義するものである。このように移民をアメリカの国民的な想像力の中心に位置づける「移民の国」像は、これまでとは異質な特徴をもつ大量移民が持ち込む多様性をいかに受け止めるのか、そのような人びとを、どのようにして国民社会の一員として認めるのか、認めないのか、という新たな課題を生み出した。大量移民時代こそが、「多からなる一」を、連邦制度における政治的多元主義だけでなく、複数文化の共存と国民社会への統合を模索するスローガンへと変質させたのである（Zunz 1998=2005; 中野 2015）。

1.2.2 「移民制限」の時代

合衆国史上類を見ない大量移民時代は、1924年に制定された移民法によって長い停滞期を迎えた。19世紀後半から、大量移民を新しいアメリカの象徴と考える見解がある一方で、その異質性や多様性が既存の社会秩序を崩壊させると危惧する移民排斥運動が広がっていた。後者の見方を反映した1924年移民法は、急増した移民を抑制するために、1890年の時点の各国出身者の人口の２％を上限として、出身国別の割当が設けられた。1890年の段階では人口比率が高くなかった東・南欧出身の移民数は著しく抑制され、1910年代には約120万人が入国していたイタリア出身の移民数は、1920年代に半減、1930年代には8.5万人まで激減した（DHS 2020: 8）。さらに、1882年の排華移民法以来、排斥運動にさらされてきたアジア地域出身の移民に対しては、「帰化不能外国人」と規定して割当を認めず、新規移民は完全に停止された。1924年移民法による国別割当制は、アメリカ移民の中心を、WASP（ワスプ）すなわち白人アングロサクソン系プロテスタントと位置づけ、それ以外の人びとを、人種や出身国の出自にもとづいて制限する政策を確立させた（Ngai 2004）。

国別割当が導入された1924年移民法以降、大恐慌や第二次世界大戦が重なることによって、30年代から40年代にかけての新規移民人口は低水準で推移することとなった（図1.1を参照）。しかし、「移民制限」の時代にも活発な人の移動は存在した。それが、国別割当の対象外となったアメリカ大陸からの移民、なかでもメキシコ人の移動である。第二次世界大戦中の1942年、戦時の農業労働力不足を補うため、メキシコから短期の外国人労働者（永住権を有する「移民」とは異なった資格）を導入するブラセロ・プログラム（Bracero Program）が実施された。このプログラムは、戦後まで継続され、ピーク時の1950年代後半には年間45万人近い「ブラセロ」と呼ばれたメキシコ人労働者が受け入れられた（Massey et al. 2002: 37-39）。しかし、二国間協定が定めた労働条件や居住環境は切り崩され、正規の労働許可を持たない非正規移民労働者の雇用も横行した。連邦政府は、非正規滞在者の取締りを強化したが、外国人労働者の大量導入は、アメリカ南西部の社会経済に正規・非正規のメキシコ人労働者を組み込み、20世紀後半以降に本格化する移民パターンの基礎を形づくった（Ngai 2004）。

また、「移民制限」の時代には、ヨーロッパ出身の大量移民のあいだで第二世代への世代交代が進んだ。移民の第二世代や第三世代は、ニューディール期以後の社会保障制度の充実と、戦時・戦後の経済的好況の恩恵を享受した。とくに、退役軍人向け社会保障プログラム（いわゆる「G.I.ビル」）は、移民やマイノリティの大学進学を助け、戦後の地位上昇の土台となった。そして、移民の後続世代は安定した職業的地位を獲得することで、郊外住宅、自動車、電化製品などを購入する経済的主体となり、20世紀半ばの豊かなアメリカ的生活様式（American way of life）の主役となった。このような経済的安定とアメリカニズムの享受は、大量移民時代の再評価に結びつき、東・南欧系やアジア系を制限する国別割当制の見直しを後押ししたが、1952年に改正された移民法では、アジア系を帰化不能とする規定を廃止したものの、国別割当制は維持された。

本章の冒頭で言及したジョン・F・ケネディの「移民の国」と題したエッセイは、WASPだけでなく、世紀転換期の大量移民が、20世紀アメリカ社会文化の形成にいかに「貢献」してきたかを強調し、特定地域出身の移民を排除する国別割当制の廃止を求めるものであった（Kennedy 1964）。自身もアイルランドに出自を持つカトリックであるケネディは、大量移民がもたらした文化的多様性を、アメリカに対する脅威ではなく、冷戦時代におけるアメリカ的自由主義と生活様式の優位を示すものと再評価した。ケネディの「移民の国」論を含め、1950年代以降、世紀転換期の移民が、戦後アメリカの繁栄の基礎を形づくったとする物語が多く登場した。なかでも、歴史家のオスカー・ハンドリンは、1951年の著書『根こそぎにされた人びと』の冒頭で、「移民の歴史こそがアメリカ史である」と述べ、「移民の国」としてのアメリカ像を決定的なものとした（Handlin 1951=1973）。このような「移民の国」という認識が定着するなか、国別割当制における人種主義的な制約は、1965年に改正された移民国籍法（以下、1965年移民法）によって廃止され、「移民制限」の時代は終わりを告げた。

1.3　再構成する「移民の国」——ポスト1965年移民の時代

1.3.1　1965年移民法がもたらした変化

1965年移民法は、差別的な国別割当制を廃止し、それに代わる新しい枠組として、家族再結合と技能移民を導入した。前者は、家族が共に暮らす権利を尊重し、アメリカ市民や永住者の家族を移民として優先するものである。また、後者は、アメリカ国内の労働市場で不足する技術や高度な技能を有する移民に永住権獲得の機会を与えるものである。このほかに、自国内で迫害を受ける恐れのある人びとを難民として受け入れる仕組みも整えられた。以上の条件のもとで、米国市民の直近親族と一部の特別な移民を除いて、各国あたり年間２万人を受け入れの上限とした。

この新しい移民法は、アメリカへ入国する人びとの流れを大きく変えた（Reimers 1985=1992）。それは、図1.1を見てもわかるように、移民人口の爆発的な増加を招き、移民の出身地を、ヨーロッパからアメリカ大陸とアジアへと移行させた。移民人口は、1980年代には600万人を超え、1990年代で大量移民の時代の最大数を上回り、そして2000年以降は10年間で1000万人以上を受け入れている。そして、最大の移民出身地はメキシコになり、キューバ、ドミニカ共和国などのカリブ海諸国、中国、インド、フィリピン、ヴェトナムなどのアジア諸国が主要出身国となった。また、アフリカ出身の移民も継続的に増加している。一方で、ヨーロッパ出身の移民の割合は、新移民法のもとで低下している（DHS 2020: 6-11）。

1965年移民法によって規定されたアメリカ移民政策の基本的枠組は、その後の1986年移民改革管理法、1990年移民法などの改革を経たあとも、維持されている。1965年以降の移民パターンを決定づけたのは、家族再結合制度の採用であった。国別割当制の対象外ですでに多くの移民が定着していた南北アメリカ

図1.1　アメリカへの移民数と出身地域別構成（1820～2019年）

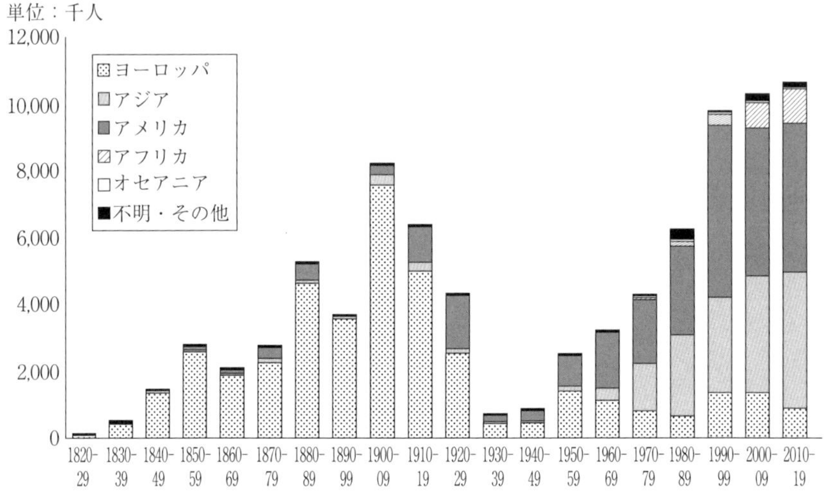

出典：DHS（2020: 6-11）をもとに著者が作成.

諸国出身者は、家族再結合の枠組を利用して、出身国から家族を呼び寄せた。家族再結合は、出自や学歴・技能に関係なく、永住者や米国市民の「家族・親族」関係にもとづいて移民を受け入れる。それは、家族関係を経由して連鎖的に新たな移民を誘発し、移民人口の急激な増加の原因となった。

一方、技能移民の枠組を活用したのは、アジア諸国出身の移民であった。この枠組では、医療・介護などの専門的な労働者、情報通信関係の技術者、そして、投資家・企業経営者として、おもにインド、中国、フィリピン出身の移民を受け入れた。さらに、キューバ、ヴェトナム、ロシア、東欧諸国などからは、冷戦などの政治的文脈を反映した難民を受け入れた。技能移民や難民として永住権を取得した人びとが、その家族を呼び寄せることで、これらの地域からの移民数も拡大した。このように1965年移民法の制度枠組は、多様な出身国からの移民の大規模な流れを可能にした。現在、アメリカの人種エスニック別構成を変えつつあるヒスパニックやアジア系の人口急増は、新しい移民法の枠組によって可能になった（Reimers 1985=1992）。

そして、1965年以降の移民の流れについて、永住者である移民に加えて特記すべきは、留学生や一時労働者など期限付きの滞在資格を持つ「非移民」と、合法的な手続きを経ることなく領域内に生活する「非正規移民」の存在である。

「非移民（nonimmigrant）」は一定期間のみ滞在を認められた人びとで、永住者である移民と比べて、合衆国内での活動が制限される。「非移民」の大半は観光客であるが、移民と連動した制度として、留学生と外国人労働者の存在は重要である。なかでも、専門的な知識や技能が求められる職業に従事する人を対象としたH1-B一時労働ビザは、2000年代以降、毎年40万人から60万人程度を受け入れており、2019年の統計ではその半分以上をインド出身者が占めている（DHS 2020: 84-85）。「非移民」は、規定の期間終了後に帰国することが前提となっているが、滞在中に永住権を獲得し、永住民（＝移民）となる事例も多い。実際、2019年に技能移民として永住権を得たもののうち、新規入国者は全体の２割程度に過ぎず、大半は、一時労働者や留学生とその家族として滞在した人びとの「資格変更」による（DHS 2020: 21-23）。

一方で、非正規移民とは、有効な滞在資格を持たずに米国内に滞在する人びとである[4)]。非正規移民は、入国時の査証が認めた滞在期間が終了した後も合衆国内にとどまる超過滞在や、有効な書類を持たずに国境を越えて入国することで生じる。20世紀後半以降、米墨国境地域におけるメキシコや中央アメリカ諸国出身の非正規移民の増加が問題視されている。米墨国境地域には、20世紀半ばのブラセロ・プログラムを契機に頻繁な労働者の往来が存在していた。しかし、1965年移民法によって南北アメリカ出身移民にも各国２万人という上限が設定され、移民資格を持たない越境労働者が「非正規移民」としてクローズアップされるようになった（Ngai 2004）。非正規移民の数は増加を続け、2017年の推計によれば、総数は少なくとも1050万人に達し、外国生まれ人口の23％を占めるようになったと見られる[5)]。

1.3.2 「移民の国」像の拡張と動揺する移民国家

1965年移民法以降、アメリカの人種エスニックな多様性は大きく変容した。国別割当制の廃止は、ヨーロッパ出身の移民よりも、メキシコ、カリブ海地域、アジア諸国からの移民を急増させた。メキシコ、カリブ海地域、中央アメリカ出身者が多く占めるヒスパニックは、アメリカで最大のマイノリティ集団となった。また、アジア地域出身者は、技能移民から難民まで多様な移民を含み、近年の人口増加は著しい。移民流入数の増加を受けて、2045年までに白人の割合は全人口の50%以下に低下し、ヒスパニックが約25%を占めるという人口予測もある[6]。移民を多く受け入れている州や地域では、すでに白人は多数派の地位を失っており、たとえば、2019年のカリフォルニア州では、ヒスパニック(39.4%)が、非ヒスパニック白人(36.5%)に代わる多数派となり、アジア系(15.5%)も全米での人口割合を大きく上回っている[7]。1965年以降の移民の増加と多様化は、「移民の国」としての自画像のあり方を問う契機となっている。

そのなかで、ヨーロッパや大西洋中心の「移民の国」の前提を修正し、アジア系やヒスパニックの増加という事実を受け入れて、西半球から太平洋を越えるグローバルな「移民の国」として再定義する動きがある。20世紀半ばの「移民の国」の物語で強調された「貢献」の論理は、ヨーロッパ系だけでなく、新たにアメリカにやってくるヒスパニックやアジア系にも拡張された。たとえば、バラク・オバマは、2014年に「移民の国アメリカ」を次のように語った。

> 私たちは、常に移民の国であり続けてきました。私たちの祖先は、大西洋であれ、太平洋であれ、リオグランデ川であれ、これらを渡ってこの国にやってきたよそ者でしたが、いま私たちがここにいるのは、この国が彼らを受け入れ、彼らに、アメリカ人であるということが、外見や名前や信仰以上のものであることを教えてきたからです[8]。

彼は、大西洋を越えるヨーロッパ系も、太平洋を越えるアジア系も、そして米墨国境を流れるリオグランデ川を越えるメキシコや中央アメリカからの移民も、すべて「ひとつの理想、私たちすべてが平等につくられており、私たちすべてが、自分が思うように生きるチャンスを持つという理想へコミット」する人びととして、「移民の国」の物語の一部に含まれている。オバマは、このような多様性こそが、アメリカが持つ「強み」であると繰り返し主張した。

しかし、20世紀後半以降、人口における多様性の拡大を、合衆国のナショナル・アイデンティティに対する脅威と考える排外主義的な議論も顕在化した。たとえば、政治学者サミュエル・ハンティントンは、スペイン語系住民の急増が、「アングロ・プロテスタント」の文化にもとづいて形成されてきたアメリカのアイデンティティを「分断」すると警告した(Huntington 2004)。とくに、移民脅威論が標的としたのは、非正規移民であった。1990年代から、非正規移民に対して提供される社会サービスの制限や、厳格な取締りを求める声は、メキシコと国境を接する南西部諸州を中心に繰り返し登場した（Reimers 1998）。2003年には移民業務を管轄する国土安全保障省が設置され、2001年の9.11同時多発テロ事件以降の安全保障政策の文脈で、入国管理の強化が図られたが、その流れを抑制するにいたっていない（Martin 2014）。非正規移民は、移民国家アメリカの機能不全の象徴と見なされている。

非正規移民対策は、2016年大統領選挙で主要な争点になった。ドナルド・トランプは、2015年の出馬表明のなかで次のように語った。

> アメリカは、アメリカ以外の国々の問題を抱える人びとのゴミ捨て場になっています。（中略）メキシコがアメリカへ送ってくるのは、最良の人びとではありません。そうです。メキシコが送る人びとと言えば、問題を抱えたやつらばかりです。やつらは、麻薬を持ち込み、犯罪を持ち込みます。強姦犯だっています。[9)]

トランプは、メキシコ人を「問題を抱えたやつら」と呼びながら、「アメリカ・ファースト」を掲げ、移民よりも自国労働者の優遇を訴えた。その排外主義的な主張は批判を集めたが、支持はむしろ広がり、トランプ勝利の原動力となった。トランプは、2017年に大統領に就任すると、中東諸国からの入国禁止措置、非正規移民の権利制限と取締りの強化、そして米墨国境での「壁」の建設などを求める大統領命令を次々と発表した（南川 2017）。さらに、非正規移民の親子を別々の収容施設に隔離したり、難民の受入人数を半減させるなど、人権保障を軽視する偏狭な自国中心主義的な政策が実施された。トランプ時代のアメリカは、「移民の国」の自画像を否定し、移民国家の制度的枠組も切り崩してきた。

21世紀アメリカ社会の移民に対する態度は、両義的である。トランプ政権下で排外主義的・制限主義的な移民政策が実施される一方で、「移民」に対する肯定的な意見はむしろ増加している。たとえば、2019年に行われた世論調査では、移民はアメリカにとって「重荷」ではなく、その「勤勉さと才能」によって「強み」をもたらすという回答が61％を占め、また「世界の人びとに対する開放性」をその国民的性格の中核とする回答は67％に達している。[10)] 実際、2021

年に成立したジョー・バイデン政権は、トランプ時代の移民制限策を次々と廃止し、「移民国家」としての再建を試みている。21世紀のアメリカでは、移民への肯定的見解を共有しながらも、国境管理の困難や人種的多様性の増大に対する不安が、しばしば政治を動かす鍵となっている。

1.4　開放的なアメリカ、排他的なアメリカ

アメリカ合衆国の移民の波は、初期の植民地・国家形成の時代、産業化における大量移民の時代、国別割当制と「移民制限」の時代、そして1965年以降の非ヨーロッパ系移民への拡張の時代へと展開してきた。「移民の国」の自画像は、それぞれの時代状況と結びついてその相貌を変えてきた。建国期の指導者ベンジャミン・フランクリンは、西ヨーロッパ出身の農業移民が、先住民を排除して占有した土地を切り開く過程に「アメリカン・ドリーム」の原型を見出した。19世紀末にエマ・ラザルスが描いた「自由の息吹を求めて身を寄せ合う人びと」は、言語も宗教も異なるヨーロッパからの移民労働者であった。「移民制限」の時代を経て、1965年移民法以降、非ヨーロッパ世界からの新たな大量移民が流入し、アメリカの人口構成を大きく変えつつある。また、非正規移民の顕在化は、国境を越える人びとを「適切な」規模で管理するという移民国家の機能不全を象徴するものと受け止められるようになってきた。

21世紀において、「移民の国」という自画像と移民国家としての制度の両方が動揺している。現代アメリカには、文化的多様性の拡大を肯定的に受け止める態度と、移民よりも自国民を優先するように求める自国中心主義が並存している。今日、移民に対する開放性と排他性の二面性は、リベラル派と保守派の政治的対立として解釈されることが多い。しかし、この両面性は、移民国家に内在する歴史的な条件に根づいたものである。「移民の国」としての開放性は、建国期にはセトラー・コロニアリズムや人種主義と表裏関係にあり、大量移民時代から20世紀半ばにかけては非ヨーロッパ出身者の排除を内包し、1965年以降はヒスパニック移民、とくに非正規移民に対する排斥を伴ってきた。移民に対する開放性と排他性は、それぞれの時代の人種関係に埋め込まれ、「望ましい人びと」と「望ましくない人びと」の境界線を引く政治を形づくってきた。

そして、開放と排他の二面性は、以上のような歴史的条件に加えて、21世紀に顕在化した社会変動にも結びついている。そのひとつが、20世紀後半以降の新自由主義とグローバル資本主義の拡張である。新自由主義は、技能の高低にかかわらず労働力の越境を促進する。現代の移民政策の枠組では、高度で専門的な技能を持つ移民が優遇される一方で、非正規移民を含む非熟練移民は、法的保護の外部にある劣悪な労働を余儀なくされる。このような選別的な移民政策は、グローバル資本主義の関心に合致した枠組として、党派を超えて推進されてきた（小井土 2017）。もうひとつは、移民と国境の徹底的な管理を指向する移民政策の安全保障化である。移民を潜在的な「敵」と見なす安全保障への関心は、国境管理の厳格化、移民管理への地方警察の動員、非正規移民の強制送還の促進を支えてきた（飯尾 2017; 南川 2018）。アメリカが志向する開放性と排他性は、選別的移民政策と安全保障化のなかで絡み合い、現代の国際移民の複雑なパターンを作り出している。

1）「市民権」は、アメリカでは「国籍」の意味で使用されており、多くの場合「市民（citizen）」は「国民」と同義である。ただし、社会科学における「シチズンシップ（citizenship）」という概念は、国籍としての法的資格だけでなく、そこに認められる権利の束、市民共同体への参加や帰属意識などを広く含む語である（高佐 2003; Bloemraad et al. 2008）。

2）アメリカだけでなく、カナダやオーストラリアなど、入植者・移住者によって建設されたとされる「入植者社会（settler society）」は、そのメンバーシップの根拠を、特定の民族的な出自ではなく「領土」に置くことが多い。アンソニー・スミスは、このような国家原理を領域的ナショナリズム（territorial nationalism）と呼び、民族を超えて共有可能な普遍的理念による国民統合を特徴とすると論じている（Smith 1991: 82）。

3）ただし、アメリカ合衆国の国籍概念は、純粋な出生地主義ではない。アメリカの領域外で生まれたアメリカ市民の子どもも、アメリカ市民権を保障されており、その意味では、アメリカの国籍概念は出生地主義と血統主義の混合である。

4）非正規移民については、アメリカ国内の研究者やメディアは、「不法（illegal）」という語が差別的・攻撃的な含意を持つとして使用を避け、正規の書類を持たない「査証なし（undocumented）」、必要な認可を得ていない「非認可（unauthorized）」、正規の手続きを経ていない「非正規（irregular）」といった表記を用いることが多い。日本語での研究では「非正規移民」「非合法移民」が使用されることが多く、本書では「非正規移民」と表記する。

5）Pew Research Center, "Key Findings about U.S. Immigrants," August 20, 2020. https://www.pewresearch.org/fact-tank/2020/08/20/key-findings-about-u-s-immigrants/（最終閲覧日2021年7月30日）

6） William H. Frey, “The US will become ‘minority white’ in 2045, Census projects: Youthful minorities are the engine of future growth,” March 14, 2018. https://www.brookings.edu/blog/the-avenue/2018/03/14/the-us-will-become-minority-white-in-2045-census-projects/（最終閲覧日2021年7月9日）

7） Quick Facts: California, July 1, 2019. https://www.census.gov/quickfacts/CA（最終閲覧日2021年7月9日）

8） The White House, Office of the Press Secretary, “Remarks by the President in Address to the Nation on Immigration,” November 20, 2014. https://obamawhitehouse.archives.gov/the-press-office/2014/11/20/remarks-president-address-nation-immigration（最終閲覧日2021年7月30日）

9） “Full Text: Donald Trump Announces a Presidential Bid,” June 16, 2015. https://www.washingtonpost.com/news/post-politics/wp/2015/06/16/donald-trump-to-announce-his-presidential-plans-today/（最終閲覧日2021年7月30日）

10） Pew Research Center, “In a Politically Polarized Era, Sharp Divides in Both Partisan Coalition,” December 17, 2019. https://www.pewresearch.org/politics/2019/12/17/views-on-race-and-immigration/（最終閲覧日2021年7月30日）

第2章

アメリカにおける人種主義の変容（1）
——奴隷制から公民権革命まで——

2.1　人種とは何か——構築主義的アプローチ

アメリカ合衆国は、理念国家として普遍的な理想を掲げる一方で、その出自や背景にもとづく不平等や排除の仕組みを内包してきた。なかでも、人種(race)にもとづく差別や不平等は、現代までアメリカが抱える問題として広く知られている。

人種は、肌の色をはじめとする身体的特徴にもとづいて人間を分類する概念として、今日でも日常的な会話のなかにも頻繁に登場する。人種は、アジア、アフリカ、アメリカ大陸における植民地支配、ナチスドイツによるユダヤ人の大量虐殺、アメリカ合衆国における奴隷制や人種隔離制度など、「異人種」とされた人びとへの暴力的な支配や排除を正当化する「科学的な」概念と考えられてきた（Frederickson 2002; 中村 2020）。その反省をふまえ、現代の人文社会科学は、人種を生物学的で固定的な概念としてではなく、歴史的な権力関係のなかで構築される社会的構築物として考えるようになった（Haney López 1994; 竹沢 2005; Smedley 2011）。

社会的構築物としての人種とはどういうことだろうか。人種は、それぞれの時代における社会制度と深く結びついている。ある人びとを特定の人種集団と見なす方法は、時代背景や政治社会的文脈によって変化する。特定の身体的特徴を、集団としての能力や資質を決定する要因と見なす科学的な理由はない。実際、人種の重要な指標とされることが多い「肌の色」は、なだらかなグラデーションを形成しており、そこに、人種的差異を決定する明確な境界線は存在しない。合衆国センサス（国勢調査）は、時代ごとに異なった人種カテゴリーを採用してきたが、その非一貫性は、いかにアメリカの「人種」が政治的・社会的・文化的に決定されてきたかを示している（青柳 2010; 貴堂 2018）。

人種が社会的構築物であるならば、人種をめぐる議論は、それを生み出す社会制度のあり方に注目するものとなる。たとえば、マイケル・オミとハワード・ワイナントは、「人種というカテゴリーが作られ、定着し、変容し、破壊される社会的・歴史的過程」を人種編成（racial formation）と呼ぶ。人種編成論は、特定の身体的特徴に意味（「野蛮」「怠惰」など）を付与することで、その特徴で区別される複数の人種集団のあいだの不平等が正当化されると考える。人種についての解釈や意味づけは、人種にもとづく社会構造に組み込まれている。よって、人種研究は、そのような解釈や意味づけと不平等な社会構造の相互関係に注目する（Omi and Winant 2015: 109）。

このような観点から考えたとき、人種主義（racism）という語はどのような意味を持つのだろうか。これは、しばしば「人種差別」という言葉に置き換えられ、特定の集団を意図的に貶めるような個人（あるいは集団）の考え方、行為、態度を指すとされる。それゆえ、人種主義を社会構造から切り離して「心」や「意識」の問題と解釈することも少なくない。しかし、人種編成論の観点から考えれば、偏見や差別意識を自覚していなくても、人種にもとづく格差や不平等を正当化し、維持・強化させてしまう社会制度のあり方も、人種主義の重要な問題となる（Omi and Winant 2015: 128）。人種主義は、個人の態度や行動の問題だけでなく、人種という概念を軸として成立する社会制度として考える必要がある。当然、それは社会の変化にあわせて、さまざまな形をとりうる。

また、「移民の国」として普遍的な理念を掲げてきたアメリカ合衆国に、なぜ人種主義という社会制度が存在してきたのかという問いも重要だ。人種主義は、理念国家における普遍主義といかに「共存」してきたのか。そして、人種主義的な体制に対する挑戦は、どのような社会的帰結をもたらしたのか。本章では、黒人を対象とした奴隷制度、人種隔離制度という２つの主要な人種主義制度のあり方を中心に、白人優越主義（white supremacy）にもとづくアメリカの人種秩序の形成過程を考える。そして、20世紀半ばの公民権運動による挑戦が、人種主義と文化的多様性のあり方をどのように変えたのかを論じる。

2.2　奴隷制から人種隔離制度へ

2.2.1　動産奴隷制と建国の理念

第1章でも論じたように、アフリカからの奴隷の強制移住は、植民地期から建国期のアメリカを支えた人の移動のひとつであった。アフリカ人奴隷は、植民地期のタバコ生産などの労働力として導入され、綿花産業の合衆国南部への拡大とともに増加した。奴隷制は、植民地期以来のアメリカ経済に組み込まれた社会制度であった。

奴隷は、植民地期アメリカ社会において制度化された身分だった。たとえば、1705年にヴァージニア植民地で制定された法は、奴隷を「本植民地に陸路・海路で搬入または輸入された、出身地でキリスト教徒ではなかった奉公人」と定義している。奴隷には、「ニグロ、ムラート」のほかに「インディアン、ユダヤ人、ムーア人」などの「異教徒」が含まれていたが、実質的には18世紀までにアフリカ出身の黒人奴隷を中心とするものになり、黒人奴隷の子どもも奴隷として扱う制度が定着した。奴隷は、所有者の財産として扱われ、移動や居住の自由を否定され、所有者への抵抗や人種間結婚は厳しく処罰された（遠藤 2005; 上杉 2013）。多くの奴隷は、アフリカから強制的に連行された後、各地の奴隷市場で「商品」として売買された。奴隷を個人の財産・所有物と見なす制度は、動産奴隷制（chattel slavery）と呼ばれている。ヴァージニアやカロライナのほか、ニューイングランド、ニューヨークなどの各植民地でも、それぞれ奴隷の身分や権利を定めた奴隷法（slave codes）が制定され、動産奴隷制は植民地全域に広がっていた（Franklin and Higginbotham 2010: 54-63）。

「すべての人間は平等につくられている」と掲げてアメリカ合衆国が建国された後も、奴隷制は存続した。合衆国憲法は、奴隷制を明確に否定せず、下院議員や直接税配分のための州人口を算出する際、「自由人以外のすべての人数」を「5分の3」で計算すると規定した。「自由人以外」には奴隷が含まれ、憲法制定直後の1790年の黒人奴隷人口は70万人、全人口の約2割を占めていた。また、黒人奴隷の9割以上が南部諸州に住み、1860年には、南部の基幹産業となった綿花プランテーションを支える労働力として、その人口は400万人近くに達した（Gibson and Jung 2002）。

アメリカ南部に広がった動産奴隷制は、奴隷を、固有の権利を生来的に有する「人間」とは考えず、プランテーション経営のための財産のひとつと見なした。奴隷に対する一切の権限は、その所有者に委ねられ、主人による奴隷への暴力が罪に問われることはなかった。タバコや綿花栽培を主力とする南部経済にとって、奴隷は不可欠な労働力であったが、白人の安全を確保し、秩序を維持するためにも、各州で奴隷法にもとづく徹底的な権利剥奪は続いた（Franklin and Higginbotham 2010: 137-140）。

奴隷制は、合衆国建国によって縮小するどころか、拡大し続けた。合衆国は、憲法体制に奴隷制を内在して成立した「奴隷制共和国」であった（上杉 2013: 28）。この点について示唆的なのは、独立宣言の起草者でもあり、合衆国第３代大統領であるトマス・ジェファソンの思想である。ジェファソンは、「すべての人間は平等」とした建国の理念の発案者であると同時に、ヴァージニア植民地における奴隷所有者の１人でもあった。彼は奴隷制について、『ヴァージニア覚書』（1784年）のなかで、少なくとも奴隷制がアメリカにとって望ましい制度ではないとしながらも以下のように述べた。

> 黒人は、もともと異なった集団であるのか、それとも時間や環境によって異なったのかは別として、与えられた才能という点では、心身両面で白人よりも劣っているのではないかという気がするとだけ、ここで言っておきたい。（中略）肌の色の、そして能力上の不運な違いは、これらの人びとの解放にとって強力な障壁となっている（Jefferson 1784=1853; 中條 2004: 104）。

ジェファソンは、黒人が白人に対して「劣っている」ことを否定せず、その肌の色や能力の違いを理由に、奴隷解放は困難だと語った。理念国家建設の指導者たちのあいだにも、「黒人」が異なった集団で能力的な劣位にあるという考えが共有され、奴隷としての処遇の違いを正当化していた。そして、奴隷制が継続するなかで、奴隷という身分自体が、「アフリカの黒人を先祖に持つ」人びとが「従属的で劣等な存在」である証左とする考えが定着した[1)]。黒人を「劣等」とする差別的偏見は、奴隷制とともに定着したのである。

2.2.2 「分離すれど平等」——人種隔離制度

19世紀半ばになると奴隷制の存続をめぐる対立は、連邦諸州の間に分裂を招き、南北戦争が勃発した。戦争は奴隷制廃止を訴えた北軍の勝利で終わり、1865年に成立した合衆国憲法修正13条によって奴隷制は廃止された。あわせて、「合衆国で生まれ」た者すべてを「合衆国市民」と定めた修正14条によって、これまで「動産奴隷」として扱われた黒人も、1人の市民として十全な権利を保障すべき存在となった。しかし、そのことは、黒人が対等な権利を享受したことを必ずしも意味していなかった。黒人を1人の市民と見なす時代には、人種主義制度も新たなかたちへと変化した。

北部の主導で南部諸州の「再建」改革が進められたものの、解放された黒人の多くは「自由以外は何もなし」の状態で放置され、結局は、綿花やタバコ産業の小作人として南部経済の底辺へ再編入された（上杉 2013: 58-62）。北部改革派の撤退後には、南部の支配層は、解放黒人が、政治的にも社会的にも影響力を発揮しないよう、さまざまなかたちで彼らを排除する制度を作り上げた。この制度は、黒人に扮した白人俳優が黒人への偏見やステレオタイプを誇張した表現を繰り返す19世紀の喜劇ミンストレルの登場人物にちなんで、「ジム・クロウ」と呼ばれた。

ジム・クロウ制度では、さまざまな方法で黒人の権利が制限された。まず、白人支配層が最大の脅威と考えたのは、黒人に認められた参政権だった。連邦政府は、憲法修正15条によって、過去の身分や人種を理由に参政権を剥奪することを禁じた。そのため、南部諸州では、識字テストや投票税などの要件を設けて黒人の投票権を制限する一方で、過去の投票者・有権者の子や孫には諸要件を免除する祖父条項を導入することで、白人の投票権を維持させた（本田 1991: 143-144）。

日常的な社会生活においても、黒人の自由は厳しく制約された。とくに、公共施設において、黒人と白人にそれぞれ専用の空間が割り当てられる人種隔離制度は、南部に広く浸透した。人種隔離は、学校や教室などの教育施設、バスなどの公共交通の座席や公共トイレなどの施設、レストランや映画館などの娯楽施設に導入された。これらの施設は、白人用と黒人を含む有色人種用に分けられ、黒人が白人用の施設を利用することを禁じた。学校教育における隔離では、黒人用の学校やクラスは設備も人材も貧弱だった。白人は、黒人の子どもは教育の対象ではなく農園で働く低賃金労働者と見なしていた（バーダマン 2020: 154-155）。

さらに、人種隔離制度のもとでは、法的枠組を超えた暴力が蔓延した。たとえば、19世紀後半以降、白人優越主義を掲げる秘密結社クー・クラックス・クラン（KKK）は、人種隔離制度に抵抗する黒人指導者や活動家を次々と襲撃した。また、結社の活動だけではなく、黒人に対する「リンチ（私刑）」と呼ばれる集団的な暴力は、日常的に繰り返された。リンチは、黒人男性の性的な脅威や白人優位の秩序を乱す行為などを理由に行われ、「見世物」のように数千人の観衆を集める場合もあった。警察も、これを取り締まるどころか黙認したり、場合によっては支持・扇動することもあった。調査によれば、1877年から1950年までのあいだに南部諸州で4000人以上の黒人がリンチの犠牲となったという（Equal Justice Initiative 2017: 40）。

以上のように、奴隷制廃止以後も、黒人と白人を隔離する制度が成立し、白人を優位とする社会体制が維持された。この間に、人種主義制度としての基本的な仕組みは大きく変化した。奴隷制時代の人種主義における最も重要な区分は、自由市民と動産奴隷という「身分」の相違であり、それが白人と黒人の優劣関係を規定した。しかし、人種隔離制度における人種主義は、より複雑になる。なぜなら、憲法修正14条によって、白人も黒人も自由な連邦市民という地位を共有するからだ。

そのため、ジム・クロウ制度のもとでは、黒人とは誰かを新たに定義する必要が生じる。同じ市民という地位を共有する以上、白人を優位とする社会秩序を維持するためには、黒人と白人の境界線を「身分」以外のところで定義しなくてはならない。動産奴隷の身分が消滅した後、人種隔離が制度として成立するためには、白人と黒人の境界は明解である必要がある。そこで、「ワンドロップ・ルール」と言われる原則が白人と黒人の境界を定めた。これは、奴隷制時代に成立した考え方で、外見や身分ではなく、「黒人の血」が一滴でも混ざっている者を「黒人」と定義する方法である。たとえば、ヴァージニア州では、これまで４分の１の「黒人の血」が混ざっている人（４人の祖父母のいずれか１人が黒人）を「黒人」と定義してきたが、1910年に16分の１（高祖父母のいずれか１人が黒人）へと改められた。これは、実質的なワンドロップ・ルールの採用であったと言える。ワンドロップ・ルールは、人種隔離の境界線を確定し、白人と黒人による二分法的な人種秩序を強化した（Davis 2001）。

このような南部の人種隔離制度は、アメリカの憲法体制においてどのように正当化されたのであろうか。1896年に鉄道車両における隔離を定めた州法の合憲性を問うたプレッシー対ファーガソン（*Plessy v. Ferguson*）判決で、連邦最高裁は以下のように規定している。

> 憲法修正14条の目的は、法のもとでの２つの人種の絶対的平等を実行することであるのは間違いない。しかし、ことの性格上、肌の色にもとづく区別を廃止することを意図しているわけではない（中略）。その隔離を許容したり、求めたりする諸法は、それが２つの人種が接触しやすい場所におけるものであるならば、必ずしも一方の人種の他方に対する劣位を含意しているわけではない[2)]。

判決は、隔離されていたとしても、それぞれの人種用に同種の施設（判決では鉄道車両）が用意されていれば、法のもとの平等を定めた憲法修正14条に反していないとした。このような考え方は、「分離すれど平等（separate but equal）」と呼ばれ、対等な市民になったはずの黒人と白人のあいだの処遇の相違や格差を説明する新たな原理となった（中條 2004: 132-135）。この原則のもとでは、白人と黒人それぞれに学校や教室、店舗、レストラン、ホテル、鉄道やバスの座席が与えられていれば、その質的格差を問われることなく、特定の施設から有色人種を排除することも「平等」を毀損しないとされた。このルールは、市民としての権利を認めつつも、生活空間における隔離を可能にする新しい人種主義の基本理念となった（写真2.1）。

奴隷制と人種隔離制度は、基本的に異なったルールのもとで成立した社会体制であった。動産という身分によって定義されてきた動産奴隷制による抑圧の体制は、「ワンドロップ・ルール」による区別と「分離すれど平等」原則によって、同じ市民に対する差別を正当化する人種隔離体制へと移行した。人種隔離体制下では、同じ連邦市民であるはずの白人と黒人の人種間結婚を禁止する法（anti-miscegenation laws）も各地で成立し、人種間の（対等な）接触自体が禁忌となった（Pascoe 2009）。このような人種隔離制度を支えたものとして、一方には、当時「最先端」と言われた優生学や社会進化論をもとに人種間の優劣を

写真2.1 「隔離された水道栓」

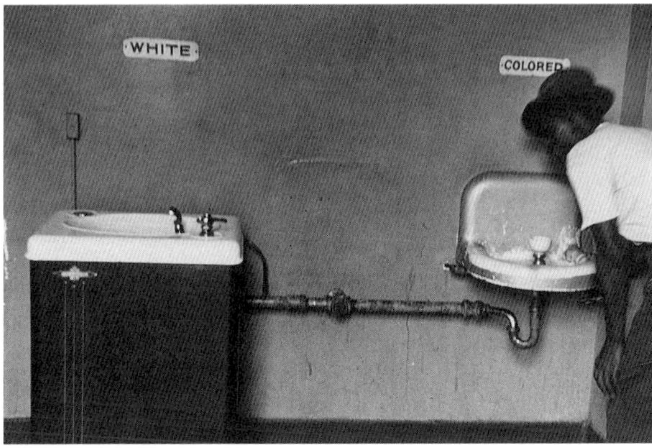

1950年ごろノースカロライナでエリオット・アーウィットが撮影。水道栓が白人用と黒人用（colored）に分かれており、「分離すれど平等」原則を最も顕著に示しているとされる。

正当化する科学的議論があった（Smedley 2011）。そして、他方には、奴隷制解体後の人種秩序の動揺に対する恐怖、とくに「黒人男性の性的脅威から白人女性を守る」という白人民衆の心性があった（兼子 2007）。２つの人種主義体制は、時代の変化のなかでルールや論理を変えながら、白人優位の社会構造と、黒人に対する支配と抑圧を再生産し続けた。

2.2.3　アメリカ先住民と「消去」の論理

植民地期に成立した奴隷制と同様に、セトラー・コロニアリズムのもとで大量虐殺や排除の対象となった先住民への支配も、人種主義の構造の一部であった。奴隷制において、奴隷となった先住民も存在したが、先住民はヨーロッパ起源の疫病に弱かったことから動産奴隷として「不十分」と見なされた（Smedley 2011: 110）。そして、富の蓄積に貢献すると見なされた黒人動産奴隷とは対照的に、先住民はヨーロッパ人の入植を妨害する存在として、「消去（elimination）」の対象とされた（Wolfe 2006: 388; 石山 2020: 15）。

「消去」の論理のもとで、先住民は、合衆国市民の枠組の外部に置かれ、強制的・空間的な隔離の対象となった。1830年のインディアン移住法は、南部各地に居住していたチェロキー、クリーク、チッカソー、チョクトー、セミノールなどの有力な部族を、ミシシッピ川の西側、現在のオクラホマ州周辺地域へ強制的に移住させた。過酷な移動と「インディアン・テリトリー」の劣悪な生活環境は、多くの先住民の命を奪った「涙の旅路」と呼ばれた（鎌田 2009: 62)。強制移住後に各部族に与えられた居留地（reservation）は、農地にも自然資源にも恵まれず、先住民の多くは経済的にも困窮した。圧倒的な軍事力格差を背景に、先住民社会は辺境の地へと押し出され、もともとの居住地との結びつきを失った。

先住民社会を「消去」する政策は、空間的な隔離だけで終わらなかった。19世紀半ばまでに、合衆国の領土が、経済発展と近代化を背景に西へと拡大すると、ミシシッピ川以西の広大な先住民の居留地の処遇が問題となった。部族単位で所有される居留地は、西部への移住者が自由に開拓することはできなかった。そこで、1871年のインディアン割当法は、先住民の地位を、独立した部族国家に帰属する者ではなく、「アメリカ市民」として再定義した。加えて、1887年のドーズ法は、部族共同所有の対象だった居留地を、先住民個人の所有財産として割り当てた。ドーズ法以降、白人移住者や不動産業者は、不動産取引の知識に乏しい先住民から、居留地の土地の大部分を安価な価格で買い取った。19世紀末までに、先住民は、強制移住後の「領土」の大半を失い、独立した部族ではなく二級市民として、合衆国西部の社会経済の底辺へと編入された（白井 2003: 93; 鎌田 2009: 78-80)。

その周縁的地位を正当化するように、先住民の「野蛮」なイメージも再生産された。たとえば、1890年に、女性や子どもを含む300人あまりのスー族が白人部隊に殺害された「ウーンデッド・ニーの虐殺」事件は、「ゴーストダンス」と呼ばれる習慣を白人支配への抵抗と見なしたことが一因となった。そして、20世紀初頭の西部劇映画が描いたように、先住民は、部族性や地域性を考慮されることなく、西部開拓者を脅かす「攻撃的」で「どう猛」な「インディアン」として一括して表現された（鎌田 2009: 124)。このような「野蛮」で敵対的なイメージ構築は、移住者による先住民への暴力的な支配を正当化し、その独自の人種主義体制を支えた。

2.2.4 「移民の国」の人種主義

19世紀後半以降に成立した「移民の国」の自画像も、人種主義と無縁ではなかった。「アメリカ生まれ」を意味する「ネイティヴ」の立場から、新たに到来する移民の制限や排除を訴えるネイティヴィズムは、大量移民時代の移民を「異教徒」「貧困」「疫病」「道徳的堕落」の象徴として描いた（Higham 1955=2002）。ネイティヴィズムは、西海岸の中国や日本などアジア出身の移民だけでなく、東・南ヨーロッパやアイルランド出身の移民も、WASPによるアメリカの「人種的純粋さ」を脅かすと考えた。移民排斥運動の広がりのなか、1882年の排華移民法は、連邦政府としてはじめて特定の国籍・人種を対象とした入国制限を導入した。そして、1924年移民法は、国別割当制によってヨーロッパ系移民を規制したうえで、アジア出身の移民を停止するという選別的・制限的な政策を完成させた（貴堂 2018）。

移民に対する人種主義的な排除は、黒人に対する人種隔離や、アメリカ先住民の排除と同時代の出来事であった。南部に人種隔離制度が定着し、西部で先住民居留地への隔離とその解体が進行し、東部や中西部では非WASP移民に対するネイティヴィズムが高まり、西海岸ではアジア系移民に対する排斥運動が深刻化した。WASPを優位とする社会制度、いわゆる白人優越主義は、それぞれの地域的文脈のなかで形成された人種主義的な運動や制度の蓄積の上に成立した（Roediger 2008: 159）。

このような人種主義制度のなかで、アイルランド系やイタリア系などヨーロッパ出身の非WASP移民労働者層は曖昧な地位に置かれた。彼らは、移民排斥運動によって「非白人」と同一視される一方で、黒人、先住民、アジア系移民に対しては、自身を「白人」として差別化しようとする中間的な立場にあった（Barret and Roediger 1997）。ヨーロッパ出身の移民労働者は、黒人やアジア系などの非白人マイノリティとの対立や差別関係を通して、「白人」意識を構築した。たとえば、19世紀後半の労働者文化のひとつで、黒人の仕草や話し方を真似て踊るミンストレルは、労働者階級の白人意識を再確認させる機会となった（Roediger 1991）。また、西海岸でも、移民労働者は中国系移民や日系移民に対する排斥運動に関与し、アジア系移民から「白人の仕事」を守り、彼らを「白人の近隣」から排除せよと訴えた（Saxton 1971=1995; Daniels 1962）。ヨーロッパ系移民労働者は､「白人」と「非白人」の狭間で､「非白人」マイノリティへの排除に荷担することで、自らの「白人性」を証明した（Jacobson 1999）。このような実践もまた、WASPを頂点とする白人優越主義を支えていた。

一方、「白人性」を軸とする人種主義体制のなかで、アジア出身の移民は権利の制限に直面した。たとえば、外国人が市民権を取得する帰化は、1790年に制定された帰化法で「自由な白人（a free white person）」のみを対象としていた。そのため、アジア出身の移民は「帰化不能外国人」と見なされて、1920年代に日本とインド出身の移民がこの規定に挑戦したが、最高裁は、いずれも人種的にも一般通念的にも「コーケイジアン（白人）ではない」ことを理由に帰化権を否定した（Ngai 1999）。

以上のように、人種主義は、「人種」をそれぞれの歴史的文脈において定義しながら、WASPを頂点とする人種間序列を作り出し、維持してきた。人種主義が変化しながらも存続してきた背景として、一方には、特定の人種に対する優越意識、恐怖や脅威、敵愾心とそれを正当化する「科学的」とされる人種理論があり、他方には、憲法やそれをめぐる最高裁の判断、先住民の地位や移民の帰化を規定する連邦法、州や地域単位で成立した法などの制度的枠組が存在してきた。

2.3　公民権運動とその帰結

2.3.1　公民権運動の展開――キングと「アメリカの夢」

20世紀前半までの人種主義体制を大きく揺るがしたのが、「二級市民」として周縁化されてきた人種マイノリティ集団が、十全な市民としての権利の獲得を求めた公民権運動（civil rights movement）である。公民権運動は、南部の人種隔離制度の廃止を黒人たちが訴えた運動として知られているが、運動は他のマイノリティ集団にも波及し、文化的多様性をめぐる社会的条件を大きく変える出来事となった。

公民権運動が進展する契機となったのは、1954年に公立学校における隔離教育を違憲とした連邦最高裁によるブラウン対トピーカ市教育委員会判決（*Brown v. Board of Education of Topeka*）であった。この判決は、カンザス州における公立学校での人種隔離が、黒人の子どもに対して「有害な影響」を与えると指摘し、「分離すれど平等」原則を覆した。ブラウン判決は、教育だけでなく、公共機関や施設などにおける人種隔離制度を支えてきた法的原理を崩した。

頑強に人種統合を拒否する南部諸州に対し、黒人市民らによる草の根の運動は各地で隔離制度の廃止を求めた。1955年には、アラバマ州モントゴメリーで黒人女性ローザ・パークスがバスの座席における人種隔離に抗議したことを契機に、地域の黒人や公民権活動家を巻き込んだバスボイコット運動が始まった。この運動で指導者として頭角を現したマーティン・ルーサー・キング・ジュニア牧師は、1957年に南部キリスト教指導者連合（SCLC）を結成し、南部における反人種隔離運動の象徴的な指導者となった。キングは、白人側の抑圧に対して非暴力を貫くことで、その問題の所在を顕在化する「非暴力直接行動」を運動の指針とした。さらに、若い黒人学生を中心に、人種別に隔離されたレストランのカウンターに座り込むシットインや、州間横断バスに乗り込むフリーダム・ライダーズ運動などが次々と繰り広げられた。

公民権運動を象徴する出来事が、1963年８月に行われた「仕事と自由を求めるワシントン大行進」である。黒人労働者組織で活動していたA･フィリップ･ランドルフとベイヤード・ラスティンによって企画されたこの行進は、人種隔離制度の廃止を盛り込んだ公民権法の成立、労働条件の改善、投票権の保障などを求め、ワシントンに約25万人の参加者を集めた。この際、公民権運動の象徴的演説として後世まで語り継がれたのが、キングによる「私には夢がある」演説である。

> 私には夢がある。いつの日か、ジョージアの赤い丘の上で、元奴隷の息子と、元奴隷所有者の息子が、兄弟愛の同じ食卓につくのです。（中略）。私には夢がある。私の４人の子どもたちが、いつの日か、肌の色ではなく、人格の中身によって判断される国家に住むようになるのです（King 1963=2008: 282）。

キングは、以上のような理想を達成することを、「アメリカの信条」と強調し、アメリカ人種主義の負の歴史的遺産を乗り越えるために、アメリカの建国の理念を徹底し、独立宣言の「すべての人間は平等につくられている」という言葉を文字どおり実現することだと主張した。そのためには、人種隔離制度を廃止し、「肌の色ではなく、人格の中身」によって判断される社会の到来を訴えた(King 1963=2008: 281-282)。

公民権運動の高揚のなか、連邦政府は人種隔離制度の廃止のための法制度の確立へと動きだした。行進の翌年に制定された1964年公民権法(Civil Rights Act)は、公共サービス、雇用、教育における人種差別行為を違法化した。そして、1965年の投票権法(Voting Rights Act)は、黒人の投票権を制限する南部諸州の法制度を違法とし、投票権を連邦政府による保護の対象とした。

2.3.2 連邦政府による公民権改革と運動の多様化

南部の人種隔離制度の廃止が実現すると、都市部に居住する黒人の貧困や格差が注目を集めるようになった。北部の大都市には、第一次世界大戦時の労働力不足を補った南部からの黒人「大移動」を契機に、多くの黒人が住むようになっていた。しかし、都市の黒人も、居住地の選択を制限され、十全な教育機会や就業機会に恵まれず、都心部のスラムと呼ばれる地区に集住していた。このような黒人貧困層からの支持を集めた運動家が、マルコムXである。マルコムXは、イスラム教信仰にもとづく人種主義批判を掲げた団体ネーション・オブ・イスラムの幹部として、ニューヨークなど大都市の黒人地区で演説を繰り返し、キングらの活動を白人との「融和」を求める「妥協」と批判した。そして、貧困や格差の克服のためには、「ブラック・ナショナリズム」にもとづく黒人社会の政治的・経済的自立が必要であると訴えた(Malcolm X 1964=2008)。また、若い黒人活動家ストークリー・カーマイケルは、1966年に学生非暴力調整委員会(SNCC)の議長となり、黒人が自身の命運を決する「ブラックパワー(Black Power)」の実現を訴えた(Carmichael and Hamilton 1967)。白人優越主義に抵抗するためには、白人との「統合」ではなく、黒人による「民族自決(self determination)」が必要であるというメッセージは、貧困に苦しむ黒人たちを惹きつけた。

一方、連邦政府は、公民権法が掲げる「差別のない社会」の実現のため、積極的な改革へと乗り出した。アファーマティヴ・アクションと呼ばれる差別是正措置(第6章を参照)の導入に加え、都市部における貧困問題の解決を目指す「貧困との戦い（War on Poverty）」と呼ばれる政策を展開した。教育における貧困の連鎖を断ち切るための就学前教育（ヘッドスタート）の実施や、最低限の生活を保障するためのフードスタンプの配布などの福祉・教育政策が次々と導入された。さらに、都心部の地域社会の自立と再生のため、自発的組織や人種エスニック団体を支援し、コミュニティ活動の活性化も進められた（Tsuchiya 2014）。

しかし、都市の黒人社会では警察との対立が深刻化していた。警察が黒人を犯罪者と同一視し、適切な手続きを無視した差別的な捜索や取締り、警察暴力（police brutality）が横行していた。1965年にロスアンジェルスで34人の死亡と1000人以上の負傷をもたらした「ワッツ蜂起」の背景にも、地域住民の警察官への不信があった。警察への不信や過酷な貧困が、黒人による民族自決を訴えるマルコムXやカーマイケルの思想が支持される一要因であった。カリフォルニア州オークランドでは、黒人がコミュニティの「自衛」のために武装する「ブラック・パンサー党」が結成された。

1960年代後半、黒人運動の焦点は、既存の公民権という枠組のなかでの権利保障にとどまらず、黒人社会の自立と民族自決、失業や貧困をもたらす資本主義への挑戦、そして多くの黒人の若者を戦場へ送り込んだヴェトナム戦争への反対など、広範な社会変革運動へと広がった。

2.4　拡張する公民権

2.4.1　エスニック・リバイバル

公民権運動の波は、人種隔離の廃止だけでなく、幅広い制度改革と新たな運動とも共鳴した。たとえば、1965年に成立した移民法は、国別割当を廃止し、アメリカへの移民の構成を大きく変えた（第1章）。ヨーロッパ系の人びとのあいだでも、民族的な出自への関心が高まった。たとえば、ジョン・F・ケネディ大統領は、1963年に自らのルーツであるアイルランドを訪れ、その出自を称えた（Jacobson 2006）。ヨーロッパ系の人びとのあいだのエスニック・アイデンティティの高まりは、「移民の国」における文化的多様性への意識を高めることとなった（Gans 1979; Waters 1990）。

黒人以外の人種マイノリティからも、反人種主義と「民族自決」を訴える声が高まった。たとえば、都市部の先住民の若者を中心に1966年に結成されたアメリカン・インディアン運動（American Indian Movement: AIM）は、先住民に対する抑圧と排除の歴史を告発し、先住民による「民族自決」を訴えた。先住民運動は、ブラックパワーに触発されてレッドパワーを名乗り、連邦政府が所有する地区を占拠し、先住民の領土の回復や自治を訴えた。なかでも、1969年から１年半にわたって、サンフランシスコ近くのアルカトラズ島を先住民グループが占拠した事件はよく知られている。1972年には、AIMなどを中心として「破られた条約の旅（Trail of Broken Treaties）」が行われ、先住民の部族主権の回復と内務省インディアン管理局の解体を求めた。レッドパワー運動は、部族という単位を超えて先住民族としての歴史を共有する「インディアン」という集合的なアイデンティティを強調した。「インディアン」の運動は、居留地を離れて都市に暮らす若者たちをまとめて動員し、先住民の共通課題として居留地での部族自治や経済的自立の必要性を訴えた（Nagel 1996: 内田 2008: 73-94）。

また、1960年代後半、西海岸の大学を中心とした中国系や日系の若者たちのあいだでは、アジア系としての連帯と自立を訴えるイエローパワー運動が広がった。イエローパワーは、アジア系移民排斥運動や第二次世界大戦中の日系人強制収容などを、アジア系に対する人種主義の共通体験と再解釈した。さらに、ヴェトナム戦争を、アメリカ帝国主義のアジア人に対する偏見と差別の現れと批判し、ヴェトナム反戦運動を「アジア系」としての共通の反人種主義運動と位置づけた。イエローパワー運動は、日系、中国系、フィリピン系など出自、言語、文化的背景も異なる人びとに、「アジア系」という共通枠組にもとづく連帯をもたらした（Wei 1993; Maeda 2012）。

南西部諸州では、メキシコ系農業労働者に対する搾取や差別に対する抗議運動が生じた。農園におけるメキシコ系移民労働者は、劣悪な環境での労働を押しつけられてきたが、連邦・州政府は十分な対策をとってこなかった。1960年代に、労働運動の指導者セザール・チャベス（César Chávez）は、農業労働者組合（United Farm Workers: UFW）を組織し、メキシコ系農業労働者の待遇改善を訴えて、カリフォルニア州の農園を縦断する行進を行った。同様に、都市部でもメキシコ系移民とその子どもの居住、教育、労働における差別や警察暴力への反対運動が広がった。一連の運動では、メキシコに出自を持つ新しいアイデンティティとして「チカーノ」という言葉が用いられるようになった（Muñoz 1989=2007）。

黒人、先住民、アジア系、メキシコ系による人種主義体制への挑戦は、新しい人種的アイデンティティへの覚醒とラディカルな社会変革を目指した点で共通し、相互に連帯・刺激してきた（Pulido 2006）。これらの運動は、ヴェトナム反戦運動などの同時代運動とも関与しながら、人種主義を克服する新しい社会像を提示しようとした。

2.4.2 フェミニズムと性的マイノリティの運動

公民権運動の時代には、女性や性的マイノリティによるアイデンティティの尊重や権利保障を求める運動も新しい展開を迎えた。

アメリカにおける女性の権利獲得の運動は、19世紀末から20世紀前半に女性参政権を求めた第一波フェミニズムに端を発し、その目標は1920年に憲法修正19条によって達成された。しかし、1950年代までのアメリカでは男女性別分業への意識は根強く、ミドルクラスの専業主婦こそがアメリカ女性の理想と考えられてきた。1963年に出版されたベティ・フリーダンの著書『女性らしさの神秘（*The Feminine Mystique*）』は、このようなジェンダー意識を問題化した。フリーダンは、郊外で専業主婦として暮らす女性たちの「空っぽで不完全だと感じる」「自分が存在していないように感じる」といった言葉に注目し、専業主婦が抱える喪失感や自己否定感を「名前がない問題」と呼んだ。彼女は、「名前がない問題」は、女性が専業主婦以外の選択肢を奪われている状況に起因すると考え、女性が個人として社会進出や自己実現を達成することの重要性を主張した（Friedan 1963=1997）。

フリーダンの指摘は、家父長制的・男性中心的な制度を問題視する「第二波フェミニズム」を引き起こした。フリーダンらは、1966年に全国女性機構（National Organization for Women: NOW）を結成し、教育、就業、社会保障における女性への差別の解消を求める社会運動を開始した（吉原 2013: 35）。NOWは、1964年公民権法を性差別にも拡張することを実現すると、合衆国憲法に性差別を禁止する「平等修正条項（Equal Rights Amendment: ERA）」を追加する運動に着手した。ERAは、1972年に議会を通過したが、必要な各州の批准を得ることができなかった。

フリーダンらミドルクラス女性の社会進出を求めるリベラル・フェミニズムと並行して、1960年代後半から草の根での女性の連帯を基盤に、女性としての意識高揚と社会変革を求めるラディカル・フェミニズムが登場した。ラディカル・フェミニズムは、1960年代のニューレフト運動内部における性差別への抗議を端緒として、結婚制度や家父長制などの女性を抑圧する制度の根本的な改革を目指した。ラディカル・フェミニズムは、「個人的なことは政治である」というスローガンのもと、「公私」の区別を家父長制支配の根本と見なす視点から、無償の家事労働や性暴力を問題視するとともに、「シスターフッド」にもとづく女性の意識改革を求めた（栗原 2018）。

また、1969年に性的マイノリティを狙った警察の強制捜査に反発したストーンウォール事件を契機に、セクシュアリティにもとづく差別を批判し、性的マイノリティとしてのアイデンティティの確立と尊厳の尊重を求める運動が各地に広がった。同性愛者のあいだでは「ゲイパワー」「ゲイプライド」を掲げる団体が次々と結成され、同性愛者としてのコミュニティや連帯が追求された。ジョージ・チョーンシーによれば、同性愛者に対する差別禁止を求め、性的指向やアイデンティティを「カムアウト」することを促す運動は、同時代の黒人運動やフェミニズムの影響を強く受けていた（Chauncey 2004=2006: 61-62）。女性同性愛者（レズビアン）のなかには、フェミニズム運動にも参加し、同性愛者と女性としてのそれぞれの権利を求める人びともいた。男性・女性双方を性愛の対象とするバイセクシュアル、社会的に規定されるジェンダーの境界を越える多様な生き方を模索するトランスジェンダーなどの視点からも、性的な指向やアイデンティティの自由を求める声があがるようになり、これらの人びとを総称する運動として、LGBT（レズビアン、ゲイ、バイセクシュアル、トランスジェンダー）という呼び名が使われるようになった（Gibson et al. 2014）。さらに、LGBTの枠にとどまらない、アイデンティティの流動性や複雑性を視野に入れた「クィア」という視座も提案された（森山 2017）。性的マイノリティの運動は、特定のジェンダー・アイデンティティや性的指向を「異常」や「病理」と見なす既存の言論や制度を批判し、異性愛主義や二分法的なジェンダー観を前提とした社会からの脱却を目指している。

2.5 公民権革命と文化的多様性

本章では、アメリカ合衆国における人種主義体制の変化と公民権運動による介入について考察してきた。反人種主義を追求した公民権運動期は、他の人種、女性、性的マイノリティが、その属性ゆえに不平等へと組み込まれる社会のあり方に挑戦した時代でもあった。それは、アメリカにおける「多からなる一」という課題について考える枠組を大きく作り変えた「革命」となった。最後に、公民権運動が人種主義と文化的多様性をめぐる考え方をどのように変えたのかを整理したい。

第一に、公民権運動の達成のひとつである1964年公民権法は、「人種、肌の色」による差別を法的に禁止し、公的施設、教育、雇用における差別的制度や行動にもとづく明示的な人種主義体制は正当性を喪失した。それは、アメリカ人種主義の「解決」を意味するものではなかったが、人種主義をめぐる語り方を大きく変えるとともに、「差別のない社会」を実現するためのさまざまな取り組みを導いた。

第二に、黒人、先住民、アジア系、チカーノ（ヒスパニック）、女性、性的マイノリティといった、これまで排除・周縁化されてきた人びとを「市民」の枠組で理解するようになった。マイノリティも、市民の１人として、その基本的な人権、平等、自由が保障され、その尊厳を守ることが社会的課題として共有された。それゆえ、公民権運動以後は、「多からなる一」をめぐる議論も、マイノリティが「理念国家」アメリカの一員であることを前提とするものとなった。

第三に、公民権運動は、多様性に対する感覚に大きな変化をもたらした。まず、黒人、先住民（アメリカン・インディアン）、アジア系、ヒスパニック（ラティーノ、チカーノ）の４つの集団が、それぞれ独自の抑圧の歴史を背負った集団と考えられるようになり、これに、マジョリティとしての白人（ヨーロッパ系）を加えた５つが、アメリカ社会を構成する主要な集団として考えられるようになった（Hollinger 1995）。さらに、エスニシティ、ジェンダー、セクシュアリティにもとづくアイデンティティを保持することが個人としての生の豊かさと直結すると見なされ、文化的な多様性を社会的な豊かさの象徴として、肯定的に考えるようになった。「多からなる一」の課題は、個人のアイデンティティを認めつつ、いかにひとつの社会の成員としての共通意識を構築するかに重点が置かれるようになった。

以上のように、アメリカ人種主義をめぐる社会体制に対して、公民権運動は根本的な転換期となった。公民権運動以降、「多からなる一」を実現させるための取り組みは、市民としての権利の擁護と文化的多様性を尊重しながら、いかに各集団が直面する社会問題にアプローチするかが問われるようになった。

1）1857年に北部自由州に移住したことで身分の自由を訴えた奴隷ドレッド・スコットの訴えを退けた最高裁判決（*Dred Scott v. John F.A. Sandford*）より（中條 2004: 133-134）。

2）Justice Brown, Opinion, in Plessy v. Ferguson（No. 210）, 163 U.S. p. 544, 1896.

第3章

アメリカにおける人種主義の変容 (2)

——ポスト公民権期の人種主義——

3.1 現代アメリカと人種主義の変貌

2020年5月にミネソタ州ミネアポリスで白人警察官の暴力によって黒人男性ジョージ・フロイドが死亡する事件が起きた。警察暴力に対する抗議運動はたちまち全米規模に広がり、「黒人の命は大切だ」をスローガンとするブラック・ライヴズ・マター（Black Lives Matter）運動（以下、BLM運動）に注目が集まった。

1964年公民権法によって人種隔離と法的な差別が禁止され、人種的不平等の是正のための制度が次々と導入された。しかし、BLM運動は、公民権運動から半世紀を経た現在においても、依然として人種集団間の不平等が深刻な問題であることを再確認させた。人種主義という社会体制は、差別を禁止した公民権法によって消滅したわけではない。公民権革命がもたらした多文化社会の新しいルールのもとで、アメリカ人種主義もまた新しい形を持つようになった。

本章では、公民権革命以後の時代（ポスト公民権期）における人種主義の実態を議論する。1960年代の公民権運動を通して、あからさまな人種主義の後退、包摂的な市民社会の構想、そして（人種、ジェンダー、セクシュアリティなど）多様なアイデンティティや文化の尊重が、「多からなる一」を構想する基本的条件として共有されるようになった。そして、公民権革命に加えて、現代の人種主義は、以下の2つの大きな変化を反映している。第一に、現代アメリカ社会は、1965年移民法改正以後のアジア、ラテンアメリカ出身移民の急増によって、人種エスニック別人口構成の急激な変化に直面している。人口統計学的な「多様性の爆発」「超多様化」と呼ばれる変化は、アメリカ人種主義のかたちを変えようとしている（Frey 2018; de Haas et al. 2020）。第二に、1967年の連邦最高裁ラヴィング対ヴァージニア判決（*Loving v. Virginia*）により、各地の人種間結婚禁止法が違憲となり、異なる人種の間での結婚が増加した。そして、2000年センサスでは「多人種系（multiracial）」と呼ばれる人びとの人口が反映されるようになった（Perlmann and Waters ed. 2005）。人種間結婚や多人種系が促進する新しい人種観は、既存の人種主義をどのように変えたのだろうか。本章では、ポスト公民権期と呼ばれる時代の人種主義の変容を議論する。

3.2 ポスト公民権期における人種的不平等

3.2.1 ポスト公民権時代の人種と貧困

公民権改革が本格化した1965年以降も、貧困をめぐる問題は依然として深刻であり続けている。2019年における実質所得の中央値について見てみると、全体人口での中央値（6万8703ドル）よりも高いのが、アジア系（9万8174ドル）、非ヒスパニック白人（7万6057ドル）であり、低いのが、ヒスパニック（5万6113ドル）、黒人（4万5438ドル）である（図3.1）。黒人の値は、全体の中央値の3分の2程度であり、最も高いアジア系の半分以下である。また、集団間の差は、1967年から2019年にかけて、景気や計測方法によって上下することはあっても、一定の幅を保ちながら推移している。黒人やヒスパニックの経済的状況は、全体的には改善されているが、それでも集団間の格差が解消されたとは言いがたい。また、一般的に自立した経済生活が困難な所得基準を示す貧困線以下の世帯の割合（＝貧困率）については、2019年に全体人口では10.5％であったなかで、非ヒスパニック白人（7.3％）およびアジア系（7.3％）が低く、ヒスパニック（15.7％）、黒人（18.8％）が高い（Semega et al. 2020）。近年、アジア系の所得の高さが注目されているが、これはアメリカ社会の平等化の恩恵というよりは、高学歴で高度な技能を持つ移民が多く、安定した職や自営業、専門職に付く割合が高いという「超選別性（hyper-selectivity）」によって説明されることが多い（Lee and Zhou 2015）。

所得や職業的な安定にとって重要な要因となる教育についてはどうだろうか。2015年のデータによれば、25歳以上の人口における大学卒業以上の割合は32.5％であるが、これを上回っているのは、非ヒスパニック白人（36.2％）およびアジア系（53.9％）であり、黒人（22.5％）、ヒスパニック（15.5％）はそれを

図3.1　人種エスニシティ別の実質世帯所得の中間値（1967～2019年）

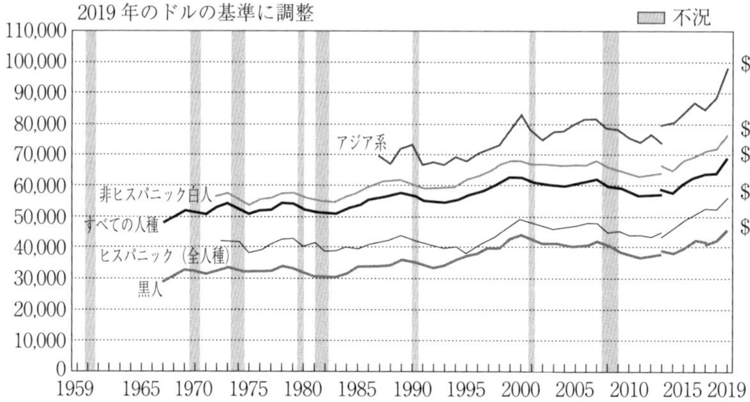

出典：Semega et al. (2020), p. 5.

大きく下回っている。ヒスパニックの教育の低さは、出身国での教育機会が貧弱な外国生まれ層が多いことに由来する。実際、アメリカ生まれだけに限れば、大学卒業以上の割合はヒスパニックも黒人も20%で同等となる。黒人の場合は、むしろ外国生まれのほうが大学卒業者の割合が約30%と高くなる。黒人とヒスパニックの教育到達度は少しずつ高くなっているが、白人やアジア系との教育格差が改善される兆候は見られない（Ryan and Bauman 2016）。また、教育と所得の関係を見てみると、2020年における大学院修士課程修了者の週間所得の中央値が1545ドル、大学卒業者が1305ドルであるのに対して、高校卒業者は781ドル、高校を卒業していない場合は619ドルとなる[1]。このように教育の充実と経済的な上昇は密接に連関しており、教育到達度で不利なヒスパニックと黒人の多くが、経済的に困難な状況に追い込まれている。

また、現代の人種主義的な制度のひとつとして、居住隔離（residential segregation）が挙げられる。20世紀後半以降、ゲットーと呼ばれる大都市中心部のマイノリティ集住地区への空間的隔離が、貧困の連鎖を生み出すと注目されてきた。ゲットーは、20世紀初頭の黒人の「大移動」と人種制限約款などの住居差別を背景としてつくられた。しかし、人種制限約款が禁止され、公民権法が成立した後も、黒人と白人のあいだの居住地区の統合は限定的で、居住隔離は維持されている。都市部での居住隔離は、安定した教育環境や住環境への黒人のアクセスを制限し、社会上昇の手段を限定している（Wilson 1987; Massey and Denton 1993; Sugrue 1996）。たしかに、白人と黒人のあいだの隔離の程度を示す非類似性指標は、1970年の79から2000年には64、2010年には59へと改善も見られる[2]。しかし、デトロイト、ミルウォーキー、ニューヨーク、シカゴなどの多くの黒人人口を抱える大都市では、2010年でも75以上という非常に深刻な数値であり続けている（Logan and Stults 2011: 4-6）。

また、1965年以降の新しい移民の増加は、居住隔離に新しい局面をもたらした。新たに流入した移民の多くは、黒人と同様に、大都市の中心部に集中する傾向があり、インナーシティは多人種が混在する地区になりつつある。ヒスパニックやアジア系は、やはり居住隔離を経験しつつも、黒人と比較すれば、穏健な隔離傾向であると言える。ヒスパニックと白人のあいだの指標は全地区で48、最も深刻なロスアンジェルスとニューヨークで63程度である。アジア系の場合は、全米で41という穏健な状況で、最も深刻な地区で53.7、大半が30～40台である（Logan and Stults 2011: 11-12, 17-18）。ただし、ヒスパニックとアジア系の場合、1990年（ヒスパニック39、アジア系38）よりも隔離が進行している点に留意する必要がある（Frey 2018: 179）。

黒人よりも新来の移民集団のほうが穏健な隔離状況にある理由は、移民集団の場合は当初は貧困地区に住んでいても、後に他の地区へ移動することが多いこと、一部のアジア系のように移住当初から郊外地区に居住する人びとの比率が高いことが挙げられる。また、近隣住民として「望ましい」「好ましい」と考えられているかどうかという要素も大きい。いくつかの調査によれば、黒人を隣人として最も「好ましくない」とする傾向は、黒人以外の人びとに共通して見られている。人種差別的な態度が、黒人の居住隔離を維持させる要因となっている（Turner et al. 2002; Charles 2006）。

居住隔離は、教育機会における隔離や格差にも結びつく。たとえば、2017年の調査では、８年生の黒人生徒が、非白人生徒が過半数を占める学校に通う率は、白人よりも約５倍高い（黒人生徒69.2％、白人生徒12.9％）。黒人生徒の72.4％が貧困が深刻な地区の学校に通っている。そして、白人が多い学校と非白人が多い学校のあいだでは成績においても格差が見られる（García 2020）。大学入試で参照される標準化試験SATの2015年における数学の平均点を見ると、800点満点中全体の平均511点、白人534点、アジア系598点に対し、黒人428点、ラティーノ457点と低く、この点数の格差は1990年代からほとんど改善されていない[3)]。貧困地区の学校は、貧困や家庭問題を抱える生徒が多いうえに、教師や教育資源が不十分であることが多く、「ドロップアウト工場」と呼ばれることもある（Orfield and Lee 2005）。

人種マイノリティの子どもの居住隔離と教育機会の貧困は、職業機会にも大きく影響する。教育の不十分さは不安定な雇用と結びついてきたが、20世紀後半以降、ハイテク、サービス産業の成長とともに郊外地区で増加した新しい職の需要に、大都市中心部に住む人びとがアクセスできないという「ミスマッチ」の存在も、貧困の連鎖を強固にしてきた（Kasarda 1989）。このような空間的隔離に加えて、雇用者の側がマイノリティを「やる気がない」「福祉依存」などと見なして敬遠する傾向があることも指摘されている（Kirschenman and Neckerman 1991; Moss and Tilly 2001）。大都市に住むマイノリティの貧困問題は、歴史的な居住隔離のうえに、構造的な制約と人種主義的な排除が積み重なった結果なのである（Wilson 2009）。

以上のように、公民権期以降の人種マイノリティの貧困問題には、人種隔離時代よりも複雑な要因が絡まりあっている。全体として見れば、黒人の経済的地位や居住隔離には改善点も見られる。しかし、これらの改善が、最も不利な立場にある人びとに反映されているとは言いがたい。その多くは、現在も十分な上昇の機会をつかめないまま、現代の人種主義にさらされ続けている。

3.2.2　人種主義と刑事司法

キングの「私には夢がある」演説から50周年を迎えた2013年８月に行われた世論調査によれば、この50年間に人種平等への前進が「ある程度あった」と回答した割合は全体の８割にのぼるが、同時に約半分が実現のための「取り組みが必要」と回答している。黒人回答者の場合、人種平等実現のための「取り組みが必要」と回答したのは８割近くに達し、黒人のあいだでは人種平等は未だ実現していないという見方が支配的である。このデータは、白人と黒人のあいだの格差が拡大したものとして、所得、結婚率、資産を挙げており、経済生活の基礎として日常生活を支える部分で、平等化が十分に進んでいないことを示している（Pew Research Center 2019）。

なかでも、最も深刻な不平等とされているのが、刑事司法制度における人種主義である。2018年に18歳以上10万人あたりの州・連邦の刑務所などの矯正施設への収監数を見ると、黒人男性2272人、ヒスパニック男性1018名であるのに対し、白人男性は392人である。アメリカ人口全体の12％に過ぎない黒人が、収監者全体（140万人）の32.8％（46.5万人）を占めており、収監者数は人口全体の6割を占める白人（43万人）よりも多い。ヒスパニックと黒人の収監者の合計で、全収監者の過半数を超える（U.S. Bureau of Justice Statistics 2020: 6, 16）。世界でも突出して刑務所収監者の多いアメリカにおいて、人種マイノリティの大量収監（mass incarceration）が起きているのである。

大量収監を生み出してきたのは、公民権改革以降のアメリカが進めてきた刑罰国家化の動きである（土屋 2020）。公民権改革において犯罪対策は党派を超えて共有された問題関心だった。たとえば、リンドン・ジョンソン政権は、貧困対策を進める一方で、州や地域における「犯罪との戦い」政策を進めてきた。「差別のない社会」と「犯罪のない社会」はともに公民権改革にとって実現すべき目標であり、貧困対策と同様に、犯罪対策が「標的」としたのも、大都市の黒人社会であった（Murakawa 2014; Hinton 2016）。その後、黒人社会への福祉政策の削減と反比例するように犯罪対策へと資源が集中するようになり、黒人への取締りは、ロナルド・レーガン政権期の「麻薬との戦い」によって全面展開した。1980年代に安価な違法薬物が流行したことを背景に、麻薬取締局と警察は、黒人居住区を徹底的に取り締まり、刑罰による黒人社会の管理が国家政策として実施された（Marable 2007: 189）。

「麻薬との戦い」は、警察の重武装化、人種プロファイリングにもとづく捜査、そして麻薬犯罪者の厳罰化をもたらした。人種プロファイリングとは、人種や肌の色などを理由に相手を潜在的な「犯罪者」として扱う捜査である。人種を理由とした呼び止め、職務質問、所持物捜査は、基本的人権を侵害する差別的捜査であるが、犯罪・麻薬捜査の現場で頻繁に用いられている。1999年のニューヨーク市警察の記録では、黒人は白人の6倍の頻度で、路上で呼び止められ尋問を受けた。さらに2002年から2005年のあいだには呼び止めの回数全体が5倍にふくれあがり、そのうちの多数は黒人かヒスパニックであった。黒人と白人のあいだに違法薬物の所持率には相違はないと見られるが、2014年に薬物所持によって逮捕される確率は黒人が白人の2.5倍高く、さらに収監される確率は黒人は白人の6倍高い。これは、人種プロファイリングにもとづく積極的捜査、自白や司法取引の強制、黒人に対して不利な裁判判決が出る傾向など、刑事司法システムのなかに、黒人やヒスパニックを「犯罪者」と見なし、彼らを「重罪人」として刑務所へ送り込む過程が埋め込まれたことが背景にある（Alexander 2010: 135; Human Rights Watch 2016: 44, 111）。

1990年代における三度の有罪で終身刑とする「スリーストライク法」の制定や、重罪人に対する投票権や福祉受給資格の停止などの厳罰化は、大都市の黒人社会にさらに壊滅的な影響を与えた。収監の長期化と厳罰化は、退所後の社会復帰を著しく困難にした。退所者の多くが職や住居が得られずに貧困状態へと追いやられ、再犯・常習犯となることも少なくない。また、黒人成人男性の不均衡な収監率の高さや収監の長期化のため、ゲットーにおける家族形成も困難になり、離婚やシングルマザーの世帯も多くなる。これは、子どもを経済的に不安定な環境を追いやる一因となっているほか、ロールモデルの不在にも結びつき、教育の困難や非行が蔓延する負の連鎖を、いっそう深刻化させた（Alexander 2010）。

このような厳罰化や取締りの強化は、厳格な公平性が求められるはずの警察や裁判所に対する不信感を強化した。2013年の世論調査によれば「黒人が警察に不公平に扱われている」と考える白人は37%であるのに対し、黒人では70%に達する。「黒人が裁判所に不公平に扱われている」と感じている白人は27%であるのに対し、黒人では68%と2倍以上の開きがある。このような警察や司法への信頼の人種間ギャップは、現代の人種問題への受け止めの違いを生み出している。人種主義の歴史的継続を強調する黒人に対し、白人のあいだでは犯罪への厳罰化を求める傾向が強くなる。

警察暴力と司法への不信は、黒人層の抗議や「蜂起」を引き起こしてきた。ロスアンジェルスで起きた1965年の「ワッツ蜂起」、1992年の「ロスアンジェルス蜂起」は、いずれも警察による黒人への暴力が契機となった。とくに後者は、黒人による抗議運動がヒスパニックやアジア系住民も巻き込み、「多人種暴動」の様相を見せるなど、20世紀末の複雑化する人種関係を象徴する事件となった（Davis 1993; Chang and Leong ed. 1994）。そして、2012年にフロリダ州で黒人少年トレイヴォン・マーティンが自警団を名乗る男性に殺害された事件では、容疑者は「正当防衛」として無罪とされた。BLM 運動は、この無罪判決に衝撃を受けた黒人たちのソーシャル・ネットワーキング・サービス（SNS）への投稿を契機として始まった。

3.3 「白人と黒人のアメリカ」を超えて

3.3.1 「アメリカの新しい顔」――人種間結婚と多人種のアメリカ

1993年11月、週刊誌『タイム』は、「アメリカの新しい顔」と題した特集号を出版し、ある女性の写真を表紙に掲載した（写真3.1）。表紙の写真は、「複数の人種」をコンピュータ合成したものであり、白人と黒人という二元的なイメージで把握できない「曖昧さ」は、現代における人種の流動化を象徴していると言える。

この特集で関心を呼んだのは、人種間結婚の増加がもたらした、新しい「アメリカ人」の姿であった。1967年のラヴィング対ヴァージニア判決によって人種間結婚禁止法が違憲となり、人種を越える結婚をタブー視する風潮は大きく改善した。センサス上の人種カテゴリーを横断する人種間カップルは、1970年にはすべての婚姻中カップルの0.7％に過ぎなかったが、1990年に4.6％に、2015年には9.5％に達した（Frey 2018: 194）。人種間結婚の増加は、複数の人種的背景を持つ子どもの増加へと結びつく。『タイム』の特集は、複

写真3.1 「新しいアメリカの顔」

出典：*Time* Fall 1993 Special Issue.

数の背景を持つ子どもたちの存在が、既存の人種関係の前提を問いなおすことを強調した。

アメリカの人種主義体制では、19世紀ごろまでは複数の人種的ルーツを持つ人びとは、「ムラート」などの独自のカテゴリーで認識されてきた。その後、人種隔離制度のもとで「ワンドロップ・ルール」が確立すると、白人と黒人の「混血」はすべて「黒人」であると認識されてきた。しかし、人種隔離の廃止は、複数の人種的ルーツを持つ人びとの定義を再び曖昧化した。そのなかで、人種間カップルの子ども世代が成人に成長し始めた1990年代に、新たに「多人種系」として、独自のアイデンティティや文化の承認をアメリカ社会に要求する運動が見られるようになった。この運動は、多人種主義（multiracialism）と呼ばれる（Hochschild et al. 2012）。

多人種主義の主張は、これまでの人種関係を大きく組み換えるものであった。まず、「一人の人間がひとつの人種アイデンティティを持つ」という既存の人種概念の前提を覆し、「状況に応じて異なった自己定義」「アイデンティティを一回以上変えること」「ひとつ以上の人間集団に忠誠心やアイデンティティを持つこと」を基本的人権の一部として認めるように訴えた（Root 1995）。多人種主義を掲げる団体は、その存在を人種統計に反映するため、センサスに「多人種系」というカテゴリーを採用するように求めた（Williams 2006）。しかし、「多人種系」という新しいカテゴリーの導入に対して、黒人と回答する人を減少させることを危惧した黒人団体からの反発も大きかった。その結果、連邦政府の統計政策を管轄する行政管理予算局は、1997年に、ひとつの「多人種系」カテゴリーではなく、「ひとつ以上の人種を報告」することが可能な複数選択制度を導入した（Office of Management and Budget 1997）。そして、2000年に実施されたセンサスは、人種を尋ねる質問において、複数の項目をチェックすることを可能とする方式をはじめて採用した。これは、連邦政府が、多人種の人びとの存在を認知し、公民権法による差別禁止の対象と位置づけたことを意味していた（南川 2021: 249）。

人種アイデンティティの複数選択導入の結果は、センサスにおける人種統計の結果を大きく揺るがしたとは言えない。2000年センサスで２つ以上の人種カテゴリーにチェックした人は、2000年に680万人（全人口の2.4%）にとどまった。

大多数の回答者はひとつの人種集団のみを回答しており、ひとつの人種集団への帰属という前提は依然として根強い。しかし、その後のセンサスで複数回答者の数は増加しており、2010年に900万人（2.9%）、2020年には約1400万人近く（4.1%）に達した（U.S. Census Bureau 2011: 4; Frey 2021）。先住民やアジア系のなかに複数の人種を回答する人の割合が高いこと、黒人の場合、若年層になるほど複数の人種を報告する割合が高くなるなど、複数の人種アイデンティティを持つことは、人種マイノリティのあいだでは珍しいものではなくなっている（Frey 2018: 206-207）。

3.3.2 ヒスパニックと非正規移民をめぐる人種主義

1965年移民法以降の非ヨーロッパ系移民の増加は、アメリカ合衆国の人種エスニックな構成を大きく変えつつあると同時に、人種主義をめぐる新たな課題を顕在化させている。なかでも、非正規移民の排除は、ポスト公民権時代の新しい人種主義の象徴的課題のひとつとなっている。

2017年のアメリカ合衆国内には、推計1050万人の非正規移民が居住していると言われている。非正規移民の数は、1990年の350万人から2007年の1220万人まで増加し続けたものの、その後の10年間は微減している。そのなかで最大のグループはメキシコ出身者で47%を占めている（490万人）。残りは、中央アメリカ出身190万人（18.1%）、アジア出身145万人（13.8%）などで構成されている。2010年代以降は、政治的・経済的混乱が続くエルサルヴァドル、グアテマラ、ホンデュラスなど中央アメリカ諸国出身者が急増している。非正規移民は、安価で容易に置き換え可能な労働力として、大規模農場、中小企業、都心部のレストランや清掃などの非熟練サービス業などで雇用されることが多い。2017年には760万人の非正規移民が就労しており、アメリカ全体の労働力人口の4.6%を占めている[4)]。

第１章でも述べたように、非正規移民が顕在化したのは、1965年移民法以降、メキシコなどの西半球の国々にも移民できる人数に上限が設けられたことが背景にある。それゆえ、それ以前から活発であった米墨国境における労働力の往来が規制されるようになり、正規の資格を持たない移動者は取締りの対象になった（Ngai 2004）。それでも非正規を含む移民労働者は一部の産業にとって安価で不可欠な労働力を提供しており、大都市や米墨国境に近い地域には、非正規移民を厳格に管理・取締りしながら労働力として搾取する仕組みがつくられている。

非正規移民の管理と搾取は、ヒスパニックをアメリカの人種主義体制に位置づける重要なパターンのひとつである。連邦政府は、米墨国境の管理を移民政策の優先課題と位置づけ、国境警備予算は2000年の10.5億ドルから2020年には48.6億ドルまで５倍近くに増加した[5)]。国境警備の現場では、移民を「敵」「侵略者」と想定し、軍事的な技術や手段を用いて監視・阻止しようとする「国境管理の軍事化」という事態が進行している。国境警備隊は軍事訓練を重ね、装甲で守られた車輌やボート、無人探査機やハイテク監視機器が次々と導入されている（Miller 2014）。国境管理の軍事化をさらに強化させているのが、「麻薬との戦い」である。米墨国境は、大都市の黒人社会と並ぶ麻薬捜査の標的となっており、移民関税執行局（ICE）は、国境地帯でギャング集団による犯罪行為・麻薬密輸・暴力などを取り締まる作戦に着手している。非正規移民対策は、麻薬や犯罪対策とも結びつき、被捜査者の権利よりも、犯罪摘発や安全保障を優先する状況がつくられている（Gonzales 2014）。

非正規移民の取締りは、国境地帯だけでなく、アメリカ全土に及んでいる。1996年の非合法移民改革法によって、それまで連邦政府のみの管轄とされた移民取締りの権限が地方警察にも認められ、地域社会での移民取締り機能を市・州警察が担うようになった。さらに、司法的手続きを省略し、強制送還の決定における移民当局の裁量が強化され、加えて密入国や書類偽装も強制送還対象とする「加重的重罪」規定が導入された。この結果、非正規移民を「犯罪者」として送還する強制送還レジーム（deportation regime）が確立し、移民は日常生活のなかで常に強制送還の脅威に直面するようになった（飯尾 2017）。

厳格化された移民取締りの現場では、人種マイノリティ、とくにヒスパニックに対する人種主義的な扱いが横行している。たとえば、ヒスパニックは、国籍や法的地位にかかわらず、その言語や外見上の特徴から、当局による人種プロファイリングの対象となることが多い。2008年の調査によれば、ヒスパニック住民の９％が過去１年以内に移民資格の確認のために警察や移民当局に呼び止められた経験を持っている。その程度は、アメリカ国籍を持つ人びと（８％）

と移民（10%）のあいだに極端な差は見られず、ヒスパニックという人種的特徴による取締りが横行していることがわかる（Lopez and Minushkin 2008: 9）。そして、2018年の調査では、ヒスパニックの55%が、自身・家族・友人が強制送還される脅威を感じている（Pew Research Center 2018: 31）。

ヒスパニックを標的とした取締りは、収監者と強制送還者の増加に結びついている。2018年の段階で、ヒスパニックは、麻薬犯罪や移民法違反などを対象とする連邦刑務所の総収監者16万人の31%を占め、黒人（37%）に次いで２番目に多い集団となっている。収監の理由は、薬物犯罪（59.7%）と移民関連犯罪（17.3%）が４分の３以上を占め、「麻薬との戦い」と移民取締り強化がヒスパニックの大量収監を導いていることがわかる（U.S. Bureau of Justice Statistics 2020: 23）。さらに強制送還の件数は、2000年の19万人から増加を続け、2013年の43万人でピークに達し、2019年も36万人と高い水準が続いている。2019年の強制送還件数の91%が、メキシコと中央アメリカ３カ国への送還である（DHS 2020: 103, 113-114）。

非正規移民をめぐる問題は、黒人に対する大量収監体制と連動しつつ、強制送還という物理的排除を伴ってヒスパニックの生活基盤を脆弱なものにしている。そして、その体制を正当化するように、ヒスパニックが文化的に異質で市民的徳性を欠くという言説が繰り返し生産されている。1990年代以降、スペイン語話者や非正規移民の増加を、アメリカのナショナル・アイデンティティや既存の社会体制を破壊する「脅威」「侵略者」と訴える排外主義的な議論が広がった（Brimelow 1995; Huntington 2004）。そのなかで、ヒスパニック移民は、英語を学ぼうとせず、犯罪に関与し、アメリカ人の仕事を奪い、福祉サービスを濫用する人びととして描かれた（Chavez 2013）。そして、ヒスパニックへの人種的ステレオタイプと非正規という法的地位が結びつくことで、非正規移民は、信用ならない「犯罪者」、アメリカ市民としての価値や理想を共有できない「他者」と見なされ、滞在資格の合法化よりも強制送還と徹底的な排除を求める声も広がった（南川 2018）。

ヒスパニックが組み込まれた人種主義的な社会構造は、人種プロファイリングや大量収監などの黒人が直面する問題と重なりつつ、移民であることで直面する排除や、強制送還されうる法的立場などの独自の問題とも絡み合って成立している。移民を安全保障に対する脅威と見なし、国家による管理を徹底しようとする動きは、9.11同時多発テロ事件以降、加速している（Gonzales 2014）。一方で、非正規を含む移民労働力は、グローバル化によるコスト削減と労働力の柔軟化の渦中で、アメリカ経済の底辺を支えている。ヒスパニックを取り巻く状況は、グローバル資本主義の浸透と刑罰国家の確立という同時代的な変動のなかに規定されている。

3.4 ポスト公民権期の人種主義理論

3.4.1 制度的人種主義とカラーブラインド主義

以上のように、公民権改革によって一定の改善はあったものの、人種集団間の格差や不平等な処遇が継続している状況をどのように説明できるだろうか。ポスト公民権期の人種主義の様式を理解するうえで鍵となるのが、1960年代のブラックパワー運動が提起した制度的人種主義（institutional racism）という概念である。ストークリー・カーマイケルとチャールズ・ハミルトンは、「5人の子ども」を爆殺した事件の背後で、「500人の黒人の赤ん坊」が「適切な食事、シェルター、医療施設の欠如」で命を失っていると述べ、前者をあからさまな人種差別的行為による個別的人種主義、後者を社会の制度的メカニズムのなかで黒人を不利な状況に追い込む制度的人種主義と説明した（Carmichael and Hamilton 1967: 4）。前者では具体的な「意図」や「行為」が問題となるが、後者では差別的意図の有無にかかわらず、人種マイノリティに不利な状況が再生産される過程が問題となる。ポスト公民権期のアメリカ社会は、あからさまで意図的な差別行為を禁止してきたが、それだけでは人種マイノリティが陥ってきた貧困の連鎖を打破することは困難であった。それゆえ、ポスト公民権期を射程とした人種論は、「制度的人種主義」「体系的人種主義」などの語を用いて、人種主義を、個人の意識や「心」の問題と単純化するのではなく、社会的条件の変化のなかで再編成を繰り返してきた構造的不平等の問題として説明している（Haney López 2000; Feagin 2006）。

制度的人種主義の存在に注目すれば、明確な人種差別の意図を伴わないまま、人種マイノリティを不利な環境に追い込む制度は日常的なあらゆる場面に存在することがわかる。公立学校と私立学校のあいだには、教員編成や教育プログラムの差がある。大学入試は標準化試験の成績を重視し、雇用には学歴や職業経験が求められる。住宅の賃貸や購入には、十分な資金と安定した雇用が必要である。いずれも、マイノリティを故意に排除するためにつくられた制度ではない。高価な学費に見合った教育内容、大学で学ぶための学力、職業に必要とされる知識・技能・経験、安定した賃料の支払い能力など、それぞれは人種とは関係ないはずの「合理的な」理由にもとづいて設定されている。しかし、多くのマイノリティは、その不安定な生活基盤ゆえに、これらの基準を満たすことができず、安定した生活や経済的成功から逸脱してしまう。警察官、裁判官、雇用者、教師、不動産業者が、それぞれの場面で蓄積されてきた判断や行動を繰り返すことが、人種集団間の格差を再生産するのである（南川 2020a: 93）。

ポスト公民権期における制度的人種主義を支えているのが、カラーブラインド主義と呼ばれる考え方の広がりである。カラーブラインドとは、「人種や肌の色を考慮しない」ことを理想とする考え方である。キング牧師が1963年の「私には夢がある」演説のなかで、「人種や肌の色」ではなく「人格の中身によって判断される」社会の実現を訴えたように、もともとは公民権運動で人種隔離制度の廃止を求める理想のひとつだった。しかし、今日では、カラーブラインドの理想は、しばしば人種的なアイデンティティにもとづく抗議の声をかき消し、人種的不平等に対する取り組みを無効化する言説として用いられる。たとえば、1996年にカリフォルニア州では、人種や性にもとづく「差別や優遇措置」を禁止するという提案が、住民投票によって可決した。この提案の狙いは、雇用や大学進学などにおける人種間の不平等を改善するためのアファーマティヴ・アクション（第6章を参照）を「優遇措置」として廃止することであった（HoSang 2010; 南川 2021）。また、黒人やヒスパニックの大量収監を招いているのも、麻薬の不法所持、繰り返される軽犯罪、移民法違反など、それ自体はカラーブラインドな基準である（Alexander 2010）。カラーブラインド主義は、成績、学歴、犯罪歴など人種と関係ない基準によって生じる不平等や排除は差別ではないと見なし、反差別や格差是正のための介入に反対する。社会学者エドゥアルド・ボニラ＝シルバは、カラーブラインド主義は、人種差別的とされる言葉や行動を避けつつ、白人が優位にある社会構造を温存させると批判している

(Bonilla-Silva 2001)。

本章が明らかにしてきたように、カラーブラインド主義が浸透しているにもかかわらず､人種マイノリティをめぐる居住隔離や経済的格差は継続しており、さらに大量収監のような問題はさらに深刻化している。それゆえ、歴史家イブラム・X・ケンディは、現代の反人種主義に求められるのは、人種を否定したり、人種に対して中立的な立場を取ることではなく、人種的不平等を再生産するあらゆる政策・実践・言説に反対する反人種主義者になることだと主張している（Kendi 2019: 18)。人種主義は、「多からなる一」の具現化にとって大きな障壁であり、その問題が「解決」からはほど遠いことは確かだ。第Ⅱ部以降で議論するように、「多からなる一」を構想するにあたって、人種主義の「現在進行形」をどのように解釈し、何を問題と位置づけているかが、重要な鍵となる。

3.4.2 インターセクショナリティの視角

ポスト公民権期における人種主義理論が投げかけるもうひとつの重要な問いは、公民権運動時代に喚起された多様性への視座（第2章を参照）をいかに反映させるかであった。1960年代にフェミニズムや性的マイノリティの運動が登場すると、マイノリティ運動のなかのジェンダー、フェミニズムのなかの人種などの側面にも光が当たるようになった。たとえば、ニューヨークで黒人公民権運動に参加したフランセス・ビール（Frances Beal）は、人種とジェンダーの双方から周縁化される「二重の危機」を経験した黒人女性の立場から、プエルトリコ系やアジア系の女性とも連帯する「第三世界女性同盟（Third World Women's Alliance)」に参加した（Ward 2006)。この運動は、『黒人女性の宣言』を発表し、黒人女性の能力を、「男性を支援する役割」としてしか見ていない黒人男性運動家を問題視すると同時に、白人ミドルクラス女性が語る「共通の抑圧」のなかに、差別・失業・貧困に苦しむ黒人女性の「抑圧」が含まれていないことを批判した[6]。

このようなフェミニズムの新しい展開は、マイノリティが経験する抑圧を人種、階級、ジェンダー、セクシュアリティなどの複数の属性の交差としてとらえるインターセクショナリティ（intersectionality）の概念へと結実した。キンバリ・クレンショーによれば、女性に対する暴力を批判する運動や政策においても、黒人女性は周縁化されてきた。フェミニズムが女性への暴力を批判するとき、その犠牲者は「白人女性」が想定されきた。同時に、黒人運動は、黒人男性の「暴力性」を誇張する表象を批判するが、黒人社会における性暴力を見過ごしてきた。性暴力をめぐる言説のなかに人種や性をめぐるイメージが深く埋め込まれており、それぞれの抑圧がいかに相互作用しているかを明らかにしないかぎり、黒人女性の経験はその図式のなかで無視されてしまう（Crenshaw 1991）。そして、マイノリティのアイデンティティは、人種、ジェンダー、階級などが不均等に交差する構造に規定され、ひとつのカテゴリーに帰するものではない。インターセクショナリティの視角からは、人種主義、ジェンダー不平等、異性愛中心主義はそれぞれ別々に単独に存在するのではなく、複合的な権力関係のなかで、相互を規定しながら存在するものと見なされるようになった（Collins and Bilge 2020）。

その結果、人種主義体制の多くが、ジェンダー、階級、セクシュアリティをめぐる交差によって成立していることが見えてくる。たとえば、貧困層を対象とした福祉削減のためにレーガンが多用したのは、「シカゴの福祉クイーン」と呼ばれる「怠惰で福祉の寛大さにつけ込む」黒人女性のイメージであった（Haney López 2014: 57）。黒人の大量収監は、黒人男性の「自己抑制できない暴力性」を過度に強調した像によって正当化されたが、これは人種隔離時代から南部における人種暴力を正当化してきた「野蛮」で「凶暴な」黒人男性「レイピスト」像とも連続している（兼子 2007）。そして、現代の移民排斥主義者は、「ラティーナ」女性の性的奔放さと多産のステレオタイプを強調することで、移民の増加を文化的な「侵略」と見なそうとする（Chavez 2013）。人種主義におけるインターセクショナリティは、ステレオタイプや偏見を相互に助長するだけでなく、アメリカ社会において実質的に享受できる権利やアクセスできる生活資源を左右する。人種、ジェンダー、階級、セクシュアリティが交差する「規範的で十全な市民」として想定されるのは、白人ミドルクラス男性である。そして、非白人・労働者・女性・性的マイノリティなどの要素が交差しながら、それぞれを序列的に位置づける社会構造が完成する（Glenn 2002）。白人優越主義とは、このようなインターセクショナルに細分化された排除・抑圧・権利制限の蓄積として成立していると見なすことができる。

BLM運動が問題とするのも、このようなインターセクショナルに再生産される抑圧の構造のあり方である（第９章を参照）。そのため、運動は当初から運動内部における少数派の抑圧に対して意識的で、女性や性的マイノリティを排除しない運動を志向してきた。BLM運動は、複数の属性が交差するなかで制度的人種主義がどのように作用しているのかを問い、インターセクショナルな視角からの反人種主義を構想している。

現代アメリカの人種主義は、差別のないカラーブラインドな理想を達成するどころか、ますます複合的で動態的になり、その実態が見えにくくなっている。非ヨーロッパ系移民の急増による人口構成の変化、多人種系の登場、そして複合的な抑圧やアイデンティティの顕在化のなかで、人種主義を支える条件は大きく変化している。その一方で、既存の人種集団間の格差や不平等は維持され、深刻化する場合もある。現代の人種主義を理解するためには、グローバルな社会変動と歴史的な不平等の蓄積の双方に目を配る必要がある。

1） U.S. Bureau of Labor Statistics, "Education Pays," April 21, 2021. https://www.bls.gov/emp/chart-unemployment-earnings-education.htm（最終閲覧日2021年７月31日）

2） 非類似性指標（dissimilarity index）は、２つの集団が該当地区に均等に広がっている程度を示すものである。この数字は、その地区でひとつの集団の人口のうち、均等な人種人口構成にするために移動が必要な人びとの割合を示す。よって、指標が、59ということは、均等な人種構成のためには、そこに住む黒人の59％が移動しなくてはならないことを指す。一般に60以上で深刻な隔離であることを示す（Logan and Stults 2011: 25）。

3） Richard V. Reeves and Dimitrios Halikias, "Race gaps in SAT scores highlight inequality and hinder upward mobility," February 1, 2017. https://www.brookings.edu/research/race-gaps-in-sat-scores-highlight-inequality-and-hinder-upward-mobility/（最終閲覧日2021年８月１日）

4） Jefferey S. Passel and D'Vera Cohn, "Mexicans decline to less than half the U.S. unauthorized immigrant populations for the first time," June 12, 2019. https://www.pewresearch.org/fact-tank/2019/06/12/us-unauthorized-immigrant-population-2017/（最終閲覧日2021年８月１日）

5） American Immigration Council, "The Cost of Immigration Enforcement and Border Security," January 20, 2021. https://www.americanimmigrationcouncil.org/research/the-cost-of-immigration-enforcement-and-border-security（最終閲覧日2021年８月２日）

6） Gayle Lynch, "Black Women's Manifesto: Introduction," Third World Women's

Alliance, *Black Women's Manifesto* (New York: Third World Women's Alliance, n.d.); Linda La Rue, "The Black Movement and Women's Liberation," *Black Women's Manifesto*, 35.

第Ⅱ部

「多からなる一」の系譜

第4章

「単一のアメリカ」への同化

4.1 「るつぼ」としてのアメリカ

第Ⅱ部では、アメリカ社会において「多からなる一」を実現させるモデルが、歴史的にどのように変容してきたのかを考える。多様な背景を持つ人びとを、社会の一員として包摂するための理論的枠組とその歴史的展開、具体的な政策の展開、マジョリティとマイノリティそれぞれの対応を検討し、「多からなる一」が、どのように構想され、いかなる制度を導いてきたのかを論じる。

本章で議論するのは、「同化（assimilation）」と呼ばれるモデルである。同化は、複数の集団を包摂する方法として、20世紀半ばまで強力な枠組であり続けた。同化という概念の成り立ちを考えるうえで重要なのが、「るつぼ（melting pot）」と呼ばれる表現である。「（人種の）るつぼ」は、アメリカ合衆国の多様性と、それが内包するダイナミズムを示す語として、頻繁に用いられている。

アメリカ社会を語る言葉として「るつぼ」が広く使用されるようになったのは、20世紀転換期の大量移民時代であった（Gleason 1992: 6）。ユダヤ系劇作家のイズラエル・ザングウィルは、戯曲『るつぼ』を発表し、1909年に初演を迎えた。ザングウィルは、ユダヤ系移民一家の物語を語りながら、アメリカが「すべてのヨーロッパ人種が溶け込み、作り直される」「神によって創られた偉大なるつぼ」であることを称えた（Zangwill 1909=1921）。ザングウィルが描いた「るつぼ」像の具体的イメージとして言及されるようになったのが、フランス出身の作家J・ヘクター・セント・ジョン・ド・クレヴクールが、1784年に発表した『アメリカ農夫からの手紙』である。クレヴクールは、独立革命によって新大陸に姿を現した「アメリカ人」とは誰なのかを問い、次のように述べた。

では、アメリカ人という、この新しい人間は何者なのか。彼は、ヨーロッパ人ではなく、ヨーロッパ人の子孫でもない。すなわち、それは、ほかのどの国でも見ることができない、奇妙な混血である。私は、次のような家族について指摘できる。それは、祖父がイギリス人であり、その妻はオランダ人、その息子はフランス人と結婚し、そして現在は、その4人の息子たちが、それぞれ異なった国出身の4人の妻を持っているような家族だ。彼こそが、アメリカ人だ。アメリカ人は、すべての旧世界の偏見や習慣を置き去りにして、新しい生活様式を取り入れ、新しい政府に従い、新しい地位につくことによって、新しい考え方と習慣を受け入れる（Crevecoeur 1784=1904: 54）。

ここで「新しい人間」としてのアメリカ人の特徴は、その「奇妙な混血」という表現に表される。異なった出自を持つ人びとが形成する家族は、ヨーロッパ大陸では存在しなかった「新しい人間」としてのアメリカ人の比喩となっている。この新しいアメリカ人のもとで、「新しい生活様式」「新しい政府」「新しい地位」が生まれ、「新しい考え方と習慣」が共有される。クレヴクールが考えるアメリカとは、異なった出自を有する人びとが家族をつくり、そこで「混

図4.1　C・J・タイラー「同化のすり鉢、そして混合しようとしない一要素」

雑誌『パック』（1889年6月26日号）に掲載された風刺画。このイラストでは、アメリカを体現する女神コロンビアが、「シチズンシップ（市民権）」というすり鉢と「平等な権利」というスプーンで、ロシアやイタリア出身の移民や黒人・先住民などのさまざまな文化を持つ人びとを混ぜ合わせようとする。しかし、すり鉢のなかの人びとはいっこうに溶け込もうとせず、アイルランド人男性のように女神に反抗の態度をとる者もいる。

血」の子どもが生まれ、ヨーロッパ旧世界の慣習に左右されない新しい文化が生まれる場所とされた。

しかし、大量移民の時代に台頭したのは、クレヴクールが描いた「混血」の困難を強調する移民排斥運動であった。たとえば、1889年に雑誌『パック』に掲載された風刺画は、「るつぼ」の理想と移民排斥の現実を如実に示している(図4.1)。このイラストは、アメリカの理念は、新しい移民、黒人、先住民との本質的な相違を乗り越えられないという排外主義的な世界観を描いている。これに対して、ザングウィルは、このような考えは、アメリカニズムの潜在能力を過小評価していると考え、移民を受け入れ、融合してきたアメリカの伝統を賞賛し、殺到する移民に動揺する「移民の国」に、新たな統合のイメージを植え付けようとした。

社会学では、インターマリッジ（異なった文化を持つ相手との結婚）を重ねた結果として、新しい文化を持つ集団が生まれる過程を「融合（amalgamation)」と呼ぶ（Horowitz 1975: 116)。クレヴクールが、「奇妙な混血」と呼んだアメリカ人は、このような複数の集団が出会い、混ざり合い、溶解し、新たに鋳造された人びとであった。それは、常に新しい文化や習慣を受け入れ、変化し続ける。融合論によれば、アメリカ社会は、異なった文化を有する人びとを溶かし、新たなものへとつくり変える、文字どおりの「るつぼ」にたとえることができる。

ザングウィルの「るつぼ」論が描く「多からなる一」の社会像は明確である。融合概念が示したように、この場合、「多」はアメリカという「るつぼ」のなかに溶け込むことによって新しい「一」を形成する。よって、旧世界のアイデンティティから解放され、そのすべてが溶け込んで形成される「アメリカ人」という、まったく異なった新しいアイデンティティを獲得することで、「多からなる一」が実現すると考えられた。

とはいえ、融合論は、大量移民時代の社会的現実とは大きくかけ離れた考えでもあった。クレヴクールが描く「アメリカ人」には、同時代の新大陸の空間を共有していた黒人奴隷や先住民は含まれていない。ザングウィルも「すべてのヨーロッパ人種」の融合を賞賛しただけで、非ヨーロッパ系の存在は無視されている。融合を促進するインターマリッジについても、黒人などの非白人とヨーロッパ系白人のあいだの人種間結婚は、広く禁忌と見なされ、1960年代までは一部の州で法的に禁止・制限されていた。実際、1958年に、白人と有色人種の結婚を禁止すべきという意見は、全体の94%を占めていた[1)]。20世紀前半までの「るつぼ」は、アメリカ合衆国という理念国家が生み出したアメリカ人の独自性を表現する比喩であった。「新しい人間」としてのアメリカ人の理想が強調されたものの、そこには明確な人種の境界線が存在し、それを超える融合を促進する具体的な実践を伴ったものではなかった。

4.2 同化主義の時代

4.2.1 同化概念の登場——シカゴ学派と近代化の社会学

「るつぼ」論は、同化という概念のひとつのバリエーションとして考えられる。同化が想定するのは、自らが背負ってきた独自の文化や習慣とは異なる、新しい文化や習慣を取り込み、そこに同一化する過程である。

前節でも議論したように、「るつぼ」概念の要所は、異なった文化的背景を有した人びとが、アメリカ社会という「るつぼ」で混ざり合うことによって、まったく新しい「アメリカ人」としての文化とアイデンティティを有するようになるという点にある。新しい材料が加われば、「るつぼ」の中で煮込まれているスープの味も変わるように、新たな移民がさまざまな文化をアメリカに持ち込み続ければ、アメリカ人やアメリカ文化の内実も変化する。クレヴクールが描いた「新しい人間」も、そのように変化し続ける、開放的で流動的な人間像であった。

しかし、現実には、このような可変的なアメリカ人像が主流であったとは言えない。むしろ、あるべき姿を主流文化として固定し、新しい移民やマイノリティに、既存の主流文化との同一化を求めてきた。とくに、産業化や都市化が進行し、これまでとは異なった移民が急増した20世紀転換期の大量移民時代には、WASPを正統と位置づけ、その生活様式や文化への同一化を要求する風潮が一般的となった。この場合、同化とは少数者や新来者が持っていた文化や帰属意識を弱めるとともに、既存の多数派・主流派へと同一化させる過程を指す。大量移民時代、同化主義（assimilationism）は、多様な背景を持つ人びとに対して主流派の文化への同一化を求める立場となった。

同化は、「多からなる一」としてのアメリカを構想するものとして意識的に用いられるようになった。その理論化を試みたのが、シカゴ大学に設立された社会学部の研究者・学生を中心とした、「シカゴ学派」と呼ばれる社会学者たちであった。その指導者的存在であったロバート・E・パークとアーネスト・W・バージェスは、同化を「人間や集団が、他の人間や集団が有する記憶、感情、態度を獲得し、共通の文化生活へと編入される相互浸透と溶解の過程」と定義した（Park and Burgess 1921: 735-736）。パークらは、同化という概念を、文化やアイデンティティの変化としてだけではなく、近代社会の変動のもとで生じる個人の社会学的な変容と考えた。それは、産業化や都市化によって変貌するシカゴが、ヨーロッパからの移民労働者、南部からの黒人労働者などを吸収し、人種的多様性を抱えた巨大都市としての姿を現そうとした時代を理解し、その変化のゆくえを描き出すための概念装置であった。

では、シカゴ学派社会学は、同化という過程がどのように生じると考えたのだろうか。パークによれば、近代的な国家の成長は、それまで相互に排他的であった小規模な集団を、より大規模で包摂的な社会集団へと溶け込ませる。たとえば、ヨーロッパ出身の移民集団は、かつては相互に識別可能な外部的特徴（言語や習慣など）を持っていたが、アメリカ社会の標準を取り入れるなかで、その区別は曖昧になった。小規模な集団的文化の解消は、近代化する社会において、個人としての素質の拡張と発展を可能にする。パークは、同化過程で創出される大規模な集団をコスモポリタンな集団と呼ぶ。その特徴は、表面的には均質であっても、内部では個人的な意見や感情や信念の多様性を持つことにある（Park 1914: 607）。

パークが想定するのは、移民が有する伝統的な組織・慣習を解体し、移民を「1人の個人」として統合するという、アメリカ社会の近代化モデルである。移民は、日常的なアメリカ的生活様式との接触、労働者としての社会的分業への編入、そして主流社会の文化や習慣を取り込む「応化（accommodation）」と呼ばれる変化を繰り返す。そのなかで、移民の思考や行動は、アメリカ主流社会の価値観や規範を無意識に共有するようになる。この無意識レベルでの同化は、差別のただ中にあった黒人にも生じる。シカゴ学派は、さまざまな小集団が近代化という巨大な社会変動に巻き込まれるなかで、近代アメリカ社会の一員となる意識的・無意識的な過程を同化と呼んだのである。

シカゴ学派社会学の同化論は、集団間の接触から始まり、競合と対立、短期的な関係調整としての応化を経て、同化へといたる過程を、近代社会における「人種関係サイクル（race relations cycle）」と呼んだ（Park 1926=1950: 150）。この図式は、パークらが考える近代社会における人間の変容を理解する枠組そのものであった（Park and Burgess 1921）。シカゴ大学の社会学者たちは、この図式を共有し、20世紀初頭の産業化や都市化のなか、ユダヤ系ゲットー、ギャング集団の若者、スラム、ダンスホールなどを調査し、旧来の社会関係が解体し、新たに再構成される現場を描くモノグラフを次々と生み出した（Wirth 1928=1998; Thrasher 1936=2013）。同化とは、近代化するアメリカ社会のあり方を再定義し、そのなかで生まれる新しいアメリカ人のあり方を社会学的に理解するための視点であった。

4.2.2 同化としてのアメリカ化

シカゴ学派は、同化は、近代産業社会への移行期に生じる不可避の変化であり、人種マイノリティや移民集団に強制されるべきものとは考えていなかった。しかし、貧困、不潔、犯罪などの社会問題に日々直面する地域社会や、移民労働者を雇用した企業では、そこで生じる混乱や対立などの問題解決の手段として、同化主義的な手法が採用されるようになった。同化は、単なる学術用語にとどまらず、大量移民時代の社会問題に対峙するための政策的な処方箋となったのである。

20世紀転換期の大都市では、新たに流入する移民を巻き込むさまざまな社会問題に注目が集まっていた。都市の中心部には、劣悪な生活環境で貧困や犯罪が蔓延するスラムが姿を現し、その過密と清潔さに欠ける住環境は問題視されていた。とくにスラムの周辺には、宗教的・言語的・文化的に異なった移民らが集住し、「コロニー（植民地）」と呼ばれる地域が生まれ、たとえば、ユダヤ人のゲットー、リトルイタリー、チャイナタウンなどの存在が人びとに認知されるようになった。そして、これらの「コロニー」が、ギャングなどの逸脱行動や犯罪集団の活動の起点となることが報告された（Thrasher 1936=2013）。このような社会問題に対抗する処方箋として実施されたのが、アメリカ化

(Americanization) 運動である。

アメリカ化運動は、移民が、アメリカ的な価値観を内面化し、生活様式を改善することを求める運動である。移民救済に熱心であった教会や、スラム地区に住み込み、食事から教育まで社会福祉的な支援活動を行ったセツルメント・ハウス運動も、生活支援だけでなく、移民の住環境や公衆衛生の改善に取り組んだ (中野 2013: 22)。公立学校教育もアメリカ化の重要な舞台となった。効率的な英語の獲得を支援するために、大都市では「第二言語」としての英語教育プログラムが導入された。加えて、早期教育段階から、愛国心の涵養や市民的資質の習得を目指したアメリカ化教育プログラムが実施された。さらに、成人教育や夜間学校でも、英語やアメリカ化教育が実施され、外国生まれの移民にも教育機会が提供された (Mirel 2010: 51-54, 70)。

また、移民労働者を大量に雇用していた企業も、アメリカ化の重要な担い手であった。とくに、移民労働者の低い定着率に悩んでいた製造業は、優秀で忠実な労働力を育成するため、アメリカ化プログラムを設置した。たとえば、自動車の量産によって急成長の途上にあったフォード社は、1914年に、社内に「社会学局」を設置した。社会学局は、フォードの従業員として身につけるべきルールや価値観を移民労働者に習得させるプログラムを用意した。このプログラムでは、勤勉さ、倹約、合理性や効率性を重んじる態度だけでなく、従業員の家庭の清潔さや、妻による家事の実践などについても厳しい基準が設けられた。そして、日々の職場での態度だけでなく、家庭訪問や銀行の口座記録のチェックを行い、移民労働者の日常生活までも管理した。社会学局には英語教室も併設された。フォードは、職場でのコミュニケーションの向上のためだけでなく、「アメリカ人労働者」にふさわしい価値観と態度として、英語の習得を重要視した。そのため、就労後に職場内の英語教室に通うことを従業員に義務づけ、その出席状況や成績もアメリカ化プログラムの評価基準とした。そして、フォード社は、基準を満たした労働者には、当時の水準を大きく上回る1日5ドルの賃金を約束した。フォードは、高い賃金を保障しつつ、移民労働者を、勤勉、倹約、忠実で、アメリカ的な生活様式を身につけた「アメリカ人労働者」へと変容させたのである。それは、単に男性労働者だけでなく、「専業主婦」としての役割を女性に割り当てるなど、性別分業や家族規範を移民家族に植え付ける過程でもあった。このようなプログラムは、移民労働者を抱えた多くの企業で実施された（Meyer 1981: 102-126: Bodnar 1985: 98-99）。

さまざまなアメリカ化プログラムが示すアメリカ化の内実は一枚岩ではない。セツルメント運動を支えた「ソーシャル・ゴスペル」と呼ばれる宗教運動、ソーシャルワーカーが促進しようとした社会的適応、市民としての資質を強調する公立学校のアメリカ化教育、産業資本主義への適応のための労働観や家族観を強調する社会学局プログラムのあいだには、ずれや矛盾も存在する[2)]。しかし、多くのプログラムで、アメリカ化の基準としての英語を重視し、英語を学ぶことが、アメリカ的な価値観、生活様式を習得し、アメリカ社会へと同化することの第一歩とされた。

4.2.3 アングロ・コンフォーミティ――「文明化」か、排除か

アメリカ化運動は、多かれ少なかれ、イギリス系の文化や制度を、アメリカ合衆国にとって正統な伝統であると位置づけ、イギリス系への同一化を求める傾向があった。イギリス的な制度、英語、イギリスの文化を、アメリカ生活の評価基準として考え、それを習得することを求める潮流は、「アングロ・コンフォーミティ（Anglo conformity）」と呼ばれる（Gordon 1964: 88）。この立場では、普遍主義的な建国の理念も、建国の指導者の多くがアングロ系の出自を持つことから、イギリス由来の政治文化的伝統の産物であることが強調される。たとえば、19世紀半ばに作家ジェシー・チッカリングは、「移民の国」アメリカを以下のように表現した。

> 合衆国の国民は、全体が、ほとんどあらゆる国の出身の移民とその子孫で構成されている。しかし、その主要な部分の起源は、イングランド、スコットランド、アイルランドで構成されるイギリス国民にある。英語は、ほとんどすべての場所で使用され、イギリスの習慣は、多少作りかえられたとしても支配的であり、イギリスの自由と進取の精神は、全国民を動かすエネルギーとなっている。（中略）ものの傾向としては、全体がひとつの人民へと溶け込む。その人民の主要な性質とは、イギリス的なものであり、それはアメリカという土地で作られたものである（Gordon 1964: 95）。

アングロ・サクソン系こそがアメリカ合衆国を建設し、その礎を築いた人びととする考え方は、ネイティヴィズム（移民排斥運動）が強調したものであった。

ネイティヴィズムは、出身国も宗教も異なる新しい移民を「アングロ・アメリカ」への侵略と考え、「アメリカ生まれ（＝ネイティヴ）」の文化や宗教の保持を求めた。マディソン・グラントが、1916年に『偉大なる人種の消滅』で描いたように、アングロ・サクソン系を中心とした北西ヨーロッパ人種が、東・南ヨーロッパ出身の「劣等な」人種と混淆することで、衰退し消滅するという優生学的・人種主義的な世界観も広まっていた。このような人種主義的世界観を共有し、WASPによるアメリカを守ることが求められた（Higham 1955=2002: 266）。

一方で、移民を対象としたアメリカ化運動も、アングロ・コンフォーミティを暗黙の前提とした。移民が習得し同一化すべきと考えられたのは、英語、プロテスタント的価値、ヴィクトリア時代の性別分業や家族観に代表される、アングロ系の文化や価値であった。同化主義者にとっては、アングロ系文化の習得こそ、移民を「解放」し、新時代のアメリカ市民にふさわしい資質としての近代的な価値観を習得させる「文明化」のプロジェクトとされた。

さらに、アングロ系文化を同一化すべき前提と考える態度は、非白人の運動にも共有された。たとえば、20世紀初頭に西海岸で排日運動に苦しんだ日系移民は、排斥の論理を覆すために、自集団の「米化」を訴えた。1910年代の日系移民の指導者は、合理的な価値観の内面化、英語の使用、賭博の追放、勤勉さや倹約の強調、清潔な環境の保持などを求める「米化運動」を大々的に行った。彼らは、日系移民の「米化」と「文明化」をアメリカ社会側に示すことで、排日運動の主張を無効化しようとした（南川 2007: 115-126）。

しかし、ジム・クロウ制度など、強固な人種主義制度が存在するなかでのアングロ・コンフォーミティの圧力は、多くの非白人マイノリティの自己否定を促した。奴隷解放後も、黒人は社会的・経済的な周縁化や従属を強いられたが、20世紀転換期の黒人指導者ブッカー・T・ワシントンは、勤勉や倹約の精神を学び、経済的自立を支援する実業教育に従事した。しかし、同時代の黒人指導者W・E・B・デュボイスは、人種隔離制度や権利剥奪の現状を追認するワシントンのやり方を、白人優越主義を内面化する「服従」として厳しく批判した。デュボイスによれば、アメリカにおける黒人が自分自身を見る視線は、「真の自己意識をもたらすものではなく、他者の世界の啓示を通して自分を見つめるものに過ぎない」という。黒人は、自らを排除し抑圧する白人優越主義の世界の視線を通して、自分自身をとらえようとする。そのため、黒人の同化は必然的に自己否定を含む。黒人の白人世界への同一化は、二重意識（double-consciousness）という独特な自己意識を伴う（DuBois 1903=1992: 15）。

同化主義が人種マイノリティの深刻な自己否定につながる事例は、先住民の子どもに対する教育政策にも見られた。19世紀後半、居留地に隔離されていた先住民の子どもを同化させる教育政策が各地で実施された。たとえば、1879年にペンシルヴァニア州カーライルに設置されたインディアン寄宿学校は、全米各地の先住民部族の子どもを集め、キリスト教化、英語教育、職業教育を中心とする同化教育を行った。同化教育では、子どもたちは強制的に居留地の両親のもとから引き離され、先住民の言語や文化的伝統は徹底的に否定された。寄宿学校長は、「良いインディアンは死んだインディアン」と述べ、先住民の救済のためには、先住民文化を徹底的に破壊するアメリカ化が必要だと主張した（野口 2019: 105）。先住民の文化を「未開」「野蛮」として否定し、「文明化」の名のもとにキリスト教や英語を強制する同化主義は、先住民の子どもに自己否定感を植え付け、先住民社会に深い傷跡を残した（阿部 2005: 67-70）。

20世紀初頭にシカゴ学派が提起した社会学理論は、同化を、近代化による個人主義や社会的分業の浸透、伝統的社会秩序の解体と結びついた人間性の長期的な変容過程として定義した。しかし、アングロ・コンフォーミティを前提とした同化主義は、移民やマイノリティの同化を人為的かつ短期的に促進しようとした。しかも、人種隔離制度やネイティヴィズムのなかでは、同化主義は、既存の白人優越主義を追認し、マイノリティの自己否定と二重意識の形成を導いた。

4.3 リベラルな同化論——第二次世界大戦後の同化主義

4.3.1 ミルトン・ゴードンの同化論

同化によって「多」を「一」へと同一化する手法は、アングロ・コンフォーミティと結びついて、20世紀初頭には主流の枠組となった。しかし、第二次世界大戦ごろから、その矛盾が指摘されるようになった。たとえば、戦場における黒人やマイノリティ兵士の活躍と犠牲が、国内でのマイノリティの地位改善や差別廃止を求める運動に結びついた（Takaki 2000）。さらに、1944年に経済学者グンナー・ミュルダールが発表した『アメリカのジレンマ』は、普遍主義的な「信条」を掲げながら、人種隔離や差別を維持するアメリカの根本的な矛盾を指摘した（Myrdal 1944）。

人種主義批判から公民権運動へといたる潮流を反映して、同化論を再定義したのが、社会学者ミルトン・M・ゴードンの『アメリカ的生活における同化』である。ゴードンは、シカゴ学派以降の同化概念の定義をふまえつつ、同化論において、文化的な同化と社会構造レベルでの同化が混同されてきたことを批判する。ゴードンによれば、英語を話したり、アメリカ的な生活様式を採用したりするというような文化的な変化と、クラブ、ネットワーク、結社などにメンバーとして参加するという社会関係のレベルでの同化は、まったく異なった意味を持っている。多くの同化論や同化政策は前者ばかりに注目し、後者の側面を軽視してきた（Gordon 1964: 67）。

ゴードンは、アメリカの社会の基礎にある社会関係を、個人的で親密な関係を示す一次的関係と、政治などの公共生活や仕事などを通して構築される二次的関係に大別した。そして、異なる文化を持つ移民などのエスニック集団は、一次的関係においては独自の文化や価値観を重視するが、二次的関係では集団を越えた関係を構築すると考えられた。アメリカ合衆国の法政治制度は、人種やエスニシティにかかわりなく、中立で普遍的な性質を持っており、経済活動や教育においても人種を超えたつながりが可能である。一方で宗教・家族・余暇といった個人的で私的な活動領域ではエスニック集団内での結びつきが重視されると考えた（Gordon 1964: 35-37）。

以上のことをふまえ、ゴードンは、マイノリティがマジョリティに同化する過程で、7つの下位類型（表4.1）が同時進行すると位置づける（Gordon 1964: 69-71）。7つの過程のうち、既存の同化論やアメリカ化運動の関心は、文化変容（acculturation）に偏っていたが、ゴードンが最も重視したのは、構造的同化であった。構造的同化とは、アメリカ社会の主要な自発的結社、クラブ、サークルのメンバーシップや、そこで培われる人間関係が、集団の境界を越えて構築され、集団に関係なく、親密な一次的な関係を結ぶ土壌がつくられることを

表4.1　同化における7つの類型

同化の類型・段階	下位の過程と条件
文化的・行動的同化（文化変容）	ホスト社会の文化的パターンへの適応と変化
構造的同化	一次集団レベルにおけるクラブや制度の開放
婚姻における同化（融合）	大規模なインターマリッジ
アイデンティティにおける同化	ホスト社会と同一のエスニックな感覚の発展
受容態度における同化	偏見の不在
受容行動における同化	差別の不在
市民的な同化	価値や権力をめぐる対立の不在

出典：Gordon（1964）

指している。すなわち、構造的同化とは、一般的な社会活動における人間関係レベルで集団の垣根がなくなり、取引から友人関係や親密な関係まで自由に構築できるようになる過程を意味していた。ゴードンは、「このような構造的同化が一度起これば、それと同時進行で、あるいはその結果として、文化変容とその他のすべての同化の類型もそれに続く」と述べ、構造的同化こそが「同化というアーチの楔となる」と述べた（Gordon 1964: 81）。

以上のように、ゴードンの同化論の特徴は、アメリカ社会における同化の諸段階を類型化し、構造的同化に同化の全体過程を導く鍵を見出したことである。同化を近代化によって生じる帰結として位置づけたシカゴ学派の考えを受け継ぎつつ、ゴードンは、同化過程の機能連関を図式化し、その駆動要素として構造的同化の重要性を主張したのである。

4.3.2　構造的多元主義と公民権運動

ゴードンはなぜ構造的同化に注目したのだろうか。文化変容に偏りがちだった既存の同化論は、同化の指標を、アメリカ主流文化の習得·獲得と、エスニックな独自文化の放棄に求めた。その焦点は、移民や人種マイノリティの側が、どの程度、アメリカ的生活様式、英語、アメリカ的な価値観を獲得するかどうかという点に当たっていた。20世紀初頭のアングロ・コンフォーミティやアメリカ化運動は、マイノリティの側に対して文化変容を強制・強要する性格を有し、それは結果的に、変化しない、あるいはできないとされたマイノリティのアメリカ社会からの排除や周縁化を正当化した。アングロ・コンフォーミティのもとでは、人種隔離制度、先住民の「消去」、アジア系移民の排除は、同化しない／できない者を排除するという前提を共有していた。

しかし、第二次世界大戦から冷戦時代にかけて、アメリカ合衆国が「自由の守護者」を国際的に自認するようになると、国内に残る人種主義との矛盾への問題関心が高まった（Dudziak 2000）。アングロ・コンフォーミティが前提とするWASP中心の人種主義的前提が問題視され、「アメリカ市民」をその人種的特徴ではなく、普遍主義的な理念の共有によって再定義することが求められた。そこで、ゴードンが提案したのが、社会関係に注目する新しい同化論であった。社会関係の開放性に左右される構造的同化のポイントは、同化の達成を評価する際の参照点が、マイノリティ当事者ではなく、アメリカ社会側に移行することにある。構造的同化は、主流社会の側がマイノリティに門戸を開いてメンバーとして受け入れることから始まる。ゴードンの同化論が問題としたのは、アメリカ社会の側の開放性であった。

以上のような視点の移行が念頭に置いたものは明らかである。それは、人種隔離制度の廃止を求めた公民権運動であった。隔離は集団間のコミュニケーションを阻害し、社会関係の構築を困難にする。白人と黒人が同じ組織に所属し、親密な関係を構築することは、人種隔離期の南部ではほぼ不可能であった。さらに、北部でも、黒人と白人は、「親密な私的世界、職業以外での組織的生活、重要な制度的活動」においては、切り離されていると述べている（Gordon 1964: 165）。公民権運動は、対等の立場で人種を越えた社会関係が構築することが可能な社会を求めた。1963年のワシントン行進で、キングは「元奴隷の息子と、元奴隷所有者の息子が、兄弟愛の同じ食卓につく」日を夢見ていると語った。構造的同化が達成されるためには、まず白人社会が作り出した隔離の仕組みを解体し、人種統合を成し遂げることが必要であった。

また、ゴードンは、複数の移民やエスニック集団がその文化を保持しながらアメリカ社会に共存するという多元的な社会観の存在を認めていた。彼は、複数の移民やエスニック集団が、アメリカ主流社会にそれぞれ適応しながらも、独自の存在様式を保っている状況を、「構造的多元主義（structural pluralism）」と呼んだ。構造的多元主義において、黒人、ユダヤ系、プエルトリコ系、カトリック移民は、それぞれの歴史的・社会的背景によって、7つの同化過程の複雑な組み合わせのなかを生きている。そして、構造的多元主義を生み出すのは、不十分な構造的同化である。人種隔離、差別・偏見、経済的周縁化、政治的権利の剥奪などによって、それぞれの集団は、独自の排除・差別・周縁化を経験している。これらの構造的制約は、一次的な社会関係の構築を阻害するだけではなく、二次的な社会関係を支える市民生活における民主的価値への信頼を損なう(Gordon 1964: 264)。公民権運動が求めた人種統合は、構造的多元主義がもたらす負の影響を解消するために必要とされた。

以上から、ゴードンの同化論は、公民権運動時代の隔離撤廃と人種統合の実現を求めるリベラルな理念に支えられていた。そして、同化主義は、同化しないマイノリティ側を非難することよりも、同化できる環境をアメリカ社会が整えることに、その議論の重点を置いたのである。

4.4 同化主義の困難

同化は、それぞれ異なった背景を持つ人びとが「単一のアメリカ人」として同一化する、均質な社会を構想する。これは、単一のアイデンティティを有する人びとを想定し、最終的には、文化的多様性が単一の文化へと収斂することを期待していた。同化主義が描く「多からなる一」とは、「多」であった人びとが、それぞれの文化的独自性を変容させながら、最終的に「ひとつのアメリカ」を構成することを意味していた。

「多からなる一」のモデルとしての同化を、歴史的にどう評価することができるだろうか。第2章、第3章で見たように、ゴードンや同化主義者の想定に反し、公民権運動によって隔離が廃止された後に起きたことは、マイノリティの同化というよりも、その独自のアイデンティティや文化の重要性を訴えるエスニック・リバイバルであった。また、エスニック・リバイバルは、黒人などの人種マイノリティだけでなく、アイルランド系、イタリア系、ユダヤ系などのヨーロッパ系移民の子孫のあいだでも生じた(Jacobson 2006)。これらの集団は、世紀転換期のアメリカ化運動の対象として構造的同化も進み、同化のモデルケースとして想定されてきた。移民系の集団においてでさえも、エスニックな意識が再活性されたということは、同化が自然かつ必然的な過程ではなかったということを示唆していた。なぜ、構造的同化を達成できる条件が整ったのに、同化に逆行する現象が生じたのか。それは、同化概念が共有していた、いくつかの前提そのものに瑕疵があったことを意味している。

まず、同化論の理論的前提自体の問題がある。シカゴ学派からゴードンの同化論まで、その想定の基底にあったのは、アメリカ合衆国を近代社会の典型と考え、移民やマイノリティの同化を、近代化による人間変容と考える視点であった。同化論は、理論的には、人種などの区別に左右されない近代的個人を単位とした社会への移行を描く近代化論のバリエーションのひとつであった。しかし、戦後のアメリカ社会には、近代化の想定に懐疑的な議論も広がっていた。たとえば、大衆社会論は、近代化や合理化が、政治的に無関心で、少数の官僚者指導者の支配を受け入れる「大衆」による社会を生み出すと論じた（Riesman et al. 1950=1961）。同化に抵抗し人種アイデンティティの覚醒を重視するブラックパワー運動などは、ヴェトナム反戦運動や対抗文化とアメリカ社会批判の視点を共有していた。20世紀後半以降には、近代化論やそれが想定する単一方向への発展的変化という視点への懐疑が広く共有され、同化主義の理論的想定を「時代遅れ」にしたのである。

第二に、同化主義は、移民やマイノリティ集団が有するエスニック文化を軽視する傾向があった。エスニック文化は、同化によって「捨て去る」ことが期待され、その価値は低く評価されてきた。エスニック文化は「野蛮」「非アメリカ的」「後進的」と見なされ、英語、プロテスタントの宗教的価値観、アメリカ的生活様式への移行を強制された。しかし、先住民の同化教育や黒人の二重意識に見られるように、同化はマイノリティの自己否定観を強め、コミュニティに破壊的な影響を与えるものであった。ゴードンの同化論でも、開放的なアメリカ的生活様式の確立によって、エスニック文化への意識も薄れるものと想定されていた。しかし、エスニック・リバイバル現象は、エスニック文化がマイノリティの生存にとって不可欠なものだということを示唆している。

第三に、同化論は、エスニック文化を固定的なものとしてとらえた、その変化をアメリカ化というひとつの基準のなかで語る。同化論によれば、移民が持ち込んだ文化は、その出身国から直接持ち込み（100％のエスニック文化）、同化の諸過程によって徐々にアメリカ的な要素が加わり（たとえば、50%のエスニック文化と50%のアメリカ文化）、最終的には、エスニックな要素が消滅して100%のアメリカ文化になると想定された。しかし、このような議論では、構造的に同化したと想定されていた集団でのエスニック・リバイバルを説明できない。また、エスニシティの変化は、そのように単線的なものではなく、たとえば、20世紀前半の日系移民社会では、米化運動とエスニックな「同胞」意識が同時に強化され、その後に、日本ナショナリズムに「回帰」する運動も生じた（南川 2007）。チェコやポーランド出身の移民のあいだでも、第一次世界大戦期には、アメリカへの愛国心を主張しながら、出身国の独立を求める「二重の忠誠戦略」が見られた（中野 2015: 175）。アメリカ化とエスニック化の関係は、同化主義が考えるほど、ゼロサム的、定量的に把握することはできないし、単一方向的でもない。

第四に、同化論は、意図の有無にかかわらず、アメリカ合衆国における白人優越主義を追認する性格を持っていた。さまざまな同化論は、イギリス系アメリカを「主流社会」とする志向を共有している。アングロ・コンフォーミティは言うまでもなく、ゴードンの同化論でも、アメリカの「中核社会（core society）」を「ミドルクラスの白人プロテスタント」として定義し、これを軸にアメリカ社会への同化を議論している（Gordon 1964: 73–74）。結局は、同化論の焦点は、人種エスニック集団の側が、いかに中核社会へと同化するか、という問題にある。中核社会側が門戸を開放する構造的同化を条件としながらも、文化的な変化が期待されるのはマイノリティの側であり、その逆ではない。それは結果として、支配的な白人中核文化と従属的なエスニック文化という図式を前提としたものとなった。このような白人優越主義的な性格は、とくに人種マイノリティにとっては、容易に許容できるものではなかった。

以上のように、同化論は、1960年代以降のアメリカ社会の現実と齟齬を抱えただけでなく、その理論的・認識論的前提に欠陥を抱えていた。「単一のアメリカ」の実現への近代化論的な期待は、20世紀後半のアメリカ社会の変化に適用するには、あまりにも単純であった。それゆえ、20世紀後半には、同化主義に代わって、より多元的な社会観にもとづいて「多からなる一」を具現化する模索が続くこととなった。

1） Joseph Carroll, "Most Americans Approve of Interracial Marriages," August 16, 2007. http://www.gallup.com/poll/28417/most-americans-approve-interracial-marriages.aspx（最終閲覧日2021年８月24日）

2） さまざまな立場の人びとが関わった移民の「アメリカ化」運動については、中野（2015）を参照。中野も指摘するように、20世紀初頭の「アメリカ化」運動では、移民の「母語」教育を支援するなど、第５章で議論する文化多元主義的な傾向もあった。

第5章

文化多元主義とエスニシティ

5.1 「サラダボウル」の陥穽

20世紀後半の公民権運動以後、同化主義が想定する「単一のアメリカ」の困難が明らかになってきた。エスニック・リバイバルは、「単一のアメリカ」への移行を拒み、文化的多様性を賞賛する態度を導き、「多からなる一」の意味を大きく変えた。エスニックな文化を肯定的に評価し、多様な文化を抱えたものとしてアメリカ社会を構想する多元主義（pluralism）がアメリカ社会でも広く共有されるようになった。

多文化のアメリカ社会のあり方は、しばしば「サラダボウル」という比喩で表現される。これは、複数の集団が混合し、融け合う「るつぼ」に代わるアメリカ社会の比喩表現として、20世紀後半に定着した。「るつぼ」が複数の集団が溶け込む場としてアメリカを構想するのに対し、「サラダボウル」は、個々の野菜の素材としての味（エスニックな文化）を維持しながら、全体として「サラダ」（＝アメリカ人）を作る器として、アメリカ社会をイメージする。すなわち、「サラダボウル」は、エスニックな文化の独自性や多様性を尊重しつつ、ひとつの国民社会としての統合性を獲得するアメリカを表現する優れた比喩とされている（綾部編 1992: 11; 明石・飯野 2011: 77）。

しかし、少なくとも「多からなる一」を描くモデルとしては、「サラダボウル」の比喩は2つの点でミスリードをもたらす。第一に、公民権運動以降の「多からなる一」をめぐる議論の焦点は、アメリカ社会が「るつぼ」のような「単一文化」を想定したものであるか、それとも多元性を前提とした「サラダボウル」であるかどうかには当たっていない。アメリカが多元社会であるという考えは、一部の白人優越主義者を除けば、すでに広く共有されており、現代の多様性をめぐる政策や運動の基本的前提となっている（Schuck 2003）。そのため、問題の焦点は、多元性や複数性を所与のものとして、アメリカがいかなる多元社会であるかをめぐる問いにある。「サラダボウル」の比喩は、多元社会のバリエーションを十分に表現することができず、「多からなる一」をめぐる現代的問題をとらえそこなってしまう[1)]。

もうひとつのミスリードは、「サラダ」という比喩では、「るつぼ」との対比のなかで、サラダの素材を溶かすのではなく、そのままの形で維持することが強調される点である。この比喩においては、「サラダ」を構成する要素、すなわちエスニック文化は、固定的で不変のものとして考えられている。しかし、このような想定は、移民や人種マイノリティが経験する変化をどのように位置づけるかという、現代のエスニック文化をめぐる議論の重要な争点を見にくくする（南川 2012）。

「サラダボウル」の比喩は、今日の「多からなる一」をめぐる重要な論争点を曖昧にして、アメリカ社会をめぐる理解を単純化してしまう。本書では、「サラダボウル」の比喩で十分に描けない、多元社会をめぐる現代的争点に注目する。本章と次章で議論するように、多元主義的な「多からなる一」の構想は、文化多元主義と多文化主義という２つのモデルに分裂している。この２つは、それぞれ文化的多様性を尊重し、多様なアメリカ社会の現実を肯定的に認めながらも、異なった社会観や人間観に依拠している。本章では、同化主義への批判のなかで20世紀初頭に登場し、1960年代以後に定着した文化多元主義（cultural pluralism）について議論する。

5.2　文化多元主義の思想史的文脈

文化多元主義の思想的源流は、同化主義の全盛期であった20世紀転換期にある。第１章でも述べたように、大量移民の時代、「多からなる一」は、文化的な複数性のなかにおける統合を意味するようになった。多元性を「単一文化」へと収斂させる同化が、20世紀前半の主流となったが、多元性を尊重する社会構想も本格的に模索されるようになった[2)]。その代表的なものが、ドイツ生まれのユダヤ系移民知識人であったホラス・M・カレンが提案した文化多元主義であった。1915年の論文「民主主義対るつぼ」のなかで、カレンは、「るつぼ」論、アングロ・コンフォーミティ、ネイティヴィズムのいずれも、移民が持つエスニック文化を軽視していると批判する（Kallen 1915）。そして、エスニック文化の尊重が、アメリカの市民生活への統合を助けると主張した。カレンは、そのような立場を、以下のような比喩で説明している。

アメリカ文明とは、ヨーロッパ文明の協調的なハーモニーを完成させるものである。（中略）それは、単一性のなかの複数性であり、人類をオーケストラにするものだ。このオーケストラのなかでは、あらゆる種類の楽器が、その実質的な中身においても形式においても、特別な音色と調度を持っている。そのシンフォニーのなかには、あらゆる型にふさわしいテーマとメロディがある。それは、社会においては、それぞれのエスニック集団が、自然な楽器であり、それらが作り出すハーモニー、不協和音、不調和のすべてが、このような差異というものを伴い、文明というシンフォニーを奏でる（Kallen 1915: 220）。

カレンは、移民エスニック集団を、オーケストラにおける楽器に例えた。オーケストラでは、異なった音色を持つ楽器が、固有のメロディや音色を奏でることで、全体としての美しいシンフォニーが生まれる。この比喩で言えば、同化主義は、すべての楽器が同じ音色やメロディを奏でることを要求するものだ。カレンは、異なった楽器が、それぞれの「自然な」独自の音を発することで、はじめて「アメリカ文明」というシンフォニーが生まれると考えた。単一の音を重ねるのではなく、複数の異なった音の調和や不一致のなかで生まれるシンフォニーこそが、アメリカの理想の姿であると説き、同化や排除ではない、包摂的なアメリカ社会像を描こうとしたのである。

カレンがオーケストラとして描いたアメリカ社会像は、その後、文化多元主義として結晶化した。カレンによれば、アメリカでの生活において個々のエスニック文化は不可欠なものであり、同化はその文化的遺産を奪う暴力的な過程と考えられる。カレンの文化多元主義は、オーケストラの比喩にもあるように、建国の精神やアメリカ的生活様式と、エスニック文化が両立できることを強調する。文化多元主義は、エスニック文化が国民文化を充実させ、それをより豊かなものとする考え方にもとづいている（Gordon 1964: 144-147）。

文化多元主義は、人種主義が強固な20世紀前半のアメリカ社会で広い支持を獲得することは困難であったが、エスニック文化の多様性を積極的に認める態度は、セツルメント運動に従事した社会活動家ジェーン・アダムズの活動や教育哲学者のジョン・デューイの思想にも共有された（Gordon 1964: 138–140）。多元的なアメリカ社会像は、同化主義全盛の時代における知的世界に少しずつ浸透していた。

5.3　エスニシティと文化多元主義

5.3.1　エスニシティの再発見

20世紀初頭の文化多元主義の思想に再注目したのは、1960年代のミルトン・M・ゴードンの同化論であった。ゴードンは、文化的多元主義を「エスニックな文化的伝統と集団の存在を継続させ」つつも、「一般的なアメリカの市民的生活のための標準的な責任を実行することを阻害しない」社会観として取り上げた。ただし、同化主義の立場にあったゴードンは、文化多元主義は一次的関係をエスニック集団内にとどめて、「個人にとって自由な選択」を束縛すると考えた（Gordon 1964: 158, 263）。

しかしながら、1960年代以降の公民権運動やエスニック・リバイバルがもたらした新しい現実は、「単一のアメリカ」を前提とする同化論の限界と多元的な社会構想の必要性をあらためて実感させた。複数のエスニック文化の維持を認めつつも、これらの人びとが共有可能なアメリカの市民生活を描く文化多元主義は、1960年代以降の新しい社会に適合した構想として再定義された。

文化多元主義の鍵となったのは、エスニシティ（ethnicity）という概念の再発見であった。エスニシティは、当初、ヨーロッパ出身の移民とその子孫で構成されるエスニック集団（ethnic group）が持つ文化を指す言葉であった（Warner and Srole 1945=1963: 357）。この語に新しいアメリカ社会の現実を反映させたのが、社会学者ネイサン・グレイザーとダニエル・P・モイニハンが1963年に発表した著書『人種のるつぼを越えて』であった。グレイザーとモイニハンは、この著書で、第二次世界大戦後のニューヨークにおける５つの集団（黒人、プエルトリコ系、ユダヤ系、イタリア系、アイルランド系）の状況を調査し、比較した。20世紀初頭のシカゴ学派にとってのシカゴと同様、アメリカでも有数の多民族都市であったニューヨークは、20世紀後半の新しいエスニックな現実を分析するのに格好の素材であった。グレイザーとモイニハンは、ニューヨークの現実を既存の「るつぼ」論や同化論で把握することが困難であると考えた（Glazer and Moynihan 1963=1970）。

同書によれば、5つの集団は、同化して消滅することなく、独自のエスニック集団としての意識や形式を維持していた。グレイザーらは、「これらの集団は、もともと所属していた場所を離れ、アメリカによる影響によって変化し、そこで何か新しいものにつくり変えられている」と言う。エスニック集団は、アメリカ生活のなかでつくられた「新しい社会的形式」であり、エスニシティは移民が持ち込んだ文化と同一のものではない。それは、アメリカ化が進行する過程において、同化論が想定するように捨てられるのではなく、新たにつくり変えられた独自の文化的パターンや帰属意識なのである（Glazer and Moynihan 1963=1970: 13-16）。

以上のようなエスニシティの定義をふまえれば、エスニックな結びつきは、ゴードンの同化論が想定したような家族や友人などの情緒的な紐帯だけでなく、アメリカ生活のなかでの経済的・政治的・社会的な利害関係を共有する結びつきとしても機能する。この点をふまえて、グレイザーとモイニハンは、「ニューヨークにおけるエスニック集団とは、利益集団（interest groups）でもある」と述べている（Glazer and Moynihan 1963=1970: 17）。そのため、文化的側面や個人的なアイデンティティの問題だけではなく、エスニック集団を巻き込む経済活動、社会的組織化、社会運動、そして政治参加など、広範な活動におけるエスニシティの役割が、議論されることとなった。エスニシティは、1960年代以降の新しい現実を理解するための概念装置として再発見され、再定義されたのである。

5.3.2 ニューヨークにおけるエスニックな多様性

グレイザーとモイニハンの『人種のるつぼを越えて』が議論したのは、ニューヨークにおける5つのエスニック集団の変化であった。同書は、この5つの集団それぞれについて、その規模・家族関係、経済的地位、居住状況、組織化、政治的活動などの諸要素を考察し、ニューヨークの都市社会へと適応する過程を論じた。その結果、5つの集団のあいだでの適応パターンの相違が存在することが明らかになった（Glazer and Moynihan 1963=1970）。

ニューヨークの都市生活で明白な困難を抱えていたのは、黒人とプエルトリコ系である。ニューヨークは、黒人都市文化の中心地として輝かしい歴史を持っていたが、第二次世界大戦後の黒人の状況は厳しかった。1960年のニューヨーク黒人の所得は、白人の7割程度に過ぎず、失業率も高かった。1950年の統計では、工場やサービス業などで働く労働者が多いが、専門職や企業家は少ない。家事労働者としての需要がある女性に対して、男性労働者の失業や不安定就労が深刻で、そのような経済的状況が家族生活を不安定にした。住環境や教育環境の改善も乏しかった。アメリカ自治領出身のプエルトリコ系の場合、低賃金労働者や福祉への依存者が多く、強いコミュニティ組織や企業家的な指導者が育っていなかった。

このような問題に直面した2つの集団と比べ、ユダヤ系、イタリア系、アイルランド系は、それぞれコミュニティを形成しながら、独自の適応パターンを形づくった。ユダヤ系は、1950年の統計では、専門職・経営者・事務職・自営業の割合が高く、労働者の比率が移民第二世代で低くなった。教育への熱意が高い一方で、都心部から郊外へと移転し、ユダヤ教信仰に固執しない層も登場している。イタリア系は、相対的に世代間の変化が緩やかで、家族を基盤とした文化を維持しつつ、第二世代においても労働者層の割合が高い。経済・福祉・政治などで影響力を持つ強固なエスニック組織を持ち、犯罪との関わりが問題視されることもある。そして、アイルランド系は、イタリア系と同様、第二世代でも工場やサービス業の労働者の割合が高い。カトリック教会を中心とした組織も強力で、保守的な価値観を保持している者が多い。

これらの各集団の特徴を並列することでグレイザーとモイニハンが描こうとしたのは、アメリカ社会へのエスニック集団の適応が、独自の職業構造や組織化・政治参加の仕組みのなかで、新たなエスニック文化を創出しつつあるということだった。そして同書は、適応困難を抱える集団（黒人、プエルトリコ系）と、独自に適応した集団（ユダヤ系、イタリア系、アイルランド系）の相違を、移民としての背景に注目して説明する。ヨーロッパ出身の移民集団に共通しているのは、集団内での相互扶助や経済的・政治的協力を促進する党派的組織や連帯意識の存在である。これらは、家族の紐帯を基盤としており、ヨーロッパ系移民の生活世界は、家族や親族を中心としたネットワークで構成され、そこに独自の文化的伝統や宗教的伝統にもとづく組織化が進んでいる（Glazer and Moynihan 1963=1970: 154, 190）。しかし、黒人は、奴隷としての歴史的背景ゆえに独自の文化的伝統を共有できず、家族の紐帯やコミュニティ内部の組織化も不十分であると見なされた。また、プエルトリコ系は移動性の高さゆえに、安定的なコミュニティ構造を構築できず、生活を下支えする組織やネットワークを整備できていないとされた（Glazer and Moynihan 1963=1970: 33-34, 101-102）。このように、それぞれのコミュニティにおける組織的基盤の相違が、適応と不適応を説明するものとして注目された。

グレイザーとモイニハンは、ニューヨークの５つの集団の適応を分析することで、文化多元主義を支えるエスニシティ概念を肉付けした。彼らが、エスニック集団は利益集団でもあると言ったように、エスニシティは、その文化的習慣やアイデンティティだけでなく、経済的な安定、政治参加、コミュニティ組織などのあり方を左右する決定的要素と考えられた。これを契機に、アメリカ国内のさまざまなエスニック集団の適応状況を分析するエスニシティ研究が隆盛を迎えた（Thernstrom ed. 1980）。

5.3.3 ホワイト・エスニックとポスト1965年移民の編入

公民権運動以後、エスニック集団に対する評価は大きく変わった。同化主義の時代には、捨て去るべきものとされてきたエスニック文化やアイデンティティが、新しい多元社会の象徴として広く注目されるようになった。さまざまなエスニック集団が、出身地、出身階層、労働市場内での位置、移民政策上の位置づけなどの要素に応じて、多様な編入のあり方を見せるようになった（Portes and Rumbaut 2014）。

当初のエスニシティをめぐる議論の中心は、アイルランド系、ユダヤ系、イタリア系などのヨーロッパ出身のエスニック集団の変化であった。評論家マイケル・ノヴァクは、新しいエスニック意識に目覚めた「ホワイト・エスニック」が、アメリカ政治文化を左右する「エスニックの時代」の到来を告げた（Novak 1972）。文化やアイデンティティの側面でも、エスニックな儀礼、祝祭、食文化などの独自の文化が、象徴的なエスニシティ（symbolic ethnicity）として提示された（Gans 1979: 9-10）。エスニシティ論は、ヨーロッパ系の集団が「構造的同化」を果たしていても、エスニック・アイデンティティを能動的に「選択」する過程に注目した（Waters 1990）。

しかし、エスニシティ概念の射程を広げたのは、1965年移民法以後のアジアやラテンアメリカ出身移民の急増であった。1980年代以降、新しく流入する非ヨーロッパ出身の移民の適応過程に注目が集中した。

1965年以降の移民が直面したのは、グローバル化のなかで二分化された労働市場であった。非熟練の移民労働者が参入したのは、高賃金で上昇移動と安定した地位を約束する一次労働市場ではなく、英語能力や学歴を問われないが不安定で低賃金の二次労働市場であった。とくに最大の移民集団であったメキシコ系移民の多くが、この二次労働市場に編入され、将来の上昇可能性が見込めない階層に集中した（Portes and Bach 1985: 259）。一方で、二次労働市場の地位にとどまらず、独自の経済的基盤を形成する集団にも注目が集まった。たとえば、一部の移民は、自営業やスモールビジネスに従事し、特定の職に集中することで、上昇移動のための経済的土台を形成している（Light and Bonacich 1988）。衣服産業の請負工場や食料雑貨店を経営する韓国系、ホテルやモーテルを経営するインド系、ネイルサロンを経営するヴェトナム系移民などがその代表的な例だろう。

一方、1965年移民法が導入した高度技能移民のなかには、英語能力や専門知識･経験を駆使して、移住後すぐに専門職や技術職に集中する人びとも現れた。インドや中国出身のエンジニアやプログラマーなしには、20世紀後半のシリコンバレーにおけるIT産業の発展はありえなかっただろう。また、フロリダ州マイアミに集中したキューバ系のように、大小それぞれの規模のキューバ系企業によって経済的な「エンクレイブ（飛び地）」を形成した例も注目された。エンクレイブ経済は、キューバの資本家層の難民が持ち込んだ資本とカリブ海・ラテンアメリカ諸国との結びつきを利用し、キューバ系による独自の労働市場を形成している。エンクレイブのなかでは、キューバ系どうしの紐帯やスペイン語能力はプラスの要素となり、安定した所得や経済的上昇を可能とする（Portes and Bach 1985: 236）。中国系移民のチャイナタウンも、企業家や専門職

写真5.1　サンフランシスコ・チャイナタウンの風景

サンフランシスコの中国系コミュニティとして知られるチャイナタウンの建物に描かれた壁画。新旧の移民で構成されるチャイナタウンの姿を象徴している。（著者撮影）

層から非熟練労働者層まで幅広い中国系移民を抱えるようになっており、同様のエンクレイブ経済としての役割を果たすとされている（Zhou 1992）。

以上のような、移民の経済的編入をめぐる議論では、エスニックな紐帯や連帯意識が、集団の経済的安定や成功にもたらす役割が積極的に評価された。二重化された労働市場は、移民を経済的に周縁化する場であったが、エスニックな連帯にもとづいた移民企業家やエンクレイブ経済での活動は、このような経済的周縁化に対抗し、同化に頼らない経済的自立を可能にした。なぜなら、エスニックな連帯は、安価な同胞労働者の活用や出身国との結びつきなどを通して、移民企業家に同業者に対する優位を与える。また、企業家を支援する独自の金融制度や、技能の継承や蓄積を支える徒弟制的な関係など、コミュニティの紐帯は企業家にとって有効な資源となる（Waldinger et al. 1990）。経済活動における資源としてのエスニシティの有効性は、エスニシティを過小評価する同化論の前提を覆し、エスニックな多様性が持つ活力へと目を向けさせる。

また、エスニックな連帯は、社会運動や政治参加の面でも重要な役割を果たす。移民労働者の待遇改善を訴える労働運動や社会運動では、エスニック・アイデンティティにもとづいた動員は重要な資源となる。たとえば、メキシコ系移民は、農業労働者やサービス業労働者の権利を守るための労働運動や、移民排斥に反対する運動の中心的なアクターとなっている。非正規移民の権利制限に反対する運動では、多くのメキシコ系移民やヒスパニック住民が抗議デモに参加した（Voss and Bloemraad ed. 2011）。移民への多言語サービスの制限を求めた英語公用語化運動に対しても、ヒスパニックやアジア系団体が連帯して抗議運動を展開した（Saito 1998: 72）。このような政治動員を背景にして、ヒスパニックやアジア系の政治家が輩出され、地域政治、連邦政治両面において、エスニックな背景を持つ政治家の役割も大きくなっている（Garcia 2012; Aoki and Takeda 2008）。

エスニシティ論は、1965年以降に多様化したアジア系やヒスパニック移民の適応過程を幅広く議論してきた。アジア系やヒスパニックの新しい移民にとって、言語や法的地位による不利を補ううえで、エスニックな資源は重要な役割を果たす。一方で、経済的に統合された第三世代を中心としたヨーロッパ系エスニック集団の場合、エスニシティの象徴的な役割が強調されている。いずれにおいても、エスニシティは消滅することなく、新たに作り変えられながらも、人びとの生活を支えている。

5.3.4 人種マイノリティとエスニシティ

アメリカ的生活様式のなかの多様性を描くエスニシティ論にとって、黒人や先住民などの人種マイノリティの経験はどのような意味を持つのであろうか。人種や人種主義をめぐる問題は、エスニシティ概念を軸にした文化多元主義のなかでも重要な論点となっている。

『人種のるつぼを越えて』は、ニューヨークの黒人が、家族やコミュニティ組織の脆弱さを理由に、失業・貧困・低い教育・居住隔離などの問題を抱えていると議論している（Glazer and Moynihan 1963=1970: 32-34）。著者の1人モイニハンは、1965年に、黒人の貧困の要因が、シングルマザーや離婚などの割合が高い黒人家族のパターンにあると報告し、その後の福祉制度改革などにも大きな影響を与えた（U.S. Department of Labor 1965）。エスニシティ論は、アメリカ社会への適応において、エスニック文化にもとづく組織化が積極的な役割を果たすことに注目したが、同時に、人種マイノリティの不適応を、文化的な機能不全によって説明する傾向を強めた。

一方で、エスニシティ研究は、非白人移民の視点と経験から、人種研究に新たな論点を提供している。たとえば、カリブ海諸島出身の黒人移民は、ニューヨークなどの都市部に集中し、奴隷制以来の抑圧の歴史を背負ったアメリカ黒人とは異なった編入過程を経験してきた。自営業者の割合も高く、とくに移民第一世代は、相対的に経済的な安定を獲得するケースも多い（Glazer and Moynihan 1963=1970: 35-36）。これは、黒人移民の多くが、移民として企業活動を促進するエスニックな制度を持っていることによって説明される。日系や中国系のようなアジア系移民においても、開業資金を集めるために親族や同郷の出身者らと出資し合う金融講や、親族関係や出身地にもとづくエスニック組織など、移民特有の制度的支援に注目が集まっている（Light 1972）。

しかし、非白人移民は、アメリカの人種主義と無縁ではいられない。たとえば、黒人移民第一世代には、自身とアメリカ黒人を差別化する態度も見られるが、第二世代以降になると、周囲から「黒人」として扱われることから、アメリカ黒人の価値観や文化に適応する「分節化された同化（segmented assimilation）」が見られるという（Waters 1999; Zhou 1997）。エスニシティ論は、移民に出自を持つ人種マイノリティが、独自の文化的資源や連帯を活用して、経済的な安定や成功を獲得しながらも、アメリカ人種主義に巻き込まれる過程を描いている。

また、先住民の経験についても、エスニシティは新しい解釈を提供する。先住民諸部族が排除や抵抗を経験するなかで生じる部族意識や文化的帰属の変化は、「新たに作りかえられる」エスニシティの視点から説明できる。たとえば、レッドパワー運動では、ヨーロッパ人から押しつけられた「インディアン」という呼び名を、自己肯定的なアイデンティティとして再定義している。この運動を先導した都市の先住民は、貧困や失業、アルコール中毒問題、犯罪、警察との対立などの共通の社会問題に直面していた。そのため、部族の文化的遺産や歴史的経験を学ぶことを重視しつつ、部族を超えた「インディアン」という意識を喚起することで問題に対処しようとしたのである（Nagel 1996: 137-139）。「インディアン」もそのなかで再活性する部族意識も、アメリカ経験の産物であった。

同様に集団を超えて成立するアイデンティティとして、「アジア系アメリカ人」も挙げられる。「アジア系アメリカ人」は、1960年代末のイエローパワー運動やヴェトナム戦争反対運動によって喚起された政治的アイデンティティであった。その後、集団の規模が小さいアジア出身の各エスニック集団は、自集団の利害を反映させる政治家を輩出したり、連邦政府の社会サービスの対象となるために、「アジア系」という共通カテゴリーをかかげて、協力・動員するようになった。そのため、日系、中国系、韓国系、フィリピン系などは、個別のエスニック集団であると同時に、「アジア系アメリカ人」という「汎エスニックな」アイデンティティと共存するようになった（Espiritu 1992）。このような戦略は、人種やエスニシティが貴重な政治的・経済的資源となるアメリカ社会の仕組みによって生み出された。

5.4　文化多元主義のモデル化

5.4.1　文化多元主義の社会構想

文化多元主義は、エスニック・リバイバルと1965年以降の移民の多様化を背景に、「多からなる一」を具現化する新しいモデルと見なされるようになった。文化多元主義の基本的な考え方とそれが導く社会像とはどのようなものだったのか。

まず、文化多元主義はエスニックな多様性を肯定的に評価する。同化主義では「捨て去るもの」とされていたエスニシティは、文化多元主義ではアメリカ社会に適応するための有効な資源と見なされる。文化多元主義の根底にあるのは、エスニックな差異を、個々人の人生を豊かにするアイデンティティの源泉とする人間観である。構造的同化を遂げたと思われる状況にあっても、アメリカ社会を生きる個人にとって、エスニックな起源や遺産はアイデンティティの重要な構成要素となっている。

では、エスニックな多様性を維持しつつ、「アメリカ人」として統合することは、いかにして可能なのであろうか。ここで重要なのは、エスニシティが、アメリカ経験のなかで「新たにつくり変えられるもの」であるという考え方である。グレイザーらは、アメリカ社会のエスニックな多様性を形づくるのは、同化しない移民の流入ではなく、「異なった時代・世代の人びとを、異なった地位や特性を持つ集団へと構造化させるナショナルなエートス」であると言う（Glazer and Moynihan 1963=1970: 290-291）。では、この「ナショナルなエートス」とは何を指すのであろうか。

グレイザーは、公民権運動を通して建国の理念が再定義され、いくつかの「国民的合意」が達成されたとしている。その合意とは以下の三点である。第一に、アメリカはあらゆる人びとの参入を歓迎し、それらの人びとが建国の理念へとコミットすることを通して、そのナショナルな共同体の一員とする。第二に、アメリカでは、領域内にエスニック集団が独自の政治体（entity）を持つことを認めない。第三に、ナショナルな参加の際にエスニシティを捨てることを求めず、いかなるエスニック集団も自発的な基盤においてエスニシティを維持する（Glazer 1975: 28）。

ここで鍵となるのは、エスニシティの自発性（voluntariness）と呼ばれる特性である。エスニシティの資源としての役割は、いずれも移民やエスニック集団が自発的に構築したものと想定されている。そのため、第二の合意が述べるように、連邦・州政府が、特定のエスニシティを維持させるための独自制度を設けたり、分離や隔離を強制したりすることは認められない。政府は特定の集団のみを対象とした介入を避け、中立を保つため「健全な無視」を維持しなくてはならない。すなわち、文化多元主義におけるエスニシティの維持は、人為的な隔離制度や政府による保護政策ではなく、集団のメンバーによる自発的な基盤にもとづいて行われる場合にのみ認められる。それゆえ、特定の言語や文化を学ぶ教育施設、特定集団向けの社会的サービスを提供する施設なども、私的な領域における自発的な基盤にもとづいて設立することは自由であるが、国家や地方政府などが公的な施設を設置することは認められない（Glazer 1975: 25）。

以上のような「国民的合意」をふまえ、文化多元主義は、公的領域と私的領域を区分し、公的領域における中立性を前提としたうえで、私的領域における自由な選択の結果として、エスニックな帰属意識やその維持を位置づける。アメリカの公的領域を形づくるのは、憲法をはじめとする民主的な政治システムへのコミットメントである（Glazer 1975: 8）。それゆえ、公的領域を支える理念を共有することを通して、エスニック集団のあいだにも、アメリカ市民としての共通意識を育て、「多からなる一」を実現することができると考えられる。以上のように、文化多元主義モデルの特徴は、公的領域においては、異なる文化を持つ人びとが共有し、そこにコミットすることが可能な「共通文化」が存在するという想定にある。

このような文化多元主義の考え方を反映しているのが、1960年代以降に広まった「○○系アメリカ人」という呼び名である。「アイルランド系アメリカ人（Irish American）」や「日系アメリカ人（Japanese American）」という呼び名は、「アイルランド」や「日本」にルーツを持つ「アメリカ人」であることを指して使用される。「○○系アメリカ人」という言葉は、異なったルーツを持つ人びとが共通の価値を持つことで共存していることを象徴する（南川 2016）。私的領域ではそれぞれの文化的・歴史的な出自を有する人びとが、公共領域では共通の理念へとコミットする。同時に、共通の理念へのコミットメントのなかで、人びとは自身が持つエスニック文化の豊かさを実感する。「○○系アメリカ人」とは、私的領域におけるエスニック文化と公的領域における市民的文化が、相互に補強しながら「多からなる一」を具現化する言説である（Walzer 1997=2003: 59）。

以上のように、グレイザーが、「ナショナルなエートス」と呼んだのは、移民がアメリカ社会への適応を通して、自身のエスニックな出自にもとづくアイデンティティやネットワークの重要性を再発見する過程であった。文化多元主義におけるエスニック文化は、アメリカの社会生活のなかで、その価値が見出され、人びとは自発的基盤のなかでそれを実践し、享受する。市民的文化とエスニック文化の相互作用が、アメリカにダイナミックな活力や豊穣な文化をもたらすという考えが、文化多元主義の基本的前提なのである。

5.4.2 同化主義との連続性

実は、文化多元主義が描く社会観や人間像は、同化主義と多くの共通点を持っている。文化多元主義はエスニシティがアメリカ社会への適応を促進する側面を強調する点で、単一文化の社会の到来を予期する同化主義と異なっている。しかし、その理論的前提や基本的な社会像というレベルで共有しているものは少なくない。

文化多元主義は、近代的個人という人間像を同化主義と共有している。公的領域において、文化多元主義の前提にあるのは、既存の属性やエスニックな関心から自由に、中立の立場から政治的・社会的課題について判断し、行動する個人像である（Rawls 1999=2010）。同時に、文化多元主義における個人は、私的領域においてはエスニックな属性や文化が提供する豊かさを理解し、それを自発的な基盤のもとで維持・活性化させる。文化多元主義は、エスニック集団のメンバーであることと、リベラルな近代的個人であることは両立すると考える。エスニシティは、個人による合理的な判断のもとで選ばれたものであり、文化多元主義は、近代化論の前提を同化主義と共有しつつ、私的領域の文化的多様性を積極的に評価しようとしたものである。

ただし、文化多元主義における公的領域の中立性という表現には注意が必要だ。同化主義が、アメリカの「中核社会」を「ミドルクラスの白人プロテスタント」社会と同一視していたように、文化多元主義が想定する共通文化もまた特定の文化的背景と無縁ではない。たとえば、文化多元主義は、アメリカ化を助ける共通言語としての英語の役割を認めており、エスニック言語や文化を自発的な基盤において維持することは否定しないが、公教育における二言語教育には否定的な態度を取る（Glazer 1983: 151-155）。また、キリスト教もアメリカ共通文化の柱と考えられる。大統領の就任式では、大統領が、聖書の上に手を置き、キリスト教の聖職者の前で宣誓することはよく知られているが、キリスト教信仰をもとにして成立した「見えざる宗教」としての「市民宗教（civil religion）」の儀礼が、複数の文化を統合する役割を担っている（Bellah 1967=2005; 森 1996）。

そして、同化主義がヨーロッパ系移民の経験にもとづいて理論化されたのと同様に、文化多元主義もまた、ヨーロッパ系エスニック集団の経験をモデルとしている。同化主義では、ヨーロッパ系移民の同化に他の人種マイノリティも追随することが期待されたが、文化多元主義にも同種の傾向がある。エスニシティ論では、ヨーロッパ系移民の経験を標準的な鋳型として考え、その枠組を人種マイノリティの経験に当てはめて理解する傾向がある。そのため、エスニック集団間の適応／不適応を比較する際には、相対的に「成功」している移民の経験を、黒人・先住民・ヒスパニックなどに対する「教訓」「処方箋」とする語り口も生まれる。このように、移民集団の経験をモデル化して、人種マイノリティの経験を考える視点は、同化主義と文化多元主義の共通点である。

近代市民社会の政治理念を想定した文化多元主義の共通文化は、具体的には、共通言語としての英語、鋳型としてのヨーロッパ系移民の経験、共通の精神文化としてのキリスト教をもとにしており、その世界観は同化主義と多くのものを共有している。

5.4.3 文化多元主義と人種・階級・ジェンダー

ヨーロッパ系移民の経験をモデルとする文化多元主義に対して、人種主義の制約下を生きてきた人種マイノリティの視点からは、さまざまな限界が指摘される。エスニシティ論は、歴史的な人種主義の構造を軽視し、既存の白人優越主義を補強するという批判は多い。エスニシティ論は、エスニックな連帯や資源の活用を肯定的に評価する一方で、黒人、プエルトリコ系、先住民などの貧困問題を資源の欠如で説明する傾向がある。また、ヨーロッパ系移民の経験を、奴隷制やセトラー・コロニアリズムなどの異なった歴史的背景を持つ黒人や先住民に当てはめようとする傾向も、歴史的な人種主義の影響を軽視している（Omi and Winant 2015: 42-45）。エスニシティ論は、マイノリティが経験した歴史的差別や制約を単純化し、問題の原因を、自助努力の不足、エスニック文化の不在、コミュニティ組織の脆弱さなど人種マイノリティの側にあるかのような議論を形づくってしまう。

文化多元主義によって見えにくくなるのは、人種主義だけではない。社会学者のステファン・ステインバーグは、移民の成功物語において、エスニックな文化的要因が過大評価される傾向を「エスニックな神話（ethnic myth）」と呼ぶ。ステインバーグによれば、「成功」した移民に共通する傾向は、その移民が出身国においてもミドルクラス以上の出身者が多く、その成功物語は、エスニック文化だけでなく、階級的な条件に注目しなければ説明できない（Steinberg 1981）。今日のアジア系アメリカ人の経済的な成功（第3章を参照）も、出身国のエリート出身で高学歴で英語にも堪能な階級的背景を持つ移民の「超選別性」によって説明される（Lee and Zhou 2015）。エスニシティ論は、しばしば階級的な優位性をエスニック文化の相違と誤読し、マイノリティ間の階級的な条件の相違、参入する労働市場の構造、ネットワークや組織化の相違などを無視することがある。

さらに、ジェンダーによる相違にも留意が必要である。移民や人種マイノリティの女性が経験したアメリカ的生活は、男性の経験とは大きく異なる。文化多元主義が考える私的領域の軸とも言える家庭は、清潔で豊かで愛情に満ちたアメリカ的生活様式を実現する場であるとともに、エスニックな文化や価値観を作り出し、後続世代に伝達する制度でもある。そこでは、女性は、家庭におけるアメリカ化とエスニック化の双方を担う役割を期待される（Gabaccia 1994: 123）。また、エスニシティ論が論じる経済的地位は、男性を想定したものであるが、女性が参入する職業はたいてい男性と大きく異なっている（Glazer and Moynihan 1963=1970）。移民の経済上昇の拠点とされる自営業やスモールビジネスでは、移民女性や子どもの無償労働力は、競争優位を得るために欠かせない資源であり、移民女性は、多くの場合、家庭における家事・育児だけでなく、父親や夫の仕事を補助する労働者としての役割も期待された。そのため、エンクレイブや移民企業がもたらす効果は、男性労働者に限定されており、移民女性に同様の上昇移動の機会を与えるわけではない（Zhou and Logan 1989）。

以上のように、エスニシティの効用を強調する文化多元主義の発想は、人種、階級、ジェンダーにもとづく差異や多様性、そこで作用する権力関係を見えにくくしてしまう。文化多元主義は、アメリカ合衆国を「移民の国」として考える枠組のもとで、ヨーロッパ系移民に出自を持つ「白人ミドルクラス男性」を標準とする指向を有していると言わざるをえないのである。

1）　実際、初期の議論では、文化多元主義と多文化主義という２つの多元主義は明確に区別されることなく、混同されることもめずらしくなかった（綾部編 1992: 291）。

2）　歴史家ローレンス・H・フックスによれば、多元的にアメリカ社会を描く構想は、植民地期から存在してきた。彼は、植民地社会のパターンとして、イギリス系中心のマサチューセッツ型、奴隷制を内包したヴァージニア型とならんで、複数の言語・宗派の人びとを共存させるペンシルヴァニア型の３つの類型を挙げ、この第三の型に多元的な社会構想のルーツを見ている（Fuchs 1990: 11）。

第6章

アメリカ型多文化主義の成立と展開

6.1 もうひとつの多元主義

1960年代以降、アメリカ合衆国に文化多元主義の考え方が広まるのと同時進行で、もうひとつの「多からなる一」のモデルとして、多文化主義（multiculturalism）が登場した。多文化主義は、人種マイノリティの視点からの社会運動と、その問題関心を共有した連邦政府の取り組みのなかで浮上した構想である。それは、文化多元主義と同様に、エスニック文化の多様性を尊重するものであるが、その歴史的背景、問題関心、そして人間観や社会観において、明らかな相違がある。その相違こそ、現代アメリカにおける多様性をめぐる争点となっている。本章では、多文化主義の歴史的展開とその基本的な枠組を解説し、その問題設定と課題を議論する。

多文化主義の重要な起源のひとつは、ブラックパワーをはじめとする人種マイノリティの社会運動である。人種隔離などの法的差別の廃止後も、人種マイノリティの多くは、貧困、失業、居住隔離、警察との対立、教育からのドロップアウト、犯罪の増加などの社会問題に直面していた。第3章でも論じたように、このような社会問題を、ブラックパワー運動は制度的人種主義として概念化した。制度的人種主義は、たとえば以下のように作用する。黒人貧困層は、住環境の悪いスラムやゲットーと呼ばれる地域での居住を余儀なくされる。その地域では、十分な教育を受ける機会が制限され、犯罪との接触の機会が増え、よい職業機会を得ることができず、やはり失業や貧困の連鎖へと陥る。もちろん公民権運動以降の時代では、そのような環境でも、努力や幸運によって大学に進学し、安定した職を得る人も現れる。しかし、そのような「成功者」の多くは、自らが生まれ育った場所を離れて、郊外の住宅地へと「脱出」してしまう。このような環境では、「黒人であること」に自尊心を持ったり、自身を「コミュニティの一員」と考えたりすることが難しくなる。その結果、スラムに住む人びとの環境は改善されず、自己否定の意識を強くしてしまう（Carmichael and Hamilton 1967; 南川 2020a）。

エスニシティの自発性を強調する文化多元主義は、制度的人種主義に対して各エスニック集団の文化的特性や連帯を活かした自発的な対処に期待するが、貧困の連鎖に対する処方箋を、各集団の自助努力だけに委ねるのは難しい。その連鎖を断ち切るためには、白人優越主義的なアメリカ社会観を根本的に問いなおすことが必要である。なぜなら、マイノリティが二重意識に囚われて自己肯定感をもてなければ、経済的状況が改善しても、コミュニティからの「脱出」者を増やすだけで、それは真の解決とは言えないからだ。ブラックパワーなどのマイノリティ運動が重視したのは、マイノリティの自己決定と尊厳の獲得によるアメリカ社会の変革であった。それは、コミュニティとしての自立と自尊心を確立しながら、経済的な安定や政治的影響力を獲得することを追求する。このような問題意識が、アメリカにおける多文化主義登場の背景にあった。

多文化主義は、アメリカ合衆国だけでなく、20世紀後半の欧米社会を席巻した政治潮流である。その中心地は、アメリカと同様の移民国家カナダとオーストラリアであった。イギリスとフランスの植民地のもとにつくられたカナダでは、1971年以降、英語とフランス語の二言語主義と先住民の権利の保護を核に、「多文化主義」の採用を公式に宣言した。カナダと並行するように、アジア太平洋地域との関係が深いオーストラリアも、従来の「白豪主義」と呼ばれた方針を廃止し、先住民やアジア系移民の文化を尊重する多文化主義を新たな国民統合の政策として採用した（関根 2000; 加藤 2018）。多文化主義政策は、ヨーロッパ諸国にも波及し、イギリスや北欧諸国などに広がる一方で、その是非をめぐって激しい論争が繰り広げられた（Joppke and Lukes eds. 1999; Banting 2005）。

本書では、このような世界的な潮流と重なりながらも、アメリカ独自の歴史的文脈のなかで成立した多文化主義のあり方を、アメリカ型多文化主義と呼ぶ。その特徴は、多文化主義をめぐる国際比較研究をふまえれば以下のように整理できる（南川 2021）。

第一に、アメリカは、カナダなどと異なり、多文化主義を公式な政策指針として採用していない。アメリカの連邦制度においては、移民政策や基本的な人権保障については連邦政府の管轄となるものの、福祉や教育などの文化的・社会的権利にかかわる領域では州の権限が強い分権的な構造となっている。そのため、連邦政府が主体となって部族自治や文化政策を規定する先住民政策以外の分野では、多文化主義政策を統一的に進めるのが難しくなる（Hero and Preuhs 2006）。同じ連邦制度を採用するカナダの場合、憲法や法によって多文化主義を公認しているため、連邦と州が一貫した政策をとりやすい（Bloemraad 2006）。一方で、アメリカ型多文化主義は、その非公式性ゆえに法的基盤が脆弱で、多文化主義をいかに正当化するかが論争になりやすい。

第二に、アメリカ型多文化主義は、人種主義の克服を主要な目的としていると言われる。本章で論じるように、それは、公民権運動とその後の社会改革を契機としており、1960年代に差別是正政策として導入されたアファーマティヴ・アクションと、エスニック・リバイバルを背景とした多文化教育がおもな取り組みとして挙げられる（南川 2021: 28-30）。よって、その主要な対象集団は黒人であり、反人種主義が主要なイデオロギーとされる（Glazer 1999）。

第三に、反人種主義にもとづいて成立したアメリカ型多文化主義であったが、その対象を女性や他の人種集団などへと広げる拡張性を有している。公民権運動とともに広範なマイノリティの権利保障を政策課題化した「マイノリティ権利革命」によって、多文化主義は、黒人政策にとどまらない「多からなる一」の社会構想の提案へと導かれたのである（Skrentny 2002）。

本章では、以上のようなアメリカ型多文化主義が、政策と社会運動を通して登場する過程を追い、その基本的な社会構想のあり方を議論する。

6.2 アメリカ型多文化主義の歴史的実践

6.2.1 アメリカの多文化主義政策の先進性とその基盤

アメリカ合衆国における多文化主義政策の代表的なものとして、アファーマティヴ・アクション（affirmative action、以下AA）と多文化教育プログラムが挙げられる。両者は、人種マイノリティが直面した制度的人種主義を克服するための政策として、1960年代の公民権改革に基盤を持っている。カナダのクイーンズ大学が実施する多文化主義政策指標（Multiculturalism Policy Index）を用いた比較研究によれば、アメリカ合衆国では1960年代のうちにカナダやオーストラリアなどの他国に先駆けて、先住民以外の人種エスニック集団への多文化主義政策として、AA、多文化主義的な学校カリキュラムと二言語教育などを導入した（図6.1）。アメリカの多文化主義政策の幅広さは、現在は「中程度（指標3.5）」とされるが、少なくとも1970年の時点では多文化主義政策の先進国であった（Tolley 2011=2016; 南川 2021: 29-30; Wallace et al. 2021）。

では、このような先進的政策はどのように導入されたのであろうか。アメリカ連邦政府は、第二次世界大戦から冷戦初期にかけて、自由国家アメリカのイメージに矛盾する人種差別の解消に取り組んできた。雇用上の差別に対する取り組みとしては、1961年に大統領就任直後のケネディが、「平等な雇用機会についての大統領委員会」を設置し、政府と契約関係にある企業に対して、応募者や従業員を人種差別なく扱うことを保障する「積極的な措置（affirmative action）」を求めた。これが「アファーマティヴ・アクション」という語の登場

図6.1　主要国における移民に対する多文化主義政策指標の変化

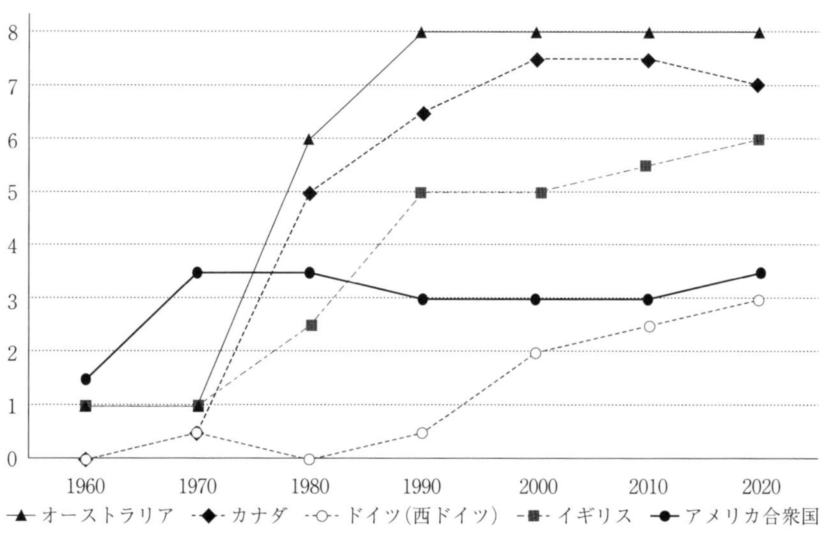

※数値は多文化主義政策の幅広さを示し、指標の範囲は０～８である。

出典：Multiculturalism Policy Index for Immigrant Minorities: Annual Dataより作成

とされるが、この委員会には政策遂行のための十分な権限が与えられていなかった（Graham 1990: 59–63; Dobbin 2009: 32）。

この状況を変えたのが、1964年公民権法であった。公民権法は、南部における人種隔離を違法化しただけでなく、人種統合のための改革に従事する機関や委員会を設置し、差別禁止のための活動や、過去の差別に対する補償にも法的根拠を与えた。たとえば、雇用差別に対処する機関として、雇用機会均等委員会（Equal Employment Opportunity Committee、以下EEOC）が設置された。EEOCは、企業、雇用紹介、組合活動などにおける人種差別の事例を調査し、差別的雇用を防止する活動を進めた。このほか、労働省の連邦契約遵守局は、連邦政府との契約事業での公民権法の遵守を求める機関として設置された（Graham 1990; Skrentny 1996）。このような機関は、公民権法にもとづいて差別的な処遇を禁止する具体的・積極的な対策の担い手となった。

また、多文化主義政策にとって、これらの機関が果たしたもうひとつの重要な役割は、取り組みの対象を黒人だけでなく他の集団へと拡大し、複数の人種集団を公的に定義したことである。たとえば、EEOCが実施した雇用調査は、「ニグロ」「東洋人」「アメリカン・インディアン」「スペイン系アメリカ人」という4つのカテゴリーとそれぞれの「男性」「女性」が対象となった（Skrentny 2002）。そして、1977年には行政管理予算局による指令15号によって、連邦政府が関与する政策やプログラムで使用される人種とエスニシティの標準的なカテゴリーとして、「アメリカン・インディアンおよびアラスカ先住民」「アジア太平洋諸島系」「黒人」「ヒスパニック」「白人」の5つを定義した。この枠組は、1980年以降の合衆国センサスでも採用され、アメリカ社会が5つの基本集団によって構成されると見なす社会観が定着した。これは、人種エスニック五角形（ethno-racial pentagon）と呼ばれる（Hollinger 1995; 南川 2021）。その際、ユダヤ系やイタリア系などの非プロテスタント系エスニック集団は、過去に差別を経験していたとしても、「白人」というひとつの人種集団へとまとめられた（Forman 1998: 150）。

公民権改革は、教育面での人種的不平等にも切り込んだ。1960年代末以降、学校における人種統合を実現させるために、黒人地区の子どもを白人が多く通う学校へ通学させるバス通学が実施された。また、連邦プログラムからの人種にもとづく排除を禁止した公民権法第6篇にもとづき、「英語能力が不十分な子ども」にも対等な教育機会を与える二言語教育が公立学校にも導入された。二言語教育は、非ヨーロッパ系移民の急増とともに注目を集め、連邦最高裁による1974年のラウ対ニコルス判決（*Lau v. Nichols*）が「英語能力が不十分な子ども」の権利保障を認めたことで、全国に広がった（牛田 2010: 111-112）。

以上の政策や機関は、「人種、肌の色、性、出身国を理由」とした差別を禁止するための施策として導入された。差別の禁止は、同化主義、文化多元主義にとっても同様に重要であったが、多文化主義が求めたのは、制度的人種主義という強固な集団間不平等化のメカニズムを克服する、より実質的な「平等」であった。

6.2.2 アファーマティヴ・アクション――制度的人種主義の克服のために

アメリカ型多文化主義の代表的政策のひとつと見なされ、後に激しい論争の対象ともなったのが、差別撤廃のための積極的な措置、いわゆるアファーマティヴ・アクション（AA）である。AAは、どのような背景で導入され、展開したのだろうか。

公民権法実現のための積極的な施策として導入されたAAであるが、その内実は、既存の人種的不平等を解消するために導入された広範な政策群であった。その共通の目的は、制度的人種主義によって再生産される格差や不平等への介入である。連邦政府は、あからさまな意図や行動にあらわれない制度的人種主義を政策対象として可視化するために、差別状況の統計調査を行った。たとえば、1966年からEEOCは従業員100人以上の企業経営者に対して網羅的に統計調査を実施し、黒人をはじめとする4つのマイノリティ集団と女性の雇用状況から、差別的雇用の有無を数値にもとづいて判断した。EEOCは、一部の集団の雇用が人口比に対して極端に少ないなどの数値上の不均衡が存在した場合、それを差別的雇用と見なして改善を企業や業界に求めた。そのための改善策が積極的措置（AA）と呼ばれるものであったが、当初は黒人のための訓練プログラム、若者への就労支援、女性の賃金上昇、特別な研修プログラムの実施など、マイノリティの能力開発や待遇改善を含む、さまざまな取り組みを含んでいた（南川 2021: 78-79, 90-91）。

そのようななか、一定の割合の人種マイノリティの雇用や採用を約束させる取り組みが注目を集めた。たとえば、EEOCは、1966年に大手造船会社のニューポート・ニューズ造船社に、過去の差別的雇用の改善策として一定割合の黒人を雇用する合意を成立させた（Blumrosen 1971）。このような施策の対象は、人種マイノリティだけでなく女性にも拡大した。1973年のEEOCと通信大手企業AT&T社との交渉では、「管理部門・非管理部門のすべてのレベル」での「人種と性に配慮した」施策を行うことで合意した（Skrentny 2002: 126）。

そして、連邦政府は、1967年に、連邦予算に事業を受注する建設業者を対象として、企業内の職種にマイノリティ労働者が一定の割合で雇用されることを求める「フィラデルフィア・プラン」を発表した。この方針は、労働組合や雇用者の反発で頓挫したが、1969年には数値目標の設定と達成のための日程表の提出を求める「修正版フィラデルフィア・プラン」が発表され、連邦議会で採択された。数値目標を求める同政策は、人種による「優先枠」を設定して「労働の質の低下を招く」などの批判を集めながら、多くの都市や業種に導入された（Glazer 1983; 安井 2016）。

また、マイノリティの経済的安定のために、マイノリティ企業家への支援も実施された。第5章で議論したように、自営業や小規模企業経営はマイノリティの経済的安定の鍵と考えられていたが、企業家支援の組織的基盤が脆弱な黒人やヒスパニックを支援するための連邦機関が設置された。これは、人種マイノリティ内の企業家を育成し、その経済的な自立や安定を獲得するための積極的介入であった（Skrentny 2002）。

AAのもうひとつの重要分野が、教育、とくに大学進学であった。高等教育は安定した職業機会の獲得に直結していたため、各大学は、1960年代から低所得層やマイノリティ学生を対象とした特別措置入試を導入した。1950年代に白人男子学生が支配的だったハーヴァード大学も、1970年代末までには黒人、アジア系、ヒスパニックのマイノリティが新入生の約2割を占めるようになった（Anderson 2004）。とくに、メディカルスクール（医科大学院）やロースクール（法科大学院）などの専門職大学院にとって、マイノリティ学生の増加は大きな意味をもっていた。それは、マイノリティ学生に専門職に従事する機会を与えるだけでなく、貧弱であったコミュニティへの専門的サービスやリーダーシップの提供、さらにロールモデルの輩出を意味していた（南川 2021: 137）。医科大学院や法科大学院の団体は、不利な集団出身の学生の入学を促進する措置を実施することを各大学に求めた（Skrentny 2002: 168–169）。

以上のような政府、企業、大学の取り組みの前提にあったのは、人種集団別の従業員構成、企業家の割合、学生構成に著しい不均衡があることを、是正すべき不正義ととらえる視点であった。1965年にジョンソン大統領は、「何年もの鎖につながれた人」を他の人びとと同じスタートラインに立たせて競争させることが公平といえるのかと問い、「機会の門」を開くだけでは不十分で、「市民のすべてにこの門を通り抜ける能力」を保障することの必要性を訴えた（川島 2014: 100）。AAは、過去の人種主義によって抱えた不利や負担を抱える集団が「機会の門を通り抜ける能力」を獲得できる状況をつくり、公平で対等な競争が可能な条件を整えるための施策と考えられた。

このような問題関心が反映されたのが、1971年の連邦最高裁グリッグス対デュークパワー社判決（*Griggs v. Duke Power Co.*）であった。同裁判では、企業が雇用や昇進の際に課していた高校の卒業証明や知能テストが、黒人の雇用や昇進を妨げる事実上の差別的措置であると判断された。判決は、過去の差別が作り出した「現状」を固定化させる施策は、それが一見中立に見えるものであっても差別と見なした。差別とは、企業や個人の意図の問題ではなく、統計的数値として示される不平等によって確認されるものであり、その不平等の構造を是正するための積極的な措置が必要とされた（南川 2020a: 94）。グリッグス判決が示した差別の歴史に対する補償や救済、すなわち「補償的正義（compensatory justice）」のための実践として、アメリカ型多文化主義の象徴的政策であるAAは正当化されたのである（Graham 1990: 456–457）。

6.2.3　多文化教育と「アメリカ史」の問いなおし

AAと並んでアメリカ合衆国の代表的な多文化主義政策とされるのが、多文化教育（multicultural education）である。多文化教育の背景にあったのが、高等教育機関におけるエスニック・スタディーズ運動であった。1960年代末、黒人、先住民、アジア系、ヒスパニックの学生たちは、ブラックパワー運動などと連携しながら、各集団の歴史や文化を反映した教育・研究機関の設置を求めた。

この取り組みは、エスニック・スタディーズと呼ばれ、集団独自の文化・歴史・言語などを学ぶカリキュラムを開発し、コミュニティと連動して社会変革にも関わる教育・研究活動であった。エスニック・スタディーズは、人種マイノリティ集団に関する知識の習得だけでなく、マイノリティとしての自尊心を育成し、コミュニティの問題解決に直接的に取り組む実践型の教育プログラムとされた（La Belle and Ward 1996）。

その後、エスニック・スタディーズの知見を、マイノリティ対象の限定的なプログラムとしてではなく、一般的な学校カリキュラムに反映させる取り組みが進んだ。たとえば、全国社会科評議会は、1976年に「多民族教育（multiethnic education）」のためのガイドラインを作成し、初等・中等教育でもエスニックな多様性について学ぶ機会を提供することを求めた（National Council for the Social Studies 1976）。実際、1979年には、カリフォルニア州バークレー統一学区が、地域の多様な人種集団や女性の権利をめぐるイシューを学ぶプログラムを導入した。さらに、全国社会科評議会は、1991年からは「多民族教育」を「多文化教育」と改称したガイドラインも提供した。ガイドラインは多文化教育を以下のように定義している。

> 多文化教育は、私たちの国に「多からなる一」の理念を実現し、多様な人民がそれぞれの文化を承認して尊重し、それらを架橋する民主的な価値のもとで人民を統一する社会を創り出すことを目指している（National Council for the Social Studies 1991=1992）。

「多からなる一」を多様な人民による文化の承認と尊重によって実現しようとする多文化教育にもとづく学校カリキュラムの導入で注目を集めたのが、ニューヨーク州の取り組みであった（Cornbleth and Waugh 1999; 南川 2021）。ニューヨーク州教育局が設置した社会科シラバス検証・開発委員会の報告書は、序文で以下のように新しいアメリカ像を描いた。

> 公民権運動の闘争に続いて、最近20年間の予期しない非ヨーロッパ系移民の増加と、私たちの国における先住民の伝統への認識の高まりによって、アメリカに住む人びとのイメージについて根本的な変化が起きている。（中略）私たちは、多様な文化を尊重するという原則こそが、私たちの国に決定的なものであり、文化的多様性への権利が

存在することを強く主張する（New York State Social Studies Review and Development Committee 1991: xi-xii）。

報告書は､「多様な文化の尊重」および「文化的多様性への権利」を教育カリキュラムの柱として位置づけた。多文化教育が描くアメリカ像は、人種集団や先住民の文化をヨーロッパ系の文化と対等なものとして「尊重」する視点から描かれた。「多からなる一」を可能にするのは、特定の中核文化（＝ヨーロッパ文化）ではなく、異なった文化への敬意であり、多様性への権利の認識である。多文化教育は、複数文化が存在する社会において、自己と他者の文化を認識し、差別に対峙しながら、それらの文化のあいだを結ぶ関係性を構築する能力の育成も目的とする（Torres 1998）。

多文化教育の導入は、アメリカ合衆国におけるさまざまな象徴的出来事への見方を変える。たとえば、1492年のコロンブスによるアメリカ大陸の発見は、アメリカ史の「始まり」を示す記念すべき出来事とされてきたが、先住民の視点から見れば、それはヨーロッパ人による侵略、虐殺、土地の収奪の始まりを意味していた。このように多様な立場から歴史を考える視点の導入は、過去のアメリカ国家による人種集団への弾圧や抑圧に対する反省を促す機運を高めた。1988年には、ロナルド・レーガン大統領が「市民自由法」に署名し、第二次世界大戦中の日系人の強制収容に対して謝罪と補償を行った。過去の「不正義」を正すとともに、歴史的事件を多角的な視点から検証し、そこに存在した多様な文化のあり方を尊重することも、多文化主義が強調した態度であった。

このような視点から､「多文化のアメリカ史」という課題に挑戦したのが、ロナルド・タカキが1993年に発表した『別の鏡に映して』である。これは、植民地期から現代にいたるアメリカの歴史を、イギリス系、先住諸部族、アイルランド系、黒人奴隷、メキシコ系、中国系、日系、ユダヤ系の歴史から描いたものだ。タカキは、ヨーロッパ系の歴史も、他の集団と並列させて論じ、各集団の歴史的経験の積み重ねと相互交差の歴史として、アメリカ史を描きなおした。彼は、同書の狙いを、改訂版（2008年）のなかで次のように述べている。

アメリカをアメリカたらしめるための闘争は、アメリカの叙事詩的な物語だ。多文化のアメリカをつくりあげるうえで、この大陸にもともと住んでいた人びとに、貧困や迫害によってアジア、ラテンアメリカ、そしてヨーロッパの故郷から押し出され、大きな夢を背負ってやってきた人びとが加わった。他にも、アフリカから鎖につながれてやってきた人びと、ヴェトナムやアフガニスタンから難民として逃れてきた人びともいた。これらの人びとがすべて、「アメリカ人をつくった偉大な移民」なのである(Takaki 1993=2008: 20)。

タカキが強調するのは、アメリカ史を「われわれ『多様な』アメリカ人民」による歴史として描きなおすことであった(Takaki 1993=2008: 20)。ヨーロッパ中心主義的な歴史観は、イギリス系移民の遺産や伝統に、アメリカの政治理念や生活様式を結びつけてきた。しかし、多文化のアメリカは、先住民の征服、奴隷の強制移住、年季奉公人の導入など、その始まりから多様性を抱え、その相互関係を深めることで発展してきた。タカキは、単に複数の集団とその文化が並存したことだけでなく、その集団間に支配・従属・搾取などの権力関係が存在してきたことを強調する(Takaki 1982)。多文化のアメリカ史は、人種主義とそれに抵抗する人びとの歴史でもある。

以上のように、教育における多文化主義は、多様性と人種主義の複合的な関係のなかに、アメリカ社会を描きなおした。それは、既存のヨーロッパ中心の社会観を乗り越え、多様性自体を「アメリカをアメリカたらしめるもの」とした。多文化教育は、そのような世界観を基盤に、複数文化のなかを生きるための方法や態度の取得を目指したものであった。

6.2.4 アイデンティティ・ポリティクス

アメリカ型多文化主義の重要なキーワードのひとつが、アイデンティティである。単一文化への同一化を求める同化主義や、ヨーロッパ系の経験を鋳型とする文化多元主義は、白人(=他者)の視線を通して自己を認識する人種マイノリティの二重意識(デュボイス)の問題に十分に取り組んでこなかった。二重意識の克服のためには、マイノリティが十全な自己肯定観を持ってアメリカ社会のなかを生きることを可能にする仕組みが必要である。ブラックパワー運動も多文化教育カリキュラムも、マイノリティが自己尊厳を確立することを目的のひとつとして掲げている。マイノリティが自分たちにとって重要な事柄を自ら決定し、経済的に自立し、文化的遺産を維持・継承するためには、まずその集団の一員であるという意識を共有することが必要である。多文化主義を草の根から支えた社会運動の多くが、アイデンティティの獲得と維持をその目標として掲げた。

たとえば、エイミー・ウエマツは、アジア系の人びとがその経済的成功によって、「疑似白人」という「誤ったアイデンティティ（mistaken identity）」を持とうとしていることを批判する。ウエマツは、「イエローパワー」を、アメリカ人種主義によって抑圧される「第三世界民族」のひとつにアジア系を位置づけ、アイデンティティの覚醒と社会変革を訴えるものだと主張した（Uyematsu 1969）。このように、構造的な不平等にさらされたマイノリティの尊厳とアイデンティティを回復し、平等な集団関係を求める社会運動や政治的実践は、アイデンティティ・ポリティクスと呼ばれる（Bernstein 2005）。ブラックパワーをはじめとする人種マイノリティの運動は、黒人、アジア系、先住民、ヒスパニックとしての自己認識を重視するとともに、集団間の連帯の形成、そしてアジアやアフリカなど国外の反植民地運動との国際的連携にも関心を持っていた（Pulido 2006; Maeda 2012）。

1980年代以降の多文化教育論争では、アフリカ中心主義（Afrocentrism）という主張が賛否を呼んだ。これは、ヨーロッパの自由や民主主義をめぐる思想や伝統がアメリカ社会の基盤にあるという考えに対し、アフリカ文明やアフリカ出身の人びとの歴史的貢献を強調する立場である。その提唱者として知られるモレフィ・K・アサンテは、アフリカ人の抑圧と抵抗の歴史を理解するためには、ヨーロッパ中心の思想ではなく、「アフリカからの視点」を習得し、アフリカ中心の世界観を確立する必要性があると主張した（Asante 1987: 159）。よって、アフリカ中心主義の力点は、被抑圧者が独自の歴史観や人間観を回復することにあった。20世紀初頭のマーカス・ガーヴェイのアフリカ帰還運動をはじめとする汎アフリカ主義や、二重意識の克服を求めたデュボイスの思想を受け継ぎながら、アフリカ中心主義は、多文化主義時代の思想や哲学を象徴するものとして注目を集めた。

アフリカ中心主義の影響は文化面に現れた。たとえば、奴隷時代に所有者から与えられた名前を、アフリカを起源とした名前に改名する動きも広まった。

アサンテも、もともとの「アーサー・リー・スミス・ジュニア」という名前を「奴隷の名」であると考え、「アフリカ的な」名前に改名した。また、アフリカの視点を強調する立場から、アメリカ合衆国だけでなく、カリブ海地域やヨーロッパなどの大西洋を挟んだ諸地域での黒人文化の結びつきや思想の相互影響などにも関心が集まった。「ブラック・アトランティック」や「ブラック・ディアスポラ」という視点から、ヨーロッパ植民地主義のなかで醸成された、アフリカ系の人びとの豊かな文化や思想が再評価された（Gilroy 1993）。

一方で、アフリカ中心主義の主張は、リベラルな知識人や活動家を当惑させた。アフリカ中心主義の議論のなかには、ヨーロッパ史の「起源」とされてきたギリシャ文明が、アフリカ人の影響下で開花したとする主張も含まれていた（Bernal 1987）。このような歴史解釈は、歴史的事実を歪曲する自民族中心主義的な「疑似歴史学」であるとの批判を招き、黒人知識人のあいだでも、その「自己賞賛」や「他者への不寛容」が危惧された（Schlesinger 1991a: 77; Marable 2007: 193）。

たしかに、アイデンティティ・ポリティクスは、集団としての「同一性」にもとづいた主張であるため、そのアイデンティティを本質的なもの、固定的なものとして考えがちである。しかし、アフリカ中心主義は、それまで深刻な自己否定に直面してきた人種マイノリティがその文化や歴史を再評価し、帰属意識と自己尊厳を確立させるための戦略でもあった。その力点は、自己中心的な世界観に浸ることではなく、人種マイノリティが、（ヨーロッパ中心のものではない）自己の準拠枠によって歴史や文化を理解することにある（辻内 2001: 114-116）。アフリカ中心主義は、一方で外部から「黒人」と規定する人種主義を拒否しながら、他方では黒人としての連帯や積極的な同一化を導くという矛盾を内包している。しかし、多文化主義におけるアイデンティティ・ポリティクスの核心にあるのは、少数者をそのような戦略へと向かわせる切実性なのである。

6.3 多文化主義の理論とアメリカ型多文化主義のモデル

6.3.1 多文化主義の理論的背景

ここまで見てきたように、アメリカ合衆国における多文化主義は、1960年代末から1990年代にかけて、公民権運動以後のアメリカ社会が直面したさまざまな社会的課題に対して実施された諸政策や社会運動のなかで蓄積され、具現化したものであった。ここでは、「多からなる一」を実現するためのモデルとしてのアメリカ型多文化主義の基本的な特徴と、その背後にある社会理論の展開をまとめておきたい。

多文化主義は、文化的多様性を尊重し、各集団としてのアイデンティティの役割を重視するものである。黒人や先住民などの人種マイノリティ集団は、アメリカの人種主義体制における抑圧の歴史のなかで、マジョリティの視線によって自己を定義する「二重意識」や、不名誉で卑しむべき像を投影される「歪められた承認」によって、自己否定や自己嫌悪に陥ってきた（Taylor 1994: 26）。多文化主義は、このようなマイノリティ集団が背負ってきた歴史の固有性を尊重し、個人のアイデンティティを、抑圧や不正義の歴史と切り離して考えることができないと見なしている（Young 1990）。

そこで、鍵概念となるのが、「承認（recognition）」である。カナダの政治哲学者チャールズ・テイラーは、多文化主義を、すべての人間が等しく尊敬を受ける「平等な尊厳をめぐる政治」と考える。そこで重要なのが、「個人として、文化として、自身のアイデンティティを形成し、定義づける潜在的能力」を保証することである。テイラーは、個人にとっての「善き生活」を実現するために、文化の十全性と価値を認め、そのアイデンティティを承認することを求めた。彼によれば、多文化教育やAAなどの多文化主義的な政策や運動は、支配的集団によって植え付けられた劣等性の表象の修正を求める「自由と平等を求める戦い」として支持される（Taylor 1994: 38, 42, 66）。それゆえ、差異を顧慮しようとしないリベラリズムや普遍主義的な主張が、実際には、社会のヘゲモニーを握る集団による支配を正当化することを問題視する。

一方、カナダの政治哲学者ウィル・キムリッカは、個人の権利を重視するリベラリズムの文脈で、多文化主義を擁護することが可能であると主張する。彼は、「人間活動のほとんどの領域を網羅する実践のなかに組み込まれている、社会生活における日常的な語彙」として共有されたものを、「社会構成文化（societal culture）」と定義する。そして、個人が自由に生きるために肝要なのは、多数派による支配的文化を身につけることではなく、人間活動の根本的な枠組を形づくる社会構成文化を保持することであるという（Kymlicka 1995: 76-80）。キムリッカは、社会構成文化の保持を個人の権利として追求することで、リベラリズムにもとづく多文化主義は可能であると主張する。すなわち、彼は、多様な文化的背景を持つ個々人を社会統合するためには、それぞれが有する社会構成文化の保持を「集団の権利（group rights）」として認めることが必要であり、自由民主主義社会への包摂と「集団の権利」の保障は両立すると考えたのである（Kymlicka 1995: 178; Modood 2013: 155）。

以上のような理論は、多文化を包含する社会における正義や公正とは何かを問い、多文化主義の基本的な条件をめぐって活発な論争を導いている。とくに、1990年代には、テイラーやキムリッカに代表されるカナダの経験をふまえた多文化主義の理論化が進み、これにマイケル・ウォルツァーなどのアメリカの理論家も応答し、さらにヨーロッパや日本にも議論は広がった（Gutmann ed. 1994; Modood 2013）。一方で、アメリカにおける多文化主義政策や運動は、人種主義への挑戦という独自の政治的・社会的文脈のなかで形成されおり、そこで重視されたのは、同化主義から文化多元主義へいたる流れのなかで軽視されてきた人種マイノリティによる視点から、いかに包摂的な社会構想は可能であるかという関心であった。

6.3.2 アメリカ型多文化主義のモデル化

文化多元主義モデルと多文化主義モデルを分かつ論点はいくつか存在する。第一の論点となるのが「共通文化」をめぐる想定である。文化多元主義は、各エスニック集団が共有するべき「共通文化」として、アメリカの建国の理念などの普遍主義的な価値の重要性を強調する。そして、公的領域においてはエスニック文化よりも、このような共通の理念へのコミットメントを優先させることが社会統合を可能にすると考えた。しかし、マイノリティから見れば、共通文化が標榜する「普遍性」や「中立性」が問題となる。共通文化は、特定の文化的背景――英語、キリスト教、ヨーロッパ中心主義――を背負っている。アメリカの政治体制と生活様式から長期間にわたって周縁化されてきた人種マイノリティの視線からは、共通文化に見えるものも、彼らを抑圧してきた特定の文化、とくにWASPの文化的伝統と切り離すことは容易ではない。

そこで、多文化主義は、共通文化が想定する市民的文化への同一化ではなく、「シチズンシップ（＝市民であること）」の再解釈を求めている。多文化主義モデルは、市民として生きるためには、その文化的アイデンティティの承認が不可欠であるという想定に立っている。よって、そこで描かれるアメリカ市民社会は、「中立性」ではなく、その内部に存在する差異と異質性を承認することによって特徴づけられる（Young 1990: 120）。そして、構造的不平等に置かれたマイノリティを含むすべてのメンバーを「十全な市民」として包摂するためには、その独自の文化にもとづいた権利・尊厳・アイデンティティの承認が不可欠とされる（Rosaldo 1994）。それぞれの集団が独自の文化を維持することは、「集団の権利」として認められると考える[1)]。

文化の獲得や維持を前提としたシチズンシップの再定義は、文化多元主義が前提としてきた公的領域と私的領域の区分も疑問視する。個人は、公的領域において共通文化を尊重しながら、私的領域においてエスニック文化を享受するという使い分けを、容易に行えるわけではない。フェミニズムが「個人的なことは政治的なことである」と看破したように、アイデンティティや尊厳をめぐる問題を私的な領域へと押しとどめることは、そこに存在する権力関係や抑圧をめぐる問題を矮小化し、十全な権利を求める異議申し立てを否認することへと結びつく。多文化主義が想定する文化とは、公的領域と私的領域に切り分け可能なものではなく、その両方を包摂し、人間として生きることの根本的な認識枠組を形づくるものとされる（Kymlicka 1995: 76）。多文化教育やアイデンティティ・ポリティクスは、このような前提を共有している。

そして、公的領域に対するアプローチの相違は、国家の中立性や集団間の平等とは何かをめぐる問いへと展開する。多文化主義モデルでは、多文化を相互に承認し、集団間の平等を確保することが「正義」であり、その条件ではじめて個人が「善き生」を享受できるという信念がある。そこで重要なのは、各マイノリティ集団が、対等な条件でアメリカ社会に参加する環境を整備することであり、その過程で国家が果たす役割を積極的に認める。とくに、人種主義によって生じた集団間の格差は、集団間の不信を煽り、公正な社会の成立を妨げる要因となる。特定の集団の出身であることが経済的・政治的・社会的に不利な状況を生み出す制度的人種主義に対し、各集団に「機会の門を通り抜ける能力」の習得を保障し、不均等な格差を解消するためには、国家の積極的な介入が正当化される。

アメリカで導入されたAAは、集団間の不平等の解消のために政府や公的部門の積極的な関与を認めるものである。人種マイノリティが陥る貧困への負の連鎖を断ち切るためには、その集団がアメリカの政治・経済・社会に対等に参加するための「能力」育成を支援することが求められる。マイノリティ出身者にも、高等教育を受ける機会を保障し、十分な職業機会を用意し、起業への道筋を確保するためのAAは、多文化主義を機能させるための重要な政策である。この点では、労働、教育、文化の維持などについて、政府機関が特定集団を対象とする政策を歓迎せず、自発的な取り組みに委ねるべきと考える文化多元主義とは大きく異なっている。

以上のように、多文化主義の基本的な構想の根底にあるのは、人間の社会生活における文化の重要性を認め、「多文化による市民社会」を構築するという発想である。それは、文化から自由な個人という文化多元主義の人間観とは異なった、文化的アイデンティティの確立が市民としての自由の必須条件とされる市民社会像である。アメリカの多文化主義と文化多元主義は、文化的多様性を尊重する立場を共有しながら、基本的な社会観や人間観において対立を抱えている。現代の「多からなる一」をめぐる対立や論争の多くは、２つの多元主義のあいだの対立を起源としている。次章では、多文化主義をめぐる論争を中心に、20世紀後半以降の多文化社会の課題と困難について考えよう。

1）集団の権利を認める範囲については、多文化主義者のあいだでも不一致がある。キムリッカは、集団の権利は、先住民やカナダのケベック州のような「ナショナル・マイノリティ」を対象としたもので、移民集団への権利保障には消極的である。一方で、ヤングは、特定の民族的背景を持つ集団だけでなく、女性、性的マイノリティ、障がい者などの特定のアイデンティティをもとに排除された人びとも含むべきと考える（Kymlicka 1995; Young 1990）。

第7章

変容する多文化主義

7.1 多文化主義をめぐる論争

アメリカ型多文化主義は、1960年代以降の公民権改革や福祉政策の展開と、ブラックパワーをはじめとする人種マイノリティによる社会運動の蓄積のもと、同化主義から文化多元主義にいたる既存のモデルの前提を問いなおし、「多からなる一」の新しいかたちを描き出した。しかしながら、多文化主義的な政策が導入された当初から、その正当性を疑問視する反応も繰り返されてきた。1960年代から70年代にかけて、アファーマティヴ・アクション（AA）、二言語教育、バス通学政策などの是非が問われ、1990年代になると多文化教育やアイデンティティ・ポリティクスをめぐって、一般メディアからアカデミズムまでを巻き込む論争となった。この論争を通じて「多文化主義」という言葉が一般に膾炙したが、その関心はおもに否定的なものであった。アフリカ中心主義の例を挙げて「アメリカの分裂」や「人種間の対立」を煽るという批判が続出し、多文化主義は既存の文化的価値や伝統を否定する思想であるという見方が強調された。1992年の大統領選挙予備選に立候補した保守評論家パット・ブキャナンが、「多文化主義とかいうゴミ捨て場に捨てられないように」、「ユダヤ・キリスト教の価値を守る」と述べたように、多文化主義の是非はアメリカ政治の争点のひとつとなった[1)]。

さらに、多文化主義をめぐる論争を過熱させたのが、「文化戦争（culture wars）」と呼ばれる対立であった。たとえば、「白人」「男性」「異性愛者」を自明の前提とする差別的な表現や言語を、マイノリティの視点から見直し、より公平で公正な表現を目指す動きは、激しい反発を招いた。反対派は、人種マイノリティや女性に関する差別的表現への追及や日常的な言語使用の修正への取り組みを、「政治的正しさ（political correctness、以下PC）」運動と皮肉を込めて呼び、「言葉狩り」や「表現の自由の侵害」を招いていると非難した。反対派のキャンペーンを通して、PCを、「犠牲者」の立場から多数派を攻撃する硬直的な運動と見なす解釈が一般化した（Gitlin 1995: Berman ed. 1992）。

多文化主義に対する批判的な雰囲気を形づくったのは、アフリカ中心主義やPC論争をセンセーショナルに取り上げるメディア報道や、保守的な評論家・政治家による攻撃だけではない。文化的多様性の尊重という関心を共有していたリベラルな文化多元主義の立場からも、多文化主義への批判が繰り返された。むしろ、多文化主義に対する批判を通して、２つの多元主義がそれぞれの明確な姿を現したと言えるかもしれない。そのなかで、AA、多文化教育、二言語教育などの政策や運動が、多文化主義という名のもとで一括されるようになり、多文化主義という言葉は、否定的にせよ肯定的にせよ、強い政治的含意を持つ語として知られるようになった（辻内 2001: 64）。

多文化主義をめぐる論争は、多様性を尊重する社会はどのようにあるべきかを問う。多文化主義を公式に定義していないアメリカでは、多文化主義政策を正当化する理念やその実践のあり方も論争によって大きく揺らいだ。公民権運動が示した「差別のない社会」という課題に挑戦してきたアメリカ型多文化主義は、どのようにその形を変えたのか。本章では、多文化主義をめぐる論争の構図を明示するとともに、論争のなかで多文化主義自体がどのように変容したのかを明らかにする。

7.2 多文化主義に対する批判と対応

7.2.1 アファーマティヴ・アクション批判（１）――「逆差別」裁判と多様性規範

アメリカ型多文化主義の端緒を開いたAA政策は、開始当初からさまざまな批判を集めてきた。そのパターンはいくつかあるが、最も典型的なものが、1978年の連邦最高裁におけるカリフォルニア大学評議会対バッキ判決（*Regent of the University of California v. Bakke*）をめぐる論争である。1973年と74年に、白人男性のアラン・バッキはカリフォルニア大学デイヴィス校医科大学院に出願し、いずれも不合格となった。バッキは、不合格を不服とすると同時に、同大学院の定員100名中16名分を非白人学生のみを対象とする「特別措置入試」が、「人種クオータ（割当）」であり、白人学生に対する「人種差別」であると訴えた。メディアは、バッキ裁判を「逆差別（reverse discrimination）裁判」という言葉で表現した。これは、AAや一連の人種統合政策に対して白人層が抱いていた反感を言語化し、その後の公民権改革に対するバックラッシュを支える言説のひとつになった。

「逆差別」に象徴される反AA論は、文化多元主義的な立場によるAA批判とも共鳴した。たとえば、エスニシティを私的領域や自発的基盤においてのみ認められるとしたネイサン・グレイザーは、AAが、公的領域における特定の人種エスニック集団への政府の介入であり、国家による「積極的差別」であると批判した（Glazer 1975）。政治哲学者マイケル・ウォルツァーは、「国家、そして政治の第一の役割は、個人に対して正義を為すことにあり、多元社会において、エスニシティはこのような努力を進めるうえでの、単なる背景のひとつに過ぎない」と述べ、やはり集団を単位とした国家の介入を批判した（Walzer 1980: 787）。以上の議論は、AAを、国家や公的機関が集団の利益のために積極的に介入する行為であり、個人主義やメリトクラシー（業績主義）を軸としたアメリカの理念から逸脱するものと批判した。

連邦最高裁によるバッキ判決は、AAのあり方を大きく変えた[2)]。判決は、「社会全体としての差別」のための救済措置としてAAを正当化できないと述べ、グリッグス対デュークパワー社判決などで認められてきた過去の差別に対する救済措置、いわゆる補償的正義の方法としてのAAという考えを否定した。そして、人種の区別のみにもとづいて「線を引く」カリフォルニア大学の特別措置入試は憲法上認められないとして、バッキの入学を認めた。その一方で、入学の判断において「人種」を用いることについては、「多様な学生集団を獲得する」という目標のもとでは正当化できると説明し、AAそのものを否定はしなかった。バッキ判決は、制度的人種主義への救済措置としての役割を否定すると同時に、「多様な学生集団」を獲得するための手段としてAAを認めることで、AAの正当化原理を組み換えたのである。

バッキ判決は、AAのあり方、そしてアメリカ型多文化主義の構想に決定的な変化をもたらした。第一に、AAのようなマイノリティ支援のための積極的な取り組みを、白人など多数派に対する「逆差別」とする語り方を定着させた。その前提には、公的領域においては人種エスニックな相違に対して中立・不介入の原則を維持するべきという文化多元主義的な社会観、そして、人種による区別を考慮しないことを理想とするカラーブラインド主義（第3章も参照）があった。第二に、AAを正当化してきた補償的正義の考えを、「人種クオータ」であるとして否定したことである。これ以降、一定の割合を人種マイノリティに割り振るようなAAの形は否定され、大学入試や雇用の際に、人種をひとつの要素として考慮する程度のものにとどまるようになった。そして、第三に、AAを正当化する論理が、反人種主義に代わって、多様性を実現すべき理想とする多様性規範へと置き換えられた。これは、多文化主義の目的を、過去の差別の解消と補償から多様性の実現へと組み換える契機となったのである（南川 2021: 149-153）。

7.2.2　アファーマティヴ・アクション批判（2）――アンダークラス論争

さらに、AAの是非は、その政策的な有効性という観点からも問われた。1970年代以降、たしかに教員、医療、経営、ホワイトカラーなどの仕事に黒人が参入することが増え、安定した経済基盤を持つ黒人ミドルクラスも生まれた。AAは、このような黒人ミドルクラスの誕生を下支えした。しかし、その反面、大都市を中心とした「アンダークラス（underclass）」と呼ばれる貧困層の存在にも注目が集まるようになった（Marable 2007: 147-153）。

社会学者ウィリアム・ジュリアス・ウィルソンは、低い教育と不安定な雇用によって社会的階梯の底辺に位置づけられている人びとを「アンダークラス」と呼んでいる。アンダークラスの形成は、高校中退、失業率、貧困率などの統計的要素だけでなく、大都市中心部のゲットー地域に集住するという地理的要因からの説明が必要であるという。1970年代に起きた製造業の海外移転と都市経済のサービス業への移行は、都心部に高度専門職への新しい需要を生み出すと同時に、非熟練労働者を吸収してきた製造業の急速な縮小と非正規化を導いた。その結果、マイノリティの労働者を吸収し、社会上昇をもたらしてきた労働市場は解体し、都心部の貧困層の生活環境の改善を見込むのは難しくなってしまった。グローバルな経済的構造転換は、ゲットーという空間を社会上昇の機会から切り離し、そこに住む黒人やヒスパニック貧困層がアンダークラスの貧困の連鎖から逃れることはますます困難になった（Wilson 1987）。

AAが導入された目的は、居住・教育・雇用・犯罪の「負の連鎖」を断ち切り、制度的人種主義を克服することであった。しかし、ウィルソンは、「人種に特化した」AA政策では、アンダークラス問題に対処することはできないと主張する。なぜなら、アンダークラスは、その階級的問題（貧困、失業、不安定雇用、教育など）が地理的に隔離されることで生じる現象であり、その問題を人種問題のみに還元することは、「本当に不利な人びと」の救済にはならないからである。実際、人種という基準にもとづいたAAの恩恵を最も受けたのは、ゲットーに住む貧困層ではなく、もともと自営業や専門職についていたミドルクラスの黒人層であった。AAは、黒人集団内の相対的に優位な立場にいた人びとと、「本当に不利な人びと」とのあいだの格差を維持・拡大する側面も有している。ウィルソンは、アンダークラス問題に対しては、人種に関係なく貧困層を広く支援できる一般的な政策が必要であると訴えた（Wilson 1987）。

AAの政策的効果については、他の観点からも疑問視された。たとえば、黒人知識人のシェルビー・スティールは、AAは、黒人のあいだに「犠牲者」意識を植え付け、優遇措置や割当への依存を作り出すと批判した（Steele 1990）。AAは黒人エリートやミドルクラスの形成を支える政策であったが、その恩恵の有無にかかわらず、黒人やマイノリティのエリートのあいだでは、AAで「優遇」されたという「負い目」や「犠牲者」意識を植え付けられる。それゆえ、黒人エリートのあいだでは、AAの廃止を要求し、人種を考慮しない業績にもとづいた評価を望む声も少なくない（Connerly 2000）。このような声は、カラーブラインド主義への志向を強化するとともに、黒人やマイノリティ出身の保守派知識人・活動家を生む重要な要因となっている（Dillard 2001）。

以上のように、アンダークラス問題のような人種と階級が複雑に交差する貧困問題の処方箋としても、そして人種マイノリティの自立と尊厳を獲得するための政策としても、人種に特化したAA政策には限界があることが指摘されるようになった。AAが、マイノリティ人口内部の格差や不平等を拡大したり、「犠牲者」意識への依存を助長したりするという指摘は、AAという政策が抱える課題を浮き彫りにした。

7.2.3　多文化教育論争と「文化戦争」

1980年代から90年代にかけての多文化教育の導入は、多文化主義に対する「文化戦争」と呼ばれる激しい論争を引き起こした。ここでは、多文化教育を反映したカリキュラム改革、「正典（canon）」と呼ばれる重要テキスト選定の見なおし、「多文化のアメリカ史」像の探求、マイノリティの子どもに対する教育手法などに厳しい批判が集中した。多文化教育の考え方は、アメリカを構成してきた複数の文化や歴史を、対等に尊重されるべきものとして扱うことを求め、ヨーロッパの思想や作品も複数あるなかのひとつと見なす傾向がある。それゆえ、ヨーロッパ的な伝統を重んじる立場の知識人から強い反発を招いた（Bloom 1987）。

「文化戦争」の舞台となったのは、大学、公立学校、学術研究助成から公共放送事業や博物館・美術館の展示まで多岐にわたった。いずれも人種、ジェンダー、セクシュアリティの視点から既存のプログラムを見なおす試みを、保守的な政治家やメディアが「急進的」「過激」と煽り、「社会の大勢とは相容れない」と問題視したものであった（樋口 2001=2021: 260-263）。それは、公民権改革を推進する政治家やマイノリティ団体をエリート主義的な「公民権エスタブリッシュメント」と呼んで批判する保守派によるバックラッシュとも連動していた（Dillard 2001: 59-60）。

「文化戦争」における多文化教育批判において注目すべきは、「リベラル」という政治的立場を自認する文化多元主義者の議論である。その典型は、歴史家アーサー・M・シュレジンガー・ジュニアや教育学者ダイアン・ラヴィッチの議論に見られる。シュレジンガーとラヴィッチは、多様性の尊重や人種主義の拒否を訴えながらも、多文化教育を採用しようとするニューヨーク州の教育改革に対して、「歴史をセラピーとして利用する」行為であり、「人種集団間の敵対的な関係」を煽る「歴史修正主義」であると批判した（Committee of Scholars in Defense of History 1990）。シュレジンガーは、ニューヨーク州で多文化教育導入が検討された際、反対派としてその検討に関わった。そして、カリキュラム改革に対する自身の経験をもとにした著書『アメリカの分裂』を発表し、多文化教育は「エスニシティのカルト」「エスニックなチアリーディング」「歴史の歪曲」であるとする従来の主張を繰り返した（Schlesinger 1991a）。

また、シュレジンガーは、多文化主義のヨーロッパ中心主義批判にも反発した。シュレジンガーは、「アメリカ文化の独自性は、ひとつの共通言語と、民主主義と人権の理想に対する共通の支持にもとづいたもの」であることであるとし、「ヨーロッパは、これらの理想の唯一の起源」と主張した（Schlesinger 1991b: 47、強調は原著者による）。このような批判は、英語やヨーロッパ出自の文化を、非ヨーロッパ出身の人びとにとっても共有可能な普遍性を持つ共通文化と考え、ヨーロッパ文化をアメリカ民主主義や市民社会にとって唯一の起源と差別化した。文化多元主義は、自由や民主主義といった普遍的とされる価値にもとづく共通文化が、ヨーロッパの歴史的・文化的伝統から生まれたものであると明言し、その相対化を追求する多文化主義を攻撃した。

このような一連の論争は、多文化教育を、AAと同様に「行き過ぎた」社会改革の象徴と位置づけ、その否定的なイメージを決定づけた。ただし、多文化教育が、「文化戦争」が強調するような対立をもたらしただけではないことも指摘しておくべきだろう。たとえば、AA批判で知られる社会学者ネイサン・グレイザーは、ニューヨーク州教育改革では多文化教育の導入を擁護する立場をとった。グレイザーは、多文化主義を「逸脱」や「過激主義」と同一視する態度を批判して、とくに黒人の教育における多文化主義の発想の必要性を説いている（Glazer 1997）。

また、ニューヨーク州住民を対象とした世論調査の結果も、多文化教育の必要性を示唆している（表7.1）。調査では、公立学校教育の目標として、「人種エスニック集団別の歴史」を教えることと、「アメリカ人が共有すべき共通の

表7.1　ニューヨーク州の公立学校における多文化教育についての世論調査（1991年）

公立学校教育の内容として重要なのはどちらか	全体（%）	白人（%）	黒人（%）	ヒスパニック（%）	その他（%）
人種エスニック集団別の歴史とその相違	11.2	8.0	20.1	20.3	20.0
アメリカ人として共有すべき共通の遺産と価値	46.2	54.2	31.3	30.5	44.4
どちらがより重要であるとは言えない	40.2	37.8	48.5	49.2	35.6

出典：“New York State United Teachers 1991 Education Opinion Survey, Final Report” 10-11.

遺産と価値」を教えることのどちらが重要かという質問に対して、「共通の遺産」という回答が46.2%で最多となった。しかし、注目すべきは「どちらがより重要であるとは言えない」という回答も40.2%を占め、とくに黒人やヒスパニックでは同回答が半数近くを占めたことである。そして、歴史教育の内容については、「アメリカ史の伝統的な出来事」と「人種エスニックな人びとの貢献と経験」の両方を扱うべきという回答が88.5%を占めた[3)]。これは、公立学校教育の枠組でマイノリティの経験を学ぶことの重要性が認識されていたことを示唆している。

「文化戦争」に巻き込まれたニューヨーク州教育改革は、反人種主義やヨーロッパ中心主義批判を軸とした提案を取り下げ、最終的には「多様性と統合のバランス」を強調したカリキュラムを採用するにいたった。その提案は、先述したニューヨーク州住民の動向ともある程度一致していたと言えるだろう（南川 2021: 180-185）。1980年代末から90年代にかけて、各地で導入が検討された多文化教育カリキュラムは、その多くが、多文化主義的な関心を部分的に反映させつつも、文化多元主義的な「統合」を基軸としたものになった（Cornbleth and Waugh 1999）。

7.2.4　本質主義批判

多文化主義論争は、その教育実践としての側面だけでなく、それが前提とする理論的な観点、とくに文化に対する考え方も争点になった。批判者によれば、多文化主義は、しばしば文化を本質主義的なもの、固定的なものと見なす。ここで本質主義（essentialism）とは、個人や社会集団が有する特性が、時間を超越して、実体的な「本質」として存在することを前提とした考え方である（太田 1998: 145）。この考えのもとでは、たとえば黒人文化というものにはなんらかの本質的な要素があり、それは黒人として生まれた人間が必ず持っている（べき）ものと考えられる。多文化主義が、個人のアイデンティティへの覚醒を想定するとき、このように実体的で本質主義的な「強い」アイデンティティ概念を前提としたものになりやすい（Brubaker 2004: 37）。集団への帰属によって処遇が左右されるAAも、人種が実体として存在することを前提とする政策実践であるかのように見える。それゆえ、多文化主義は、自己完結的な文化的本質を有する集団が複数集まった「複数の単一文化主義」を想定していると見なされることもある（Sen 2006: 157）。多文化主義が本質主義的なアイデンティティを強制しているとすれば、それは「ある種の専制を別の専制に置き換え」ただけだと言えるかもしれない（Appiah 1994: 163）。

このような文化の本質性や固定性を前提とした社会観には限界がある。人種や文化は、何らかの本質を有するというよりは、特定の社会制度のなかで歴史的に構築されたものである（第2章を参照）。「アメリカ黒人」の定義や境界も、奴隷制、人種隔離、公民権期以降の各時期において一定したものではない（Davis 2001; 中條 2004）。そして、「ブラック」「イエロー」「インディアン」は、歴史的には白人側が差別的な含意を持って使用した呼び名であり、それを抵抗のためのアイデンティティとして再定義したものである。本質主義的な「真正なもの」とされるアイデンティティも、歴史的な排除・差別・抑圧の経験を共有することで構築されるという歴史性や恣意性を持っている。このような視角によれば、アメリカの多文化主義を支える人種エスニック五角形もまた、本質主義的な5つの集団の並存としてではなく、歴史的な人種主義の経験に根ざして構築された政治体制として認識される。多文化主義を、人種やアイデンティティの本質主義を前提とするのではなく、そのようなカテゴリーが構築される歴史的過程とそのなかの不平等や不正義へアプローチする構想と見なすことも可能だろう（辻内 2001）。

本質主義に対するもうひとつの批判として、「文化のなかの少数派」問題がある。スーザン・M・オーキンは、「多文化主義は女にとって悪なのか」と題した論文のなかで、多文化主義において尊重される文化が、女性に対する人権侵害や抑圧的な慣習を含んでいる場合について議論している。たとえば、女子割礼（女性器の一部の切除）や、夫を失った女性の殉死など、女性への明らかな人権抑圧を含む文化的習慣が存在している。また、女性の教育を受ける機会を制限することや、結婚前の交際や性行為に対する（女性側への）罰、同性愛の否認、学校や家庭内における体罰の容認、親が子どもを巻き込む無理心中など、ジェンダーやセクシュアリティ、子どもの権利を抑圧する行為が、文化という名のもとにおいて正当化されることがある。多文化主義は、「文化の一部」と主張される抑圧的慣習に対して、どのような態度をとるのか（Okin 1999: 22-

23)。

ウィル・キムリッカは、リベラリズム擁護の立場から、明らかな人権の抑圧が行われる文化に対して集団の権利を容認することはできないと答える(Kymlicka 1995: 153)。しかし、性に対して抑圧的な文化とそうでない文化を、明確に峻別することができるだろうか。たとえば、文化的な価値観を根拠にした、性別分業の押しつけや同性婚の否定は、先進諸国やキリスト教社会においても広く存在している。どのような文化的価値観を社会構成文化として認めるのかという問題に、多文化主義の立場から回答することは決して容易ではない。

このように、文化を固定的にとらえてしまうと、その文化の内部における権利の侵害や制限、抑圧、非寛容といった問題に対して有効なアプローチを提供することが難しくなる。多文化主義は、個人としての権利保護と、集団としての権利の承認のあいだに、しばしば矛盾を抱えてしまうのである。

7.3 自己変容する多文化主義——多様性とインターセクショナリティ

7.3.1 多文化主義の拡張——性的マイノリティと公民権

アメリカ合衆国では、多文化主義の登場と同時に、その社会観や前提に対する厳しい批判がなされた。多文化主義批判は、1980年代以降の保守派のバックラッシュを形成するとともに、文化多元主義の主流化を導いてきた。一方で、AAの実効性をめぐる議論や本質主義的な傾向に対する批判のように、反人種主義を追求する多文化主義が有する政策的・理論的な限界も指摘された。公的指針を持たないアメリカ型多文化主義は、状況の変化とともに、その姿を変えることによって存続してきた。

1990年代の多文化主義論争の結果、文化多元主義的な社会観を主流とする考えが広まる一方で、AAや教育カリキュラムの一部に、集団を対象として扱う多文化主義政策が継続された。継続の鍵となったのは、バッキ判決に見られた多様性規範への転換であった。反人種主義にもとづく社会改革として始まった多文化主義の取り組みは、多様性の実現という新しい目的によって正当化された。AAは多様な学生集団や職場環境を作り出す手段として、多文化教育は「多様性と統合」のバランスを追求する方法として、それぞれ再定義されることで、制度として継続した（南川 2021）。

また、多文化主義は、反人種主義から多様性のための政策へと傾斜する一方で、その対象をさらに拡張した。とくに、性的マイノリティへの多文化主義の適用は、他の集団と比べて遅れて生じた。1964年公民権法は、「性」による差別を禁じており、女性は、比較的早い段階から反差別政策の対象となってきた。大学進学率の向上や雇用環境の改善は、女性の社会進出を促進した。しかし、性的マイノリティをめぐる取り組みは、ストーンウォール事件以降の社会運動の高揚を経ても不十分なままであった。性的マイノリティに対する差別禁止政策は、連邦レベルでは制度化されておらず、一部の都市や地方レベルの取り組みに制限されてきた（Skrentny 2002: 323）。

1980年代、十分な権利保障の枠組がないまま、同性愛者のコミュニティをエイズ危機が襲った。同性愛者は新しい感染症による健康危機だけでなく、同性愛を「道徳と公衆衛生への脅威」と非難する保守派の攻撃や、一般の人びとからの差別にも苦しんだ。さらに、1986年のボワーズ対ハードウィック判決（*Bowers v. Hardwick*）によって、同性愛者の性行為を罰する法は「プライヴァシーの権利」の侵害ではなく、合憲であると判断された（小泉 2020: 58）。同性愛者は、個人としての権利保障の対象外と見なされたが、性的マイノリティの社会運動は、エイズ問題への連邦政府の対応を求めて声を上げ続けた。

同性愛者の権利を公民権の枠組に位置づける動きが広がったのは、多文化主義論争が活発化した1990年代以降であった。1996年のローマー対エヴァンズ判決（*Romer v. Evans*）は、憲法修正14条の平等保護条項に照らしあわせて、同性愛者に対する敵意や差別にもとづく立法を禁止した。さらに、2003年のローレンス対テキサス判決（*Lawrence v. Texas*）は、平等保護とプライヴァシーの権利の両方の観点から、ボワーズ判決を覆した（小泉 2020: 65, 88-89）。社会学者のクリスチャン・ヨプケは、ローレンス判決の内容は、同性愛者の集団的な尊厳を認める「承認の政治」としての性質を持っていたと指摘している（Joppke 2017: 92）。

同性婚は、公民権のひとつとして同性愛者の権利を擁護する際の有力な争点となった（Chauncey 2004=2006）。1993年にハワイ州最高裁が結婚を男女間に限定することを「性差別」と判断した一方で、保守派は「家族の価値」を訴えて

1996年に同性婚を否定することを各州に認める結婚防衛法（Defense of Marriage Act）の制定を後押しした。同性婚は、人種問題や人工妊娠中絶問題と同様に、アメリカ政治を左右する社会文化的な論争点となった。また、1990年代には、同性愛者だけでなく、トランスジェンダーなどの性別二元論に限定されない多様な生き方を模索する動きも広く知られるようになった（森山 2017: 101）。男女の区別や異性愛を当然視する風潮を批判し、多様な性的指向とジェンダー・アイデンティティの承認を掲げる運動が本格化したのである。

同性婚や性的マイノリティの権利をめぐる論争は、多文化教育とならぶ、もうひとつの「文化戦争」として、21世紀の多文化主義と公民権のあり方と深く結びついている（志田 2006; 小泉 2020）。それは、人種だけでなく他の属性や差別問題へと争点を拡げる多文化主義の拡張性の一部となったが､既存の「秩序」を揺るがし「分裂」「分断」を持ち込む「過激」な運動として､バックラッシュ勢力からの激しい非難を浴びた。1990年代以降、性的マイノリティのアイデンティティ・ポリティクスは、多文化主義の基盤となる公民権の枠組に新しい課題を次々と加えた。

7.3.2 インターセクショナリティと内破する多文化主義

多文化主義においては、人種やエスニシティだけでなく、ジェンダーやセクシュアリティもひとつの「文化」としての承認を求め、政策上の枠組として定着しつつある。しかし、多文化主義に内在するダイナミクスとは、他の属性を文化として尊重し、承認する要求を増やすだけではない。そこで喚起されるのは、「ひとつの文化」を共有するとされる集団の内部に存在する多様な属性への意識である。それは、個人と文化と集団を一体としてとらえる多文化主義が想定する有機的関係を内側から切り崩し、その内部に存在する権力関係や抑圧の構造へと目を向けさせる。

多文化主義の「文化」の枠を広げる作業は、人種主義による抑圧に性差別やLGBT差別などを加算するのではなく、個人が経験する抑圧を権力関係の交差のもとで理解するインターセクショナリティの視角を要請する（第３章も参照）。マイノリティ女性の視点に依拠したフェミニズムは、抑圧の起源を人種やジェンダーなどの単一の要因に還元するのではなく、そこに作動する人種主義と家父長制など複数の支配的な社会体制の相互交差を問題とする（hooks 1984, Collins 1990）。マイノリティ集団のなかの少数者や弱者の声をいかに反映させるかは、多文化主義があぶり出した重大な課題のひとつであると言えよう（Spivak 2010）。

人種主義、性差別、異性愛主義などの交差する抑圧の構造に対峙する人びとの抵抗や葛藤の経験は、多文化主義が前提としてきた集団像や「多からなる一」という理想のあり方を問いなおしている。たとえば、批評家リサ・ロウは、「多様性」の名のもとで、多文化主義が、人種・階級・性的なマイノリティ集団からの「合意」を引き出す支配のための戦略として利用されていると指摘する。そして、マイノリティを組織し、抵抗するための概念として多文化主義を再定義することを提案している（Lowe 1996: 42）。

そこで、ロウが挙げるのが「アジア系アメリカ人」の再定義である。「アジア系アメリカ人」は、汎エスニックな出自とアメリカ市民であることを組み合わせた文化多元主義的な意味で理解されてきた。しかし、「アジア系」のなかには言語的・文化的に異なった移民集団（中国系、インド系、フィリピン系、韓国系、日系など）、階級的な地位が異なった人びと（エリート出自の選別された移民と難民や労働者階級など）、ジェンダーやセクシュアリティにもとづく差異や抑圧（家族再結合による女性移民、家事労働者や看護師などのジェンダー化された労働、「アジア人」女性への性的ステレオタイプなど）が内包されている。「アジア系」は、内部に格差や対立を内包しながらも、人種間結婚の比率も高く、集団の境界自体が曖昧である（Frey 2018: 196）。ロウは、「アジア系アメリカ人」は、多文化のアメリカを形づくる「集団」であると同時に、その内部にある異質性、混淆性、複数性をめぐる権力関係ゆえに、ひとつのアイデンティティとして完成することはない、動態的なカテゴリーであると主張する。ロウが提起する多文化主義とは、固定的なカテゴリーを前提とするのではなく、インターセクショナルな権力作用に注意を払い続ける批判的な視角を重視するものであった（Lowe 1996: 64-68）。同様に、文化の複数性や混淆性に注目するアプローチとして、メキシコ系詩人でレズビアンでもあるグロリア・アンサルデュアの実践も挙げられる。アンサルデュアは、「メキシカン」と「アングロ」の２つの世界の間、越境的な「ボーダーランド」という視点から、アイデンティティの柔軟性や複数性を前提としたフェミニズムの刷新を求めている（Anzaldúa 1987=1999: 19）。

インターセクショナリティをめぐる議論は、多文化社会における複合的な抑圧構造とそのなかでのアイデンティティ形成のあり方を明らかにしたが、このように細分化し多面化する権力作用に対処する社会政策モデルをデザインするのは容易なことではない。多文化主義が想定してきた集団文化の「承認」という従来の方法と、人種、ジェンダー、階級、セクシュアリティなどの交差による抑圧とアイデンティティの経験は、どこまで適合的であるのかが問われている。

多文化主義は、人間として生きるうえでの集団の文化の重要性を強調し、そのような文化やアイデンティティへの配慮を求める。しかし、その多様性や文化を重視する志向ゆえに、集団内部における多様性への意識も喚起する。その結果、多文化主義は、特定の集合的アイデンティティを優先的なもの、根本的なものと見なす志向と、その内部における多様性に配慮しようとする志向が交差する、自己矛盾的なダイナミクスを内在させる。多文化主義とそれが喚起する多様性やインターセクショナリティは、しばしば、もともとあった理論的な土台を切り崩す、内破的と言うべき性格を持っている。

リサ･ロウらの提案する批判的多文化主義は、その内破性を肯定的に評価し、変革のための社会運動としての実践を推進するものである（米山 2003）。また、教育学分野でも、脱中心化、多様性の多様化、ハイブリディティを原則とする脱本質主義に、多文化教育プログラムの意義を認める動きもある（松尾 2007: 122-123）。多文化主義のモデルは、保守派や文化多元主義者からだけでなく、その内破的な性格によっても、常に挑戦にさらされ続けている。そして、多文化主義が有する内破性にこそ、多文化主義の可能性があるという視点もまた、議論の幅を広げている。

7.4　アメリカ型多文化主義の変容と定着

アメリカ型多文化主義は、人種マイノリティの社会運動が描いた人間像と、公民権運動以後の人種主義体制に対峙した連邦政府主導の社会改革の相互作用のなかで構築された。しかし、多文化主義は、しばしば文化多元主義を理想とする人びとには、「行き過ぎた」多元主義と解釈され、厳しい批判と激しい論争を巻き起こした。1978年のバッキ判決は、AAの目的を、制度的人種主義への介入から多様性の実現へと変えてしまった。さらに、1980年代のロナルド・レーガン政権時代には、連邦主導の社会改革や福祉政策が攻撃対象となった。市場主導の「小さな政府」を目指す新自由主義とキリスト教にもとづく保守的道徳観を重視する新保守主義の隆盛は、福祉的色彩の強い多文化主義への支持基盤を縮小させた。そして、「文化戦争」と呼ばれた論争のなかで、文化多元主義と多文化主義の対立軸が明確になったが、1990年代以降の多文化主義は多様性規範という論理に依拠することで制度化・維持されることとなった。そして、その内部には、インターセクショナリティや内的異質性を反映した自己矛盾的なダイナミクスを抱えることとなった。

多文化主義が批判にさらされながらそのかたちを変えていく一方で、多様性は、ポスト公民権期のアメリカ社会に共有されるべき規範として定着した。「多からなる一」の理念において、多様性の価値を否定し、アングロ・コンフォーミティの復活をあからさまに求めることは、保守的な立場においても主流とは言えなくなった。むしろ、新保守主義者とも言われる社会学者のネイサン・グレイザーは、1997年に『われわれは、今やすべて多文化主義者である』という著書で次のように宣言した。

> 私が、多文化主義は勝利した、われわれは今やすべて多文化主義者であると言うとき、それが意味しているのは、現在、私たち全員が、学校における歴史、社会科、文学のクラスでマイノリティや女性たちとその役割に大いに注目するようになったということだ。（中略）多文化主義は、すべての集団が独自の方法で承認されるべきであるという普遍的な要求となったのである（Glazer 1997: 14）。

グレイザーは、ニューヨーク州教育改革に関わった経験から、「すべての集団が承認されるべき」という多文化主義の要求を、20世紀末のアメリカ社会の「普遍的な」社会編成原理として受け入れたという。多文化主義批判の先鋒に立ってきたグレイザー自身に、皮肉まじりであれ「みな多文化主義者だ」と言わしめたことは、アメリカ多文化社会の言説編成に、多文化主義の言語が深く入り込んだことを示している。

また、アメリカ社会への多文化主義の浸透は、現代のアメリカ移民にとっても重要な意味を持っている。社会学者アイリーン・ブロムラードは、20世紀末のポルトガル系移民とヴェトナム系難民の調査から、多文化主義の言葉やイメージが移民に広く共有されており、移民が自身をアメリカ社会の一員として認識することを助け、社会統合を支える役割を果たしていると指摘している。多文化主義は、「移民の国」アメリカを象徴する言説として、多くの移民によって肯定的に受け止められている。多文化主義が「分裂」を招くという典型的な批判に反し、多文化主義が喚起したアメリカ社会像は、帰化による市民権取得、エスニック組織や市民組織などを通した社会参加、そして社会運動や選挙を通した政治参加を促進し、市民的統合を支えている（Bloemraad 2006)。多文化主義は、移民や人種マイノリティがアメリカに自分たちの「居場所」を見出すことを容易にしたと言える。

多文化主義は、多くの批判を集め、かたちを変えながら継続してきた。一方で、それが体現する価値の一部は人びとの日常生活にも浸透し、とくに移民の市民的統合を促進する一因となっている。21世紀の「多からなる一」の構想は、このように変容する多文化主義が、新たな社会的課題や人口統計学的な変化にどのように対応できるかを問うものとなった。

1） *Washington Post*, December 11, 1991.

2） The Regents of the University of California v. Bakke, 438 U.S. 267, June 28, 1978.

3） "New York State United Teachers 1991 Education Opinion Survey, Final Report. Sections on Multicultural Education," November 12, 1991.

第Ⅲ部

21世紀のアメリカ多文化社会

第8章

多様性時代における「多からなる一」
――オバマ現象と新自由主義――

8.1 多様性の世紀

21世紀は、「多からなる一」を追求する政治がいっそう混迷した時代である。20世紀後半、多様性を尊重しながら社会的な包摂を追求するモデルとして、文化多元主義と多文化主義が競合し、実際の政策は両者が混合したものとなった。しかし、両者は、1965年以降の非ヨーロッパ系移民の増加や2000年センサス以降の複数の人種アイデンティティの承認など、新たな人種関係をめぐる変化のなかで大きく動揺している。とくに、一人の人間がひとつの帰属意識を持つことを基準とするモデルは、複数の帰属意識を持ちうる多人種系の人びとに対してだけでなく、人種、階級、ジェンダー、セクシュアリティ、宗教などが交差し、社会的文脈に応じてかたちを変える柔軟で多様なアイデンティティのあり方を十分に反映することができない。

本章では、21世紀に顕在化した文化多元主義と多文化主義の限界に対し、どのような「多からなる一」のモデルが描かれてきたのかを論じる。「多からなる一」の構想において、「多」を「一」へと収斂させる同化主義は後退し、「多」を尊重しながら「一」を導く多元主義が主流となった。しかし、「多」は常に対等であったわけではない。「多」のあいだには歴史的に規定された一方的なカテゴリー化とそれにもとづく不平等が存在し、その不平等な状況のなかで、いかに「多」のあいだの関係性を構築するかが問われている。

多文化主義は、現在の不平等な集団間関係を過去の人種主義によって規定されたものと位置づけ、対等な関係性に到達するための取り組みを求めた。それは、過去の人種主義のなかで生まれた集合的アイデンティティを、個人としての生き方から切り離せないものとして重視する。しかし、第７章で見たように、人種アイデンティティに固執する多文化主義に対して、ヨーロッパ中心のアメリカ観を重視する保守派や一部の文化多元主義者、「肌の色に左右されない」社会を理想とするカラーブラインド主義だけでなく、人種集団の内部にある多様性やインターセクショナリティの観点からも批判が寄せられている。

一方で、21世紀は多様性に対する肯定的な態度が支配的になった時代でもある。2018年のピュー・リサーチセンターの世論調査によれば、回答者の57%が、多様な人種的・民族的背景を持つ人びとで構成されることが、アメリカにとって「たいへんよいこと」と回答し、これに「ある程度よいこと」と回答した人を加えれば、全体の77%にのぼる。その比率は人種別に見ても極端な相違は見られない（白人の75%、黒人の75%、ヒスパニックの80%[1)]）。多様性が支配的価値となった時代状況のなか、人種マイノリティが直面する不平等の問題、流動化・複合化する集団のあり方にどのようにアプローチするかが問われている。

多文化主義への批判と変容が顕在化した1990年代以降、多様性の実現という目的を共有しながら、「多からなる一」はいかに描きなおされてきたのか。とくに、多様性を推進する潮流は、2009年にバラク・オバマがアメリカ史上初の「黒人大統領」に就任したことで、ひとつの到達点を迎えたように思われる。本章では、オバマ現象へと結実する多様性規範にもとづく「多からなる一」の再構想の過程を追跡する。

8.2　多文化主義を超える？——ポストエスニックなアメリカ

8.2.1　ポストエスニック・アメリカ

21世紀における多文化主義に対する批判的再検討として注目を集めたのが、1995年に「多文化主義を超えて」という副題を伴って発表された歴史家ディヴィッド・A・ホリンガーの著書『ポストエスニック・アメリカ』であった。ホリンガーは、構築主義的なアイデンティティ論を下敷きに、白人、黒人、先住民、ヒスパニック、アジア系の５つの集団をアメリカ社会の主要ブロックと考える人種エスニック五角形を批判的に分析した。人種エスニック五角形は、各集団が経験してきた歴史的な差別や抑圧にもとづく枠組であるが、これはアメリカ社会における多様性を５つの主要集団をめぐるイシューへと還元し、個人よりも主要集団のアイデンティティを優先させる（Hollinger 1995: 43）。ホリンガーは、人種エスニック五角形を前提とした多文化主義を批判し、「ポストエスニックな視角」の重要性を訴えた。ポストエスニックな視角の基本的な前提は、以下の一文に集約される。

> ほとんどの個人は、同時に多くのサークルのなかを生きており、実際に、個人として生きることとは、その個人が参加する複数の「われわれ」を分業しながら、そのあいだを移行し続けることを伴っている（Hollinger 1995: 106）。

多文化主義は、人間として生きる基本的な条件としてひとつの集団文化の保持を主張するが、ホリンガーは、個人が複数の「サークル」に所属し、その帰属意識を状況に応じて使い分けると考えた。そこで、「一人の人間がひとつ以上の変化の途上にあるコホートに帰属する社会的な過程」を示す「帰属（affiliation）」をもとにしたモデルを提起する（Hollinger 1995: 6）。帰属は、「生まれ」や「血統」によってあらかじめ決定するものではなく、状況に応じて変化しうる柔軟性と、その状況に直面した個人の自発的な選択にもとづくものとされる。ホリンガーは、いくつかの人種マイノリティが背負ってきた歴史的差別の遺産や社会経済的な地位の問題を無視しているわけではない。それゆえ、帰属の選択の自由度は、人種ブロックによって著しく異なる（Hollinger 1995: 39-40）。それでも、ホリンガーは、帰属集団は一人一人が一生をかけて主体的かつ自発的にコミットしたものと見なすべきだと強調する。その帰属意識は常に反省的に問いなおされ、そこからの離脱や他の集団への移行も選択肢に含まれる（Hollinger 1995: 116-117）。

ホリンガーは、人種主義の重要性を認めつつも、個人の帰属をあらかじめ決定されたものと見なす多文化主義の議論を批判する。複数の帰属意識が公式に認められた現在、人種エスニック五角形と固定されたアイデンティティ概念に拘束された多文化主義から「多からなる一」を構想するのは困難になりつつある。さらに、人種だけでなく、階級、ジェンダー、セクシュアリティなど個人が背負う属性の複数性が自明になってきたことも、ホリンガーの多文化主義批判を後押しした。帰属という概念を中心に据えるポストエスニシティ論は、人種、ジェンダー、セクシュアリティ、階級、宗教、居住地、出身国、年齢、職業など、多様な「サークル」の一員として個人を位置づける。そのため、ポストエスニックなアメリカ社会とは、状況に応じて複数の帰属意識を持ちうる個人を軸として構成される社会であり、個人よりも単一の集団アイデンティティを優先するような政策は批判の対象となる。

ホリンガーのポストエスニシティ論は柔軟で可変的なアイデンティティを想定する未来志向を持つ一方で、慣習的と言える視角も有していた。彼は「ポストエスニックなアメリカ」を体現する存在として「ヨーロッパ出身のミドルクラスのアメリカ人」を挙げ、人種マイノリティにその態度を追随することを求めた（Hollinger 1995: 129）。このようなヨーロッパ系の経験をモデル化する態度は、同化主義や文化多元主義と共通している。ホリンガーのポストエスニシティ論は、既存のヨーロッパ中心主義的な前提を抱えつつ、人種間結婚の広がり、多人種系の承認、ジェンダー、セクシュアリティ、階級などの多様な属性との交差を念頭に入れた新しい枠組として提示された。

8.2.2　同化概念の復活

多文化主義への批判が高まるなか、一度は古い概念として葬られたと考えられた同化概念を、移民やエスニシティをめぐる社会学の新たな基本概念として再定義する動きも見られるようになった。その背景には、1990年代以降、同分野の主要な関心が、1965年以降の非ヨーロッパ系移民の子ども世代、いわゆる「新しい第二世代」へと移行したことがある（Portes and Rumbaut 2001=2014）。アメリカで生まれて育った新しい第二世代は、移民としての文化的・社会的資源とアメリカ市民としての地位の両方を持っている。その多くは非白人であり、移民としての経験と人種マイノリティとしての経験がどのように交差するのかという点への関心も高かった（Zhou 1997）。新しい第二世代への関心の広がりは、20世紀転換期の大量移民時代において支配的概念だった同化の意味を問いなおす機会となった。

社会学者のリチャード・アルバとヴィクター・ニーは、ヨーロッパ系が「白人」であるから同化したとする従来の解釈を批判し、多様化が進む時代を理解するために、同化概念を再検討するべきと主張する。彼らは、同化概念を、アングロ系白人への単線的な同一化ではなく、方向性を持たない偶発的な変化、

「マジョリティとマイノリティのあいだの相違の縮小」として再定義し、言語・労働市場・教育・結婚などの諸側面での移民の変化を分析した。その結果、20世紀初頭のヨーロッパ系やアジア系移民においては、同化が主要な傾向として見られること、現代移民の人種的・階層的多様性は同化の道筋を多様で複雑なものにしていること、しかし、現代移民においても、そのエスニックな境界線は固定されずに曖昧なものになっていることを指摘した（Alba and Nee 2003）。これらの議論は、ポスト1965年移民とその第二世代を理解するための中核的概念として、同化を再提案している。新しい同化論は、エスニック文化の放棄や主流文化への同一化ではなく、多数者と少数者の相互作用のなかで生じるさまざまな変化を主要な研究対象とした（Brubaker 2004; Morawska 2009）。

21世紀における同化概念の復活は、多様な背景を持つ人びとを社会の一員として包摂するメカニズムの解明という課題を再浮上させた。1990年代に多文化主義の政策や理念が「分裂」を招いたと批判されるなか、同化概念を同時代状況に合わせて更新することによって、新たな「多からなる一」像を模索しようとした。そこで、アルバとニーが注目したのは、アメリカの主流（mainstream）における変化であった。20世紀アメリカの主流社会は、世紀転換期の大量移民を「アメリカ白人」として包摂することで成立したが、1965年以降に非白人移民が増加すると、「主流」がアジア系を含む非白人マイノリティを包含するようになった。アルバとニーは、従来の白人と非白人の境界線が曖昧になり、濃淡を伴ったグラデーションを形成しながら、複数の人種を含む「主流」がつくられていると述べる（Alba and Nee 2003: 282-292）。

一方で、修正同化論では、アメリカ社会の人種的階層性が、移民の同化経路を複数化すると考える。西インド系黒人移民の第二世代の間には、アメリカ社会において「黒人」と見なされる人種的カテゴリー化や差別経験により、その周縁化や下降移動が見られる（Zhou 1997）。そこで描かれるのは、多様性を包摂する流動的な主流社会の形成と、「黒人であること」を背景に人種主義的な周縁化や再階層化が同時進行で生じる社会の姿である[2)]（Bobo and Charles 2009; Lee and Bean 2010）。

ポストエスニシティ論と修正同化論は、固定された集団が並列する多文化主義の像を批判し、「多」を構成する集団間の相互作用を通した柔軟性や可変性に注目した。この議論が導く「一」とは、多様性をはらみ、複数の帰属を行き来する個人によって構成される「主流」となる。これは、同化主義や文化多元主義の中核にあるヨーロッパ系を「主流」とする考えと共鳴しながら、ヨーロッパ系アメリカ人に見られる流動的なアイデンティティのあり方を規範化させたものだった。

8.3　バラク・オバマと多様性規範の時代

8.3.1　オバマが描く多文化社会

ケニア出身の父親とカンザス出身の白人の母親を持ち、インドネシアとハワイで育ったバラク・オバマは、ポストエスニシティ論や修正同化論が注目したアメリカの流動性や複数性を象徴する存在と考えられた。たとえば、オバマは、2004年民主党大会での演説で、「黒人のアメリカも白人のアメリカも、ラティーノのアメリカもアジア人のアメリカもない。あるのは、アメリカ合衆国だけだ」と訴えた（Obama 2004=2010: 13）。この演説は、既存のアイデンティティ・ポリティクスの枠組に囚われず、対立を超えた融和と連帯を主張する、新世代の黒人政治家の登場を予感させた。

ホリンガーは、ポストエスニシティ論の観点から、オバマ現象を「アイデンティティ・ポリティクスへの挑戦」であり「黒人であることの意味が不確実なものになる」兆候を示したと評価している（Hollinger 2008）。多人種系としての背景は、複数の人種アイデンティティの承認という潮流と重なり、アフリカ出身の父親の存在は、オバマを、黒人社会内部における移民系の増加を反映した人物とするだけでなく、「移民の国」としてのアメリカの物語の新たな象徴とした（Obama 1995=2007）。

しかし、オバマは、人種主義がいかに黒人の生き方を規定しているのかも強調してきた。ベストセラーとなった自伝では、青年期のオバマが黒人としてのアイデンティティをめぐって経験した葛藤が率直に語られている（Obama 1995=2007）。そして、2008年３月の「より完全な連邦」と題された演説のなかで、彼は「人種や人種主義をめぐる問題が黒人の世界観を根本的なところで形づくっている」と説明した。演説では、奴隷制とジム・クロウ制度が、数世代にわたって破壊的な影響、たとえば、教育隔離、経済機会の不足、財産所有や家計維持の困難、ローンからの排除などを、黒人にもたらしてきたことが指摘されている。オバマは、公民権運動から半世紀近くが過ぎてもほとんどの問題が「未解決」なままであるとして、人種主義に直面してきた黒人の「怒りと苦痛」への理解を求めた。同時に演説では、黒人だけでなく、労働者やミドルクラスの白人が直面する問題――工場の閉鎖、低賃金や職の不安定化、不十分な福祉など――にも言及した。そして、黒人に対して、「過去の犠牲者となるのではなく、過去という重荷を受け入れ」、その正義への渇望を、貧困に苦しむ白人や移民の志と結びつけるよう提案した。一方、白人に対しては、黒人社会の苦難は「心の中にあるだけでなく、差別の遺産として現実に存在している」ことを認めることを求めた。このように、「より完全な連邦」演説では、黒人と白人の相互理解と連帯を進めること、「すべてのアメリカ人」を豊かにするための健康・福祉・教育の必要性を訴えた[3)]。

オバマは、歴史にもとづく不平等や格差を生み出す構造への認識を促しながら、それを乗り越えるために集団間の相互理解や連帯を強調した。2009年の大統領就任演説のなかでも、「多民族からなるパッチワークという資産は（アメリカの）強み」と述べ、その多様性を称賛している（Obama 2009=2010）。本書で繰り返し言及してきたように、多文化主義は、1990年代に多様性規範に依拠しながら、そのかたちを維持してきた。オバマの「より完全な連邦」演説は、歴史的な人種主義の構造に目を配りつつ、多様性の実現を目標とする多様性規範時代の多文化主義のあり方を象徴するものであった。

8.3.2　包摂型多文化主義の構想

オバマの「より完全な連邦」演説は、マイノリティ集団間の相互作用やその社会的包摂を重視する多文化主義のバリエーションと共通点が多い。本書では、それを包摂型多文化主義（inclusive multiculturalism）と呼び、そこから導かれる「多からなる一」の像を明らかにしたい。

包摂型多文化主義は、人種やエスニシティが社会的に構築されるという理論的前提をふまえ、集団の固有性ではなく、多元的な社会における相互作用のなかに、集合的アイデンティティを位置づける（Hartmann and Gerteis 2005: 231-

232)。そのため、集団の存在を前提とするのではなく、多文化主義の基点は常に「個人」となる。それは、ウィル・キムリッカのリベラル多文化主義の構想を敷衍させ、個人の権利を守るという観点からAAや多文化教育を支持する。多文化主義政策や運動は、個人のエンパワーメントという目標によって正当化され、その結果として多様性の実現と市民としての統合があると考えられる[4)]（Philips 2007）。

包摂型多文化主義は、それぞれ異なった文化的・歴史的背景を持つ人びとを社会の成員として包摂することを重視する。同化主義や文化多元主義は、共通文化を獲得することを包摂の条件としてきた。そして、アメリカにおける共通文化は、独立宣言や合衆国憲法に代表される「建国の理念」に加えて、英語やキリスト教的価値などを含んできた。一方、多文化主義は、共通文化を否定し、複数の集団文化の集積としてアメリカ文化を再定義しようとしたが、複数性にもとづくアメリカは、中核となる文化を持たず、分裂や分断を招くことが危惧された。一方、オバマの「より完全な連邦」演説は、各集団の不平等・不正義の経験を理解し、集団間の連帯意識を育むことを、包摂的な社会の条件として挙げている。そして、連帯の育成の契機を、各集団の異議申し立てと権利獲得の歴史に見出した。その典型が、2013年１月の第二期就任演説での次の一節である。

> 私たち、アメリカ人民は、今日宣言します。すべての人間は平等に作られているというもっとも明白な事実は、今日においてもなお、私たちを導く星です。それは、私たちの祖先を、セネカ・フォールズ、セルマ、そしてストーンウォールへと導きました。そして、この導きによって、数多くの有名無名の男女が、ワシントンにその足跡を残し、一人の牧師がわれわれは一人では歩けないと述べたのを聞きました。そして、キングが「私たち一人一人の自由は、地球上のすべての魂の自由と分かちがたく結びついている」と宣言するのを聞いたのです[5)]。

オバマは、「建国の理念」を導きの糸として、1848年に女性の権利の確立を求めたセネカ・フォールズ会議、1960年代の黒人投票権獲得闘争の舞台となったアラバマ州セルマ、性的マイノリティ運動の契機となった1969年のストーンウォール事件へと公民権が拡張される過程を描いている。ここで強調されるのは、アメリカの「建国の理念」の文化的起源が何かということではなく、理念を「導き」とすることで、多様なアメリカ人の権利を拡張し、「市民」として包摂してきたという歴史的経験である。各集団のあいだの連帯の構築とアメリカ社会への包摂は、建国の文書の神話性ではなく、各集団が歴史的苦難を乗り越えるために、その理念を自ら実践し、他集団と相互に影響を深め、権利を拡張してきた歴史物語によって可能となる。包摂型多文化主義は、建国の理念を人びとがどのように解釈し、実践へと結びつけてきたのかに注目し、そのなかで集団間の連帯が構築される過程を重視しているのである。

8.3.3 「多文化による市民社会」の可能性

オバマの「より完全な連邦」が示唆した包摂型多文化主義は、具体的にどのような政策や社会的実践と結びついてきたのだろうか。まず、包摂型多文化主義の前提として、2003年6月の連邦最高裁グラッター対ボリンジャー判決（*Grutter v. Bollinger et al.*）に注目したい。これは、ミシガン大学の入試におけるAAの是非を問う裁判判決で、最高裁は、1978年のバッキ判決をふまえ、「多様性の実現」を高等教育の主要な目的と認める一方で、「多様性」とは人種やエスニシティに限らず、階級、ジェンダー、出身地域などを含めた包摂的な概念と位置づけた。グラッター判決は、AAなどの多文化主義政策が、人種差別の歴史をふまえた補償的正義という目的から離脱し、多様性の実現のための一時的手段として継続されることを確認した（Berrey 2015）。

そのため、「多文化による市民社会」を成立させる論理としても、多様性規範への着目が顕著となった。バッキ判決からグラッター判決にいたるまで共有されてきたのは、異なった考え方や視点の相互作用が、大学の知的コミュニティを豊かにし、それが市民社会とその民主的基盤の安定に結びつくという視点である。このような考え方は、高等教育機関だけでなく、教育隔離や居住隔離のような人種主義に根づいた課題に対する積極的な行動に、新たなミッションを与えた。たとえば、居住隔離は、集団間の相互作用を阻害し、文化的多様性を内包したコミュニティの成立を妨げるものである。そのことが、人種集団間の相互理解よりも対立を、日常生活だけでなく、地域政治に持ち込むことになってしまう。文化的多様性の実現は、アメリカ市民社会の潜在的能力を掘り起こし、その民主的政治過程に対する信頼を高めると考えられる（Weiss 2007）。このような考えを反映し、センサス局は、2015年から地域ごとの人種エスニック な多様性を数値化した「多様性指標」のデータ化を開始している[6]。以上のような文化的多様性を尊重する考え方は、相互作用のなかの集団的アイデンティティと相互理解を重視する包摂型多文化主義を象徴している。

多文化を内包するコミュニティの可能性は、大都市圏の貧困や人種対立といった地域社会レベルにおける取り組みのなかにも反映されている。なかでも、ボストンの最貧困地区のひとつであったダドリー通り地区は、複数の人種エスニック集団のメンバーの主体的参加によって、コミュニティの「再生」に成功した事例として注目を集めている（渡辺 2007）。ダドリー通り地区は、アフリカ系、ラテンアメリカ系、カリブ系、先住民、アジア系、ヨーロッパ系など多様な人種エスニック集団が参加する住民組織が主体となり、各集団の文化や遺産を尊重しながら、地区における居住条件、雇用、生活環境の改善を実現させてきた（Medoff and Sklar 1994=2011）。ダドリー通り地区の経験は、住民による自己決定と、個々の文化的背景を意識したコミュニティ開発の重要性を示唆している。それは、複数の文化的背景を有する人びとの相互作用を基盤とした社会参加の過程が、貧困地区の生活基盤の安定には不可欠であることを物語って

写真8.1　ロスアンジェルス市地下鉄ウィルシャー／ウエスタン駅の壁画

1996年に芸術家リチャード・ワイアットが制作。『往来する人びと（People Coming/People Going）』というタイトルで、多様な人びとが作り出す地域コミュニティを描いている。（著者撮影）

いる。別の角度から言えば、多文化・多人種による地域社会が安定した基盤をつくるために求められるのは、警察による特定人種に対する徹底した取締りではなく、多様な背景を持つ住民が当事者として参加する協働的な実践である。

さらに、包摂型多文化主義は、ネーションの枠外に位置づけられる非正規移民も、その成員として包摂しようとする。たとえば、2006年の移民管理の厳格化を目指した移民法改革に対する抗議デモは示唆的である。全米160以上の都市で約500万人が参加したと言われる抗議デモには、非正規移民も「移民の国」アメリカの歴史的遺産を継承する人びとであるという訴えが繰り返された。抗議デモでは、厳格化の標的となったヒスパニックだけでなく、同じ移民の背景を持つアジア系や「移民の国」の物語から排除されてきた黒人もまた、「移民の権利」の保障を訴えた。このデモが体現したのは、「移民の国」という理念が、アメリカ市民だけでなく、非正規を含む移民労働者の権利を擁護するというかたちで、「市民」の境界線を越えて共有されたことである。デモの動員では、スペイン語ラジオが大きな役割を果たし、アメリカ国歌がスペイン語で歌われるなど、「移民の国」アメリカの理想や理念がスペイン語で表現された（Voss and Bloemraad ed. 2011）。アメリカの理想を多言語で表現し、正規の滞在資格を持たない人びとにもその対象を拡張することで、異なった法的地位にある人びとを多文化で構成される地域コミュニティの一員として包摂する動きであったと言える。

そして、このような「多文化による市民社会」への包摂を支える基本的な概念として、公民権を再定義することができる。オバマが強調したように、公民権は、マイノリティの闘争の歴史と結びつき、それを実現・維持するためには多様な人びとのコミットメントが求められる。公民権運動は、人種隔離制度の廃止だけでなく、さまざまな人種マイノリティ、女性、性的マイノリティの権利拡張の運動として展開された。よって、個々の権利拡張の歴史は「多文化による市民社会」の構築に結びついている。「多文化による市民社会」への参画は、自身の集合的アイデンティティを認識する機会となるとともに、異なった背景を持つ人びとを理解し、連帯をつくることを助ける。公民権を実現するための市民社会への参画過程こそが、異なった背景を持つ「多」のなかから「一」を見出す契機と考えられるのである。

8.4 多様性の管理と多文化主義——新自由主義時代の「多からなる一」

8.4.1 新自由主義化するマイノリティ政策

オバマ時代の多様性を推進する多文化主義は、20世紀末以降の新自由主義的な価値の広がりにも合致していた。レーガン政権期以降、連邦政府による福祉政策を縮小するなか、公民権や多文化主義に関わる政策の担い手も、地方自治体、市民社会、企業や教育機関に移行してきた（Pierson 2007; Dobbin 2009）。1990年代に大学や地方政府が多文化主義論争の舞台になったのも、そのような傾向を反映していた。

新自由主義時代の国家は、高度技能移民を含む優れた労働力を世界じゅうから集める一方で、途上国の労働者や国内の非正規移民の利用によって非熟練労働力を最低限のコストで搾取する体制を作り出している。「多様性」は、さまざまな背景を持つ優秀な労働力を確保し、グローバルな市場の幅広い消費者へ訴求する商品やサービスを体現する新たな価値として、企業や大学が積極的に取り入れるようになった（Page 2007）。実際、2019年の世論調査によれば、75%が「企業や組織が職場における人種エスニックな多様性を促進することは重要だ」と回答している[7]。企業の人事政策においては、1970年代には差別的雇用の解消のために採用されたAAが、多様な人材の獲得と活用のための「多様性マネジメント」という手法に置き換わるようになった（Dobbin 2009）。このような取り組みは、差別の克服や社会正義の実現よりも、教育現場や企業活動における効率的な成果の追求、マイノリティや女性を含む組織のパフォーマンス向上にこそ主要な関心を持っている。

オバマ政権のもとでの多様性を擁護・推進する政策の多くは、歴史的に排除されてきた人びとの包摂政策としての側面と、新自由主義的で企業・市場中心の多様性マネジメントとしての側面の両面を持っている。その典型が、非正規移民政策であろう。第3章で述べたように、オバマ政権期は非正規移民に対する取締りの厳格化が進み、強制送還件数も2013年に40万人を超えた。一方で、オバマが熱心に取り組んだのが、未成年時に非正規に入国して米国内で教育を受けた「ドリーマー」と呼ばれる若者の権利擁護であった。2010年頃からカリフォルニア州やイリノイ州で成立した「ドリーム法」は、「ドリーマー」に大学での学費減免の資格を認めるなど、高等教育へのアクセスを州居住者並みに認めた。そして、2012年にオバマ政権は、16歳未満で非正規入国して米国内で教育を受けた移民の強制送還を免除し、滞在と就労を一時的に認める措置（通称DACA）を導入した。これは、実質的な住民として生活しながらも、非正規という地位によって排除されてきた人びとを、アメリカ社会の構成員として包摂する志向を反映した政策と言える。

しかし、DACAやドリーム法は、非正規移民の権利擁護としてだけでなく、アメリカ経済において必要な労働力の選別手段としても機能している。DACAの申請には、高額な申請料、高校以上の教育水準、そして犯罪歴やギャング集団との関与がないことを証明するなど、さまざまな条件を満たす必要がある。強制送還の免除と就労許可を得られるのは、この条件を満たした若者だけであり、それ以外の非正規移民は「社会保障の負担となる貧困層」「潜在的な犯罪者層」として強制送還の対象となる（飯尾 2017: 59–62）。すなわち、DACAなどの非正規移民の権利擁護政策は、新自由主義的な国家が「福祉依存」「犯罪」を回避できる自立した労働力を選別し、それ以外のマイノリティを統制・排除するための装置として機能しているのである。このような論理は、第３章で論じた黒人やヒスパニックの大量収監にも共通している。福祉ではなく刑罰によって貧困層を管理し、刑務所や収監施設を「産業」として民間に委託し、安価な労働者として収監者を雇用する制度を規定しているのは、新自由主義的な関心である（Davis 2003=2008; Wacquant 2009）。多様性規範の恩恵は、新自由主義的な基準によって選別された人びとに限定されている。

また、新自由主義的なマイノリティ政策のひとつとして、先住民のカジノ経営も挙げられる。1980年代に連邦からの先住民政策への予算削減が進むなか、1988年にインディアン・ゲーミング規制法が成立し、先住民が「部族の経済発展」を目的としたカジノ産業を設置することが可能になった。2018年までに230部族がカジノを設置し、その収益は部族社会の福祉充実や雇用創出に貢献しているが、収益の部族間格差は大きい。そして、カジノ経営は、先住民支援からの連邦政府の撤退を促し、歴史的な不正義へのアプローチを欠いたまま、部族社会に経済的自立を迫っている（野口 2019）。同様に、先住民部族が環境汚染リスクの高い核廃棄物処理施設を居留地へ誘致するケースも、経済的自立を強いられる状況抜きには考えられない（鎌田 2006; 石山 2020）。歴史的な不正義の是正を伴わないまま、部族社会の経済的自立や文化的自治の基盤が、新自由主義的な論理へと置き換えられている。

多様性規範にもとづく多文化主義政策の変容は、一方では「多文化による市民社会」の構築による人種的正義の実現を模索しながら、他方では、新自由主義的な関心にもとづく人材の選別、福祉の削減、経済的自立の要求と合致している。21世紀のオバマ政権下における包摂型多文化主義の時代に、大量収監や強制送還といった問題が深刻化した背景には、このような二面性が存在していた。

8.4.2 ポスト人種論とその帰結

オバマは、「より完全な連邦」演説に代表されるように、アメリカの多様性を人種主義の歴史と結びつけることを模索してきた。しかしながら、そのオバマの試みが狙いどおりに定着したとは言いがたい。むしろ、オバマの意図にかかわらず、「黒人大統領」の登場は、人種間の不平等を人種主義の歴史から切り離して理解する傾向を後押しした。このような傾向の代表的なものが、ポスト人種論と呼ばれるものだ。

ポスト人種論は、アメリカ社会において、奴隷制や人種隔離の歴史がもたらした「人種問題」はすでに解決されたと見なす考え方である。たしかに、黒人政治家の大統領就任は、人種をめぐる状況の改善を象徴した出来事であった。世論調査によれば、オバマ政権が誕生した2009年の段階では、黒人の約４割が「５年前よりも黒人の状況は改善された」と回答し、53％が「黒人の将来は現在よりもよくなる」と答えるなど、人種関係についての楽観的な見通しが広がっていた。しかし、同じ世論調査では、黒人と白人のあいだの回答が大きく分かれた設問もある。「黒人と白人に平等な権利を付与するために、国は十分な対策を行った」と答えたのは、白人回答者の54％を占めていたのに対し、黒人のなかでは13％にとどまった[8]。この相違は、白人の約半数がオバマの就任を人種差別「解消」のシンボルと考え、政府は人種平等のための役割を十分に果たしたとする評価が広がっていたことを示している。

ポスト人種論は、政策論争にも現れた。たとえば、2012年に保守系シンクタンクのマンハッタン政策研究所が『隔離の世紀の終わり』と題した報告書において、都市における居住隔離は解消されつつあると発表した（Glaeser and Vigdor 2012）。執筆者の一人の経済学者エドワード・グレイザーは、「都市の人種統合がいっそう進行していること」を「黒人と白人にとっての勝利」であり、「成功物語」と称賛した[9]。この報告は、隔離の解消を証明する研究結果として多くのメディアで取り上げられたが、研究者からは、「隔離の終わり」や「成功」は過大評価であり、現実の隔離の複雑なメカニズムを単純化しているという批判を集めた[10]。

オバマ政権は、「より完全な連邦」演説で紹介したように人種主義の遺産を繰り返し強調していたものの、実際の政策面では、特定の人種集団を対象とした政策には消極的だった。「オバマケア」と呼ばれる医療制度改革に代表されるように国民全体を対象とした政策に最も力を入れる一方で、黒人が直面する貧困や大量収監の問題については、具体的な政策よりも、自助努力や個人的責任などの「道徳的教訓」を強調する傾向があった（Dyson 2016: 159, 196）。その結果、オバマ政権は、人種間の不平等に直接的に切り込むような政策を欠いたまま、（特定の人種集団を対象として取り上げない）カラーブラインドなアプローチに終始したと評価されている（Sugrue 2010; Harris 2012; Tillery 2019）。その意味では、オバマ政権の人種政策は、包摂型多文化主義というよりも、アイデンティティ・ポリティクスを批判して個人を基点に多文化社会像を描いたポストエスニシティ論に近いと言える。

ポスト人種論が広がるオバマ時代の多文化主義の動向を象徴しているのが、2013年6月の2つの連邦最高裁判決である。

ひとつは、1965年投票権法の一部を違憲と判断したシェルビー郡対ホルダー判決（*Shelby Country v. Holder*）である。同法は、人種に関係なく投票権を確実に保障するため、ジム・クロウ制度のもとで黒人の投票権を制限してきた南部各州を連邦政府が監視する条項を持っていた。しかし、連邦最高裁は、投票権法の制定から約50年が経過してこの条項の目的は達成されたと判断し、南部諸州が連邦政府の承諾なしに各州で選挙法を制定することを認めた。この最高裁判決は、黒人から投票権を奪ってきた南部の人種主義を「解消済」と見なしたことを含意していた。しかし、ルース・ベイダー・ギンズバーグ判事は判決への反対意見のなかで、同判決は「暴風雨の最中に濡れなかったからと言って差していた傘を捨てるようなものだ」と非難した（Berman 2015=2020: 372-374）。判決後、2014年の中間選挙時までに、南部を中心に共和党が支配的な14の州で、選挙登録や投票資格を厳格化する制度が導入され、黒人やヒスパニックなどのマイノリティが新しい投票権制限の主たる標的となっている（Berman 2015=2020: 414 ; Tillery 2019: 82）。

もうひとつの例が、2013年の連邦最高裁による結婚防衛法に対する違憲判決である。結婚防衛法は、州に同性間の結婚を拒否する権限を認めた連邦法であったが、判決は同法を、同性愛者の個人の自由を否定している点において違憲であると判断した。2010年代は同性婚の合法化に向けた動きが加速した時代であった。バラク・オバマは、2012年の大統領選挙を前に、現職大統領としてはじめて同性婚の合法化を支持する立場を表明した。2004年には60％が反対していた同性婚に対する世論も大きく動き、2011年に賛成（46％）がはじめて反対（44％）を上回った[11)]。2013年の結婚防衛法違憲判決を経て、2015年6月のオバーゲフェル対ホッジズ判決（*Obergefell v. Hodges*）において、連邦最高裁判所は同性婚禁止を合憲とした高等裁判所の判決を破棄し、各州に対して同性婚の合法化を命じた。同性婚への賛成は、その後も増加しており、2019年には賛成61％に達した。そして、2020年6月のボストック対クライトン郡判決（*Bostock v. Clayton County*）では、LGBTQであることを理由とした雇用差別は、公民権法に違反する「違法行為」であるという判断が下り、性的マイノリティが公民権法の保護の範囲内であることが確定した。性的マイノリティへの権利拡張は、近年最も進展が見られた分野であると言えるだろう。

「黒人大統領」の時代は、個人の多様性をアメリカの「未来」の繁栄へと結びつける、新たな多様性の時代の到来を告げる一方で、人種主義の「過去」との決別を意識させる出来事が相次いだ。前者の典型が、性的マイノリティへの権利拡大であり、後者がポスト人種論の広がりであった。しかし、実際のオバマ時代は、政権当初の楽観的な見通しに反し、人種主義をめぐる議論はいっそう複雑さを増した。ポスト人種論が流行する背後で、人種マイノリティの大量収監、強制送還、投票権剥奪といった問題が深刻化した。新自由主義に対して親和的な、多様性を軸とした「多からなる一」は、これらの問題に有効な対策を示すどころか、それを加速させる作用を伴っていた。そして、その先に生じたのが、2016年大統領選挙とドナルド・トランプ現象、新型コロナウイルス感染症被害の拡大、そして反人種主義的な社会運動の新たな展開であった。

1） Pew Research Center, "Americans See Advantages and Challenges in Country's Growing Racial and Ethnic Diversity," May 8, 2019. https://www.pewsocialtrends.org/2019/05/08/americans-see-advantages-and-challenges-in-countrys-growing-racial-and-ethnic-diversity/（最終閲覧日2021年８月13日）
2） 近年では、人種研究の立場からの同化論の再定義も見られる。たとえば、ラミレスは、同化は、もともと集団間の不平等を前提とした概念であり、それは必然的に集団間の序列関係を固定する人種化の作用を伴うことを強調している（Ramírez 2020）。
3） "Sen. Barack Obama Addresses Race at the Constitution Center in Philadelphia, March 18, 2008." https://www.washingtonpost.com/wp-dyn/content/article/2008/03/18/AR2008031801081.html（最終閲覧日2021年８月11日）
4） 相互作用を強調する包摂型多文化主義は、2000年代に欧州評議会が提案した、集団間の対話を重視する「インターカルチュラリズム」と共通点が多い（Council of Europe 2008）。インターカルチュラリズムや市民的統合（civic integration）など、ヨーロッパで活発に議論される市民社会への統合を重視するアプローチと多文化主義の関係は、Joppke（2017）も参照。
5） "Inaugural Address by President Barack Obama," January 21, 2013, The White House. https://obamawhitehouse.archives.gov/the-press-office/2013/01/21/inaugural-address-president-barack-obama（最終閲覧日2021年８月11日）
6） 多様性指標（diversity index）は、その地域で２人の人間が出会ったとき２人が異なった人種エスニック集団である確率を示すものである。2020年の合衆国全体の多様性指標は61.1％で、2010年から6.2ポイント上昇した。"2020 U.S. Population More Racially and Ethnically Diverse Than Measured in 2010." August 12, 2021. https://www.census.gov/library/stories/2021/08/2020-united-states-population-more-racially-ethnically-diverse-than-2010.html（最終閲覧日2021年８月23日）
7） Pew Research Center, "Americans See Advantages and Challenges in Country's Growing Racial and Ethnic Diversity."
8） "Blacks Upbeat about Black Progress, Prospects," January 12, 2010. https://www.pewsocialtrends.org/2010/01/12/blacks-upbeat-about-black-progress-prospects/（最終閲覧日2021年８月12日）
9） Edward Glaeser, "Desegregation Is an Unsung U.S. Success Story," January 30, 2012. http://www.bloomberg.com/news/2012-01-30/desegregation-is-an-unsung-u-s-success-story-edward-glaeser.html（最終閲覧日2021年８月24日）
10） Richard Rothstein, "Racial Segregation Continues, and Even Intensifies," February 3,

2012. https://www.epi.org/publication/racial-segregation-continues-intensifies/（最終閲覧日2021年８月24日）；さらに包括的・学術的な批判としては、Massey and Rugh (2014) も参照。

11） Pew Research Center, “Attitudes on Same-Sex Marriage,” May 14, 2019. https://www.pewforum.org/fact-sheet/changing-attitudes-on-gay-marriage/（最終閲覧日2021年８月９日）

第9章

「多からなる一」の破綻と修復
――トランプ現象とブラック・ライヴズ・マター運動――

9.1 多文化主義の終焉？

2010年代のはじめ、ヨーロッパ諸国では多文化主義への「死亡宣告」が相次いだ。2010年10月、ドイツのアンゲラ・メルケル首相は、1960年代以降の移民受入政策における「多文化社会を建設しようとするアプローチ」は「完全に失敗した」と発言した。さらに、2011年２月にはイギリスのディヴィッド・キャメロン首相が、「国家による多文化主義」が「分離主義や過激主義」を促進したと批判した。ドイツもイギリスも、多文化主義が、アフリカやアジア出身の移民集団の「統合」を阻害したと問題視し、市民社会への包摂を促進するためには「ドイツ語を学ぶ」ことや「より強力なナショナル・アイデンティティ」の推進が必要であると主張した[1)]。そして、2010年代半ばから、中東、南アジア、アフリカからの大量難民がヨーロッパ大陸に殺到すると、このような潮流はさらに加速し、ヨーロッパ各地で反移民、反イスラム、排外主義を掲げる政党に支持が集まるようになった。さらに、ヨーロッパで生まれ育った移民系の若者が、ヨーロッパ各地で頻発したテロリズムに関与したことが判明すると、移民の文化や宗教に配慮した多文化主義政策の失敗がいっそう強調されるようになった（Malik 2015）。

そして、多様性規範が浸透したとされてきたアメリカにおいても、2016年大統領選挙で実業家のドナルド・トランプがヒラリー・クリントンに勝利すると、白人層における多文化主義への反発に注目が集まった（Hochschild 2016; 西山 2017）。解説によれば、多くの白人が、多文化主義がマイノリティを「優遇」して白人を「貶めている」と受け止め、トランプの「アメリカを再び偉大にする」や「アメリカ・ファースト」といった自国中心主義的なスローガンを支持したという。そして、トランプ現象を、多文化主義的な運動や政策へと傾斜してきたリベラル勢力に対する反撃として解釈した（Lilla 2017; 会田 2017）。

2010年代後半のアメリカは、人種やエスニシティなどの属性から自由な個人の時代の到来からはほど遠かった。白人優越主義や白人ナショナリズムと呼ばれるマジョリティの自己優越意識にもとづく偏狭な世界観が再び顕在化した。マイノリティの権利や文化を守る力を減退させるような動きが相次ぐ一方で、不平等にさらされてきた人びとの抵抗や変革の声も高まるようになった。そのような現実に対して、評論家や研究者もまた「分断」を強調するばかりで、多文化社会としてのアメリカを支えてきた社会構想の地殻変動をつかみ損ねているように見える。本章では、2010年代後半のトランプ現象、2020年以降の新型コロナウイルス（COVID-19）感染拡大、そして同時期に広まったブラック・ライヴズ・マター（BLM）運動の展開に注目することで、多文化社会アメリカが直面した難問と、そのなかで胎動しつつある「多からなる一」の新しい像について議論したい。

9.2 「アメリカを再び偉大に」——トランプ現象の衝撃

9.2.1 白人によるアイデンティティ・ポリティクス？

2016年大統領選挙におけるドナルド・トランプの勝利は、多くのメディアや専門家の予想に反した出来事だった。第1章でも述べたように、トランプはメキシコ出身の移民に対する偏見を隠そうとせず、選挙戦の最中にも、「スターなら女性に何だってできる」という性的ハラスメント発言や、身体に障がいをもつ記者への侮辱行為も問題視された。大統領に就任した後も、アフリカ諸国を「はきだめ」と呼び、非白人女性議員に「国へ帰れ」と発言する一方で、ネオナチや白人優越主義者を直接的に非難することを避けた。このようなトランプの姿勢は、あきらかに21世紀の多様性規範のコードを逸脱したものであり、従来であれば政治家として失格の烙印を押されるべきものであった。実際、選挙への出馬以来、トランプの差別発言への批判はますます高まっている。にもかかわらず、トランプは選挙に勝利し、その後も一定の支持を維持してきた。いわゆるトランプ現象は、公民権運動以来、積み上げてきた反差別や多様性をめぐる合意を裏切った出来事として、アメリカ国内のみならず世界に対して衝撃を与えた。

トランプ現象は、20世紀後半以降のアメリカの人種政治のひとつの帰結と考えることができる。2016年大統領選挙での人種エスニック集団別の投票によれば、トランプ支持が過半数の支持を集めたのは白人のみであり、非白人からの支持は著しく低かった。ただし、それはトランプに限ったことではない。実は、白人有権者のあいだで民主党候補よりも共和党候補が多く票を集める現象は、1980年から継続している。そして、白人だけが、2000年以降の大統領選挙で過半数が共和党候補へ投票した人種集団であった（南川 2021: 282-283）。共和党は、1980年代以降、AAへの反対、人工妊娠中絶や同性婚への反対、移民への厳格な規制、犯罪対策の強化など、白人保守派有権者の支持を集める問題を熱心に取り上げ、「白人政党」と化してきた（McAdam and Kloos 2014）。トランプ現象は、このような共和党政治の延長線上にある。

一方で、2010年代に顕著になったのが、白人層のなかでの「被差別意識」の高まりである。2011年の調査では、「白人に対する差別」が「黒人などのマイノリティに対する差別と同様の問題」と考える人の割合が、白人の過半数（51%）、共和党支持者の60%に達した（Jones et al. 2011: 9）。この意識は、2016年選挙時にさらに強化され、白人全体の57%、トランプ支持者の81%が同様の回答をした（Jones et al. 2016: 16）。また、2019年の調査では、白人共和党支持者の77%が、「存在しない差別を人びとが取り上げていることが大きな問題」と回答している[2)]。人種主義は解決済みの問題と考える人びとのあいだでは、白人支配や人種差別の歴史を批判すること、白人が有する特権を指摘することもまた、「白人に対する差別」であるかのように受け止められる。多様性規範のもとで細々と維持されてきたAAさえも、「存在しない差別」を根拠にした「白人への（逆）差別」と映る。このような不満を蓄積した人びとは、トランプの差別発言を「被差別者としての白人」を代弁する声として受け止めた。

それゆえ、トランプの政治は、白人層の被害者意識や相対的剥奪感に訴えるアイデンティティ・ポリティクスとしての側面を色濃く持っている（Jardina 2019）。もともとアイデンティティ・ポリティクスは、構造的不平等にさらされたマイノリティの自己尊厳の回復を掲げる多文化主義の代表的な運動のひとつであった（第6章、第7章を参照）。このような運動は、カラーブラインド主義や文化多元主義を支持する保守派からリベラル派まで幅広い批判の対象となってきた。しかし、非白人人口の割合が高まり、多様性規範の広がりに直面した白人のあいだでは、相対的な「地位低下」意識が共有されつつある。加えて、オバマの大統領就任は、白人層にとっても「人種」にもとづく投票行動を定着させる契機となった。反オバマ運動として広がったティーパーティー運動の政治行動は、人種にもとづく不公平感を強く反映していた（McAdam and Kloos 2014; Tesler 2016）。そのため、白人アイデンティティ・ポリティクスは、「被差別」「犠牲者」としての白人の「尊厳」の回復を求めるという、多文化主義の語彙を擬似的に採用する運動となった。そして、人種問題を意識し始めた白人有権者にとって、「アメリカを再び偉大に」というトランプのスローガンは、公民権運動以前の時代を「理想」と考え、そこへの回帰と白人の「地位回復」を含意したアイデンティティ・ポリティクスを喚起するものであった。

白人のアイデンティティ・ポリティクスとしてのトランプ支持は、あからさまな白人優越主義者から彼の差別言動に批判的な穏健層まで幅広い。必ずしも他集団に対する優越意識や敵意を伴うわけではなく、白人の相対的な「地位低下」を補う社会保障の充実を求める層も、白人としての意識にもとづく政治的選択を行う（Jardina 2019）。このような穏健層は、トランプの「偏見や憎悪を煽る言動」を支持するわけではないが、「企業家としての手腕」「反エリート主義」「社会福祉の再建」などを理由にトランプを支持する人びとであった（金成 2017: 59）。トランプは白人層からの広範な支持に応えるように、2017年1月の就任演説において次のように述べている。

> デトロイトの拡大する郊外地域に生まれた子どもも、ネブラスカの風が吹き荒れる平原に生まれた子どもも、同じ星を見上げ、同じ夢で胸をいっぱいにして、同じ万能の創造主による生命の息吹を吹き込まれている[3)]。

引用箇所は、グローバル化によって国内産業や労働者階級が破滅的な「アメリカの殺戮」にさらされているという悲壮感に満ちた演説のなかで、数少ない具体的な地名に言及している一節である。これが想起するのは、ラストベルトの工業都市デトロイトの郊外外延に暮らす白人労働者階級と、住民の圧倒的多数が白人で保守派が支配的な農村部の出身者を、宗教的な基盤のもとで結びつけようとするイメージである。公民権の歴史を軸にさまざまなマイノリティを結びつけたオバマの第二期就任演説（第8章を参照）とは対照的に、トランプの就任演説は、伝統的な共和党支持者と、かつて民主党支持者だった労働者階級を「白人」として結びつけようとした。トランプは、大統領選挙から就任後の政権運営にいたるまで、白人としての意識に付随する不安や不満に訴える政治を基盤としてきた。

9.2.2 「浅い多様性」——多様性の時代にトランプが支持された背景

トランプ現象は、オバマの大統領就任以降に喚起された白人の人種的な政治意識へとアピールすることで支持を広げてきた。では、オバマ政権下において到達点を迎えたとされた多様性規範は、トランプ現象とどのような関係にあったのだろうか。多様性の実現を理想とする考え方は、トランプの差別的な言動や白人アイデンティティ・ポリティクスを刺激する犬笛政治を阻止することができなかったように思われる[4)]。それはなぜだろうか。

第8章で述べたように、21世紀の多様性規範は、新自由主義的な多様性マネジメントとパフォーマンス向上に力点を置くようになり、もともとの多文化主義政策が持っていた反人種主義への問題関心を希薄化させてきた。AAは補償的正義へのコミットメントを喪失し、多様性推進政策としてのみ存続した。オバマは、公民権にもとづく闘争の歴史を強調したが、「黒人大統領」の存在はむしろポスト人種論を加速させた。ポスト人種論のもとでは、人種マイノリティの貧困問題は、制度的人種主義によるものというよりは、マイノリティ側の動機づけや自助努力の欠如によって理解されるようになっていた。多様性規範は、反人種主義や公民権運動の歴史的文脈から乖離し、新自由主義のもとでの差異の活用や消費という方向性を強めたのである。

さらに、移民やマイノリティを安全保障や犯罪対策の観点から排除・選別する傾向もまた、公民権の内実を切り崩す効果を持っていた。「不法外国人」「テロ容疑者」「麻薬犯」「ギャング」と見なされた人びとは、その歴史的・社会経済的・人種主義的な背景を顧みられることなく、「安全」や「治安」の観点から、その基本的権利を容易に否定されるようになった（南川 2018; 南川 2021: 289）。

前項で見たように、穏健なトランプ支持者は、トランプの人種差別的な言動は批判しつつも、その経済政策や社会福祉政策が、自身の不安定な地位を改善してくれることを期待して投票した。以前であれば、差別的な言動は、政策の是非以前の政治家としての資質の問題と考えられただろう。しかし、トランプ支持者にとっては、差別問題もまた経済政策や社会福祉政策などと天秤にかけることができる、政治的取引材料のひとつと見なされる（南川 2020b）。経済政策を優先することで、差別問題には「目をつぶる」「ひとまずは脇に置く」ことが可能である層こそが、トランプの当選を支える一部となってきたのである。

包摂型多文化主義は、新自由主義と結びついたとき、公民権の再構築から遊離し、多様性の経済的効用を強調することで多文化社会の豊かさを語るネオリベラル多文化主義や企業的多文化主義と呼ばれるものへと容易に変質してしまう（米山 2003; 塩原 2005; Kymlicka 2013）。そこでは、多様性は、経済的な効率性やパフォーマンスによって評価され、その基準にそぐわないものは排除や選別の対象となる。アメリカ社会にみられる多様性は、人種、エスニシティ、階級、ジェンダー、セクシュアリティなどにもとづく、不平等の歴史的構築過程と不可分に結びついてきた。しかし、新自由主義的な関心と結びついた多様性は、その歴史の重石を喪失して、効率性や効用でのみ判断される「浅い多様性」に終始している（南川 2020b）。多様性と歴史や不平等との連続した関係性が不可視化されたとき、一方には多様性を称賛しながらも、他方でトランプのような差別発言を繰り返す人物を支持するような社会状況が顕在化したのである。

9.3 ブラック・ライヴズ・マター運動の挑戦

9.3.1 2010年代以降の社会運動

2017年以降のトランプ政権の4年間、アメリカ社会における「多からなる一」を構想する力は大きく動揺してきた。多様性の実現を掲げることで継続してきた多文化主義は、トランプ現象を支えた白人アイデンティティ・ポリティクスの拡大に対する有効な措置を提供することはできなかった。むしろ、歴史意識や反人種主義の問題関心を切り崩された「浅い多様性」を推し進め、トランプ政権登場の土壌を支えてしまったと言える。しかしながら、新自由主義的な「浅い多様性」の浸透に抵抗する動きも見られる。オバマからトランプ政権期にかけての2010年代は公民権運動以降の社会構想の不在を突くように新たな社会運動が姿を現した時代であった。

まず、保守勢力によるティーパーティー運動の登場が、オバマ政権成立時の人種関係への楽観的なムードを曇らせた。ティーパーティー運動は、2008年に表面化した金融危機に対するオバマ政権の大型景気対策を「大きな政府」路線の復活と批判し、減税などの「小さな政府」や直接民主主義的な政治を求める保守系の草の根の運動として注目を集めた。白人参加者の比率が高く、「反オバマ」のもとで草の根右派がゆるやかに連合したものである。反福祉、反エリート、反中絶などを主張する典型的な右派団体のほか、反移民や人種主義的、白人優越主義的な主張を繰り返す団体もある。ティーパーティーは、2010年中間選挙の際の共和党躍進を支えて政治的影響力を強め、2010年代の共和党政治が白人中心のアジェンダへと傾倒する契機を作り出した（藤本・末次 2011; McAdam and Kloos 2014: 281）。

一方で、2011年ごろから、左派の側からも金融危機下での格差社会の深刻化を受けた対抗運動が登場した。これは、「ウォール街を占拠せよ（Occupy Wall Street）」をスローガンに、アメリカの富を独占する１％の富裕層に対抗する「99％の運動」として各地に広がった。「ウォール街を占拠せよ」は、ニューヨークのズコッティ公園をはじめとする大都市の公共空間を占拠し、特定の組織や指導者を持たずに参加者が討論やパフォーマンスを繰り返す、新しい社会運動文化の登場を印象づけた。その批判は、大企業やそれを「優遇」する政府、都心部のジェントリフィケーションを推進する都市政府、そして貧困層やマイノリティを取り締まる警察にも向けられた（『オキュパイ！ガゼット』編集部編 2012; Pickerill and Krinsky 2012）。

新たな社会運動が注目を集めるなか、21世紀にいっそう深刻化していた警察暴力に対する抗議運動として広がったのが、BLM運動であった。BLMは、2013年、前年にフロリダ州で黒人少年トレイヴォン・マーティンを銃殺した自警団男性が無罪となった直後に、SNSにおいて「黒人の命は大切だ」というハッシュタグとともに広がった。そして、2014年７月にニューヨーク州スタテン・アイランドで黒人男性エリック・ガーナーが警察官に首を絞められて死亡し、

8月にミズーリ州ファーガソンで18歳だった黒人マイケル・ブラウンが警察官に射殺されるなど、警察暴力による死亡事件が続くと、BLM運動はSNSだけでなく、警察暴力と刑事司法における人種主義に対する街頭での大規模な抗議運動として注目を集めた。

本書にとって、BLM運動がオバマ政権下における反人種主義運動として始まったことは重要である。多様性の実現を掲げるオバマ時代において、白人層のあいだでポスト人種論が広がる一方で、黒人の大量収監や移民の強制送還は深刻な問題であった。マイノリティ出身エリートやミドルクラスが「主流」の一部を構成するようになったが、多様性規範の肯定的効果はマイノリティに均等に反映されず、とくに黒人がその恩恵から排除される「多様性の逆説」が顕著になった（Lee and Bean 2010）。しかし、オバマ政権の人種政策への取り組みは、警察暴力や大量収監問題に対する批判的・制度的なアプローチに欠けていた。BLM運動は、多様性の名のもとで新自由主義的なイデオロギーへと変質しつつあった多文化主義に対する明確な批判であった。

トランプ政権の誕生は、人種マイノリティだけでなく女性や性的マイノリティにとっても脅威であった。2017年1月の就任式の直後、ワシントンD.C.では「女性の行進」が実施され、トランプが体現する性差別主義への抗議を示した。そして、映画プロデューサーの性的ハラスメント・性的暴行の告発を契機とした「#MeToo」運動は、弱い立場にあることが多いハラスメント被害者がSNSを通じて声を上げ、連帯することを可能にした（兼子 2018）。

2010年代後半以降の注目すべき動向として、1990年代末から2000年代にかけて生まれた若者たち、いわゆる「Z世代」の運動を挙げておきたい。たとえば、2018年にフロリダ州のマージョリー・ストーンマン・ダグラス高校で17名が死亡した銃乱射事件は、若者のあいだに銃問題への関心を高めた。生存した同校の生徒を中心に呼びかけられた銃規制デモには、10代の若者を中心に数十万人が参加した。2019年にはスウェーデンの環境活動家グレタ・トゥンベリの呼びかけに応じて、気候変動対策を求めるデモが各地で開かれ、ニューヨーク市で開催されたデモには学校を欠席した児童や生徒も含めて25万人が参加した。世論調査によれば、Z世代は、年長世代と比較して、人種、ジェンダー平等、LGBTQの権利、気候変動に関する問題意識が明確で、社会問題の解決における政府の役割を強調する傾向がある[5]。また、Z世代の12%が街頭で抗議活動に参加した経験があるという調査結果もあり、これは他の世代の約２倍にあたる[6]。

アメリカでは、理念と現実政治のあいだの矛盾が深くなったり、構想が現実に適応できない事態が明らかになったとき、社会運動が新たな構想を提示してきた歴史がある。2010年代に相次いでさまざまな社会運動が登場したことは、既存の「多からなる一」モデルの限界と新たな構想の模索を反映していた。

9.3.2　新型コロナウイルス感染症危機と人種的不平等

トランプ政権下のアメリカにおいて、多文化社会の構想と社会的現実のあいだの矛盾をいっそう明確に可視化したのが、新型コロナウイルス（COVID-19）の感染爆発である。2020年に国内で感染流行が始まって以来、アメリカ合衆国は世界でも最大規模の感染被害を経験した。2021年10月末までに累積の感染者数は4500万人を超え、死者数は75万人に迫っている。甚大な被害の背景には、当初から感染拡大や被害を楽観視してきたトランプ政権による感染防止策の失敗がある。トランプは、ウイルスの威力を過小評価し、外出規制を含む防止策の実施よりも経済活動の再開を性急に求める一方で、感染拡大の責任は最初にウイルス感染が広まった中国にあると非難を繰り返した。また、トランプ支持者のなかにはワクチン接種や感染症対策を拒否する層が含まれ、ワクチンが普及した後も、感染者は増え続けている。

トランプが繰り返した中国非難は、アメリカ国内の（中国系だけではない）アジア系住民・移民に対する差別を煽った。たとえば、2020年の１年間にアジア系成人の８人に１人が反アジア系ヘイト事件（アジア系であることを理由とした身体的・物理的・言語的な暴力）を経験した[7]。その多くは言語的なハラスメントであったが、2021年には身体的な暴力の件数が増加している[8]。アジア系アメリカ人は、学歴や所得水準が高く（第３章も参照）、「成功したマイノリティ」「模範的（モデル）マイノリティ」と考えられる傾向がある。しかし、感染症危機下にあるアジア系へのヘイト事件の増加は、アジア系が、市民であっても「非アメリカ的」「外国人」として見なされることが多く、排外主義的な攻撃の標的となりやすいことを示している（Lee 2021）。

表9.1　人種エスニシティ別の新型コロナウイルス感染症への感染・入院・死亡リスク

非ヒスパニック白人に対する比率	アメリカン・インディアン	アジア系	黒人	ヒスパニック
感染	1.7倍	0.7倍	1.1倍	1.9倍
入院	3.5倍	1.0倍	2.8倍	2.8倍
死亡	2.4倍	1.0倍	2.0倍	2.3倍

※2020年３月１日から2021年８月７日までのデータより
出典：Centers for Disease Control and Prevention

さらに、新型コロナウイルス感染症危機は、制度的人種主義のもとで深刻化してきた人種的不平等を可視化した。疾病対策予防センター（CDC）によれば、非ヒスパニック白人に対する人種マイノリティの感染・入院・死亡のリスクは、表9.1のように整理できる。表によれば、黒人の感染リスクは白人に対して1.1倍であるが、入院は2.8倍、死亡は2.0倍となる。ヒスパニックや先住民は入院・死亡リスクが白人の２倍以上で、さらに深刻である。感染症危機は、人種集団ごとに「生命の不平等」が存在していることを明らかにしている。

このような「生命の不平等」を形づくっているのが制度的人種主義である[9]。人種マイノリティが生きる生活基盤は、白人よりも感染症に対してあきらかに脆弱である。まず、人種マイノリティの日常生活は、白人よりも高い感染リスクに直面している。感染症防止のために推奨された「テレワーク」は、ホワイトカラー職などミドルクラス以上の職種に限定されることが多く、医師や看護師を含む医療現場職、スーパーマーケットやドラッグストアの店員、運送・輸送業、清掃、保育など、「テレワーク」への置き換えが困難な「エッセンシャル・ワーク」に、黒人、ヒスパニック、移民は人口比よりも高い割合で従事している（Center for Economic and Policy Research 2020）。これらの業種では、不特定多数の人びとに接触することが多く、感染リスクが高くなる。加えて、マイノリティの多くは、レイオフや失業に直面することも多く、感染症危機下で経済的に安定した生活を営むことも困難である。

感染リスクの高さに加えて、黒人やマイノリティは、既往症や健康不安をあらかじめ抱えている。たとえば、黒人は、高血圧、糖尿病、心臓疾患、喘息などの健康問題を抱える割合が白人よりも高い。とくに、若い層での白人との格差は顕著で、黒人が18歳から49歳のあいだに心臓疾患で死亡する確率は白人の２倍となっている。これは、黒人の不安定な就労や居住条件などの社会的要因に由来する、健康な食事やスポーツの機会の乏しさ、肥満率の高さなどが原因であると考えられる[10)]。そして、人種マイノリティは、医療サービスへのアクセスにおいても不平等に直面している。人種マイノリティが多く住んでいる大都市の貧困地区や先住民居留地は、病院やクリニックなどの医療施設が十分に整っていないことが多い。1980年代以降の新自由主義的改革の結果、医療サービスと保険の民営化が進行し、マイノリティや貧困層は緊急時以外の医療サービスへのアクセスが著しく制限されてきた（Wingfield 2019）。そして、医療の現場で、マイノリティは「自己管理が苦手」などのステレオタイプに接することも多く、そのような医療従事者の態度が、アクセス可能な医療サービスの質を悪化させている（Matthew 2015）。健康状態の脆弱さや医療サービスを受ける機会の不均衡が、感染後の症状の悪化を招き、入院リスクや死亡リスクを高めているのである。

以上のように、新型コロナウイルス感染症危機は、死亡率などの数値を通して、制度的人種主義による「生命の不平等」の現実を知らしめた。そして、2020年５月ミネソタ州ミネアポリスで黒人男性ジョージ・フロイドが白人警官に殺害される事件が起きると、感染症危機と警察暴力という２つの「生命の不平等」の衝撃は、これまでに以上にBLM運動に対する支持を広げた。BLM運動は、アメリカだけでなく世界における人種主義、植民地主義、差別に対する抵抗運動として、瞬く間に拡大した。

9.3.3 BLM運動が描くインターセクショナルな多文化主義

2020年にあらためて可視化された「生命の不平等」に抗する社会運動として、BLM運動は、オバマ時代以降の「浅い多様性」の矛盾を鋭く突いた。2010年代は、一方にはポスト人種論や新自由主義的な多様性の管理の浸透があり、他方に白人アイデンティティ・ポリティクスに支えられたトランプ現象が並存した時代であった。この時代に、BLM運動が描いたのは、多文化社会における差異が、差別と闘争の歴史的条件のもとに成り立っていると見なす「深い多様性」にもとづく社会観であった(南川 2020b)。

アリシア・ガーザ、パトリス・カラーズ、オパール・トメティの3名の黒人女性が運動の創設者と言われるが、BLMは、少数のカリスマ的なリーダーシップ支配よりも、組織全体にリーダーシップを分散させる方法を重視している。そのため、特定の思想や戦略がトップダウン型に共有されているわけではない。とはいえ、BLMは、一過性の「ハッシュタグ運動」の寄せ集めではない。その運動は、歴史的な黒人運動の遺産を継承しながら、警察暴力や感染症被害などの同時代的な問題関心を共有している。その活動の幅も、SNSを用いたネット戦略だけでなく、ストリートにおける直接行動や黒人コミュニティでの草の根支援活動など多岐にわたっている(藤永 2018; Ransby 2018)。そのようななかで、BLM運動はいかなる多文化社会の構想を描いているのか。

BLM運動は、歴史的な蓄積のもとにおける制度的人種主義に対峙するものとして、反人種主義の問題提起を共有している。アリシア・ガーザは、警察暴力や大量収監などを規定する構造的な不平等は、「個人の変容」ではなく、連帯にもとづく集団行動によって打破されるべきと語っている(Garza 2017: 99)。そして、人種プロファイリングを用いた差別的な捜査に依存する捜査手法の見なおしだけでなく、警察や刑務所が大量の黒人を逮捕・収監することで予算を確保する新自由主義的な組織構造の改革を要求する。「警察予算を削減せよ(Defund the Police)」というかけ声は、警察の機能を犯罪対策に専念させるとともに、巨大化する警察・刑務所・刑事司法制度の予算を削減し、教育・雇用・住宅・医療などコミュニティに生活する人びとのための投資へと組み換える「投資=脱投資(invest-divest)」の推進を求める(土屋 2020)。

制度的・歴史的な人種主義への問題関心は、奴隷制以来の人種主義制度に対する黒人による賠償請求運動(reparation)にも見られる(川島 2014)。作家のタナハシ・コーツは、AAが反人種主義ではなく多様性実現のための政策となってしまったことを批判し、歴史的な不正義を是正するためのアプローチとして、賠償請求運動を支持している(Coates 2017: 196)。歴史的なルーツと結びつけて現在の不平等を理解し、不正義からのアメリカ社会の「修復」を求める賠償請求運動は、BLM運動の主張と共鳴しながら、再び注目を集めている。

また、BLM運動の思想は、ブラック・フェミニズムの影響を強く受けている。

BLM運動の活動家は、ベル・フックスやアンジェラ・Y・デイヴィスなどの理論を引用し、「ブラック・クィア・フェミニストのレンズを通した組織」や「LGBTQIAの仲間を含み」、「家父長制の打倒」を構想の柱として掲げている(Ransby 2018: 107)。また、ミズーリ州ファーガソンにおける抗議運動の声明は、「すべての黒人——女性、男性、トランスジェンダー、クィア——の命のための運動」を宣言している(Taylor 2016: 172)。そして、人種、階級、ジェンダー、セクシュアリティの交差に着目するインターセクショナリティは、BLMの中心的理念として常に言及されている。アリシア・ガーザは、インターセクショナリティを次のように説明する。

> インターセクショナリティとは、誰も取り残されていないかどうかを確認するレンズを通すことで、はじめて生じるものだ。(中略) インターセクショナリティは、自分たちが周縁化される場について検討すると同時に、周縁化されている私たちのなかの誰かが、どのように他者としてさらに周縁化されているのか、そしてなぜ周縁化されてしまうのかを問うものである(Garza 2017: 117-119)。

ガーザは、インターセクショナルな運動は、抗議運動の内部にある排除に目をつぶるのではなく、「ともにより強くなるために」交差する権力関係のダイナミクスに敏感であることを求める。その実践として、BLM運動が取り組んだのが「彼女の名前を言え(Say Her Name)」と呼ばれる運動である。この運動は、警察暴力の被害者として名前が挙がりやすい黒人男性だけでなく、黒人女性被害者に着目することで、警察暴力に内包される男性性やジェンダー権力の問題を可視化した(Ransby 2018: 108-112)。このようなインターセクショナリティの発想は、反人種主義者であることが、同時に反植民地主義、反性差別、反LGBT差別、反貧困を追求することでもあると看破する。それゆえ、BLM運動は、「黒人の命」のための戦いだけではなく、歴史的に条件づけられた現代社会の権力構造のなかで抑圧に苦しむ人びとの解放運動としての様相を帯びる。BLM運動が、アメリカ社会の黒人運動にとどまらず、奴隷制、植民地主義、帝国主義による抑圧、そしてグローバル資本主義がもたらす不平等を経験してきた世界各地のマイノリティの抗議運動へと波及した背景には、インターセクショナルな視点にもとづく問題関心の広がりがあった。

BLM運動は、統一された理論や綱領にもとづいた運動ではないが、以上のような理念は、本書でいう多文化主義的な社会構想と親和性が高い。多文化主義が、ブラックパワー運動をはじめとする反人種主義運動の問題関心を反映してきたように、BLM運動は、ブラックパワー運動からブラック・フェミニズムへといたる社会運動の遺産を継承している。それゆえ、BLMが描く社会観は、まったく新しいものというよりは、多文化主義的な社会観をより真摯に追求したものだと言える。

BLMは、現在の人種関係を制度的人種主義の歴史と結びつける問題関心を多文化主義と共有している。その批判的な視座は、黒人が背負う奴隷制以来の歴史だけでなく、セトラー・コロニアリズムの負の遺産を生きる先住民、移民集団として労働搾取や強制送還問題に直面するヒスパニック、感染症危機下で暴力や差別にさらされるアジア系などの歴史的・構造的な人種主義の存在を直視させる。また、人種主義による「黒人からの自由と解放の剥奪」が、資本主義のシステムに組み込まれてきたことを指摘する。それゆえ、人種主義との闘争は、同時に「警察暴力、貧困、飢餓との闘い」であり、それは「この社会を生きる人びとの基本的な生存のために不可欠なもの」であると主張する（Taylor 2016: 216）。そして、同時に、抵抗運動のなかで想起される「集団」が帯びる権力性にも批判的な目を向け、集団内部にある差別構造にも向きあうインターセクショナルな運動を追求している。多文化主義は、新自由主義の時代に、歴史的な関心から乖離した「浅い多様性」への取り組みへと変質してきたが、BLMが描く反人種主義とインターセクショナリティにもとづく社会構想は、多文化主義のもうひとつの「ありえた可能性」を示唆している。

このようなインターセクショナルな多文化主義を掲げたBLM運動に対する世論の支持は揺れ動いている。BLM運動は2013年に登場し、2014年のファーガソンでの抗議運動で広く認知されるようになったが、必ずしも「国民的」な支持を得てきたわけではなかった。ある有権者調査によれば、2017年４月の段階では、BLMに対する反対（42％）は支持（37％）よりも多かったが、2018年に支持と反対が逆転し、2020年のジョージ・フロイド殺害事件の直後には支持52％、反対29％と、支持が反対を大きく上回った。この支持の変化は、当初「過激な黒人運動」として語られることが多かったBLMの主張が、継続的な草の根の支援活動で支持を広げながら、感染症危機下で連続する警察暴力と人種的不平等の露呈によって一気に支持を拡大したことを示している。しかし、2021年にバイデン政権が成立した後は、支持と反対は僅差で拮抗した状態が続いており、白人保守派を中心にバックラッシュが生じていることも示唆されている[11]。BLM運動のインターセクショナルな多文化主義の構想は、反発をまねきながらも、21世紀の「多からなる一」の可能性のひとつを示している。

9.4 「多からなる一」の修復

2020年大統領選挙は接戦の末、現職大統領ドナルド・トランプの敗北に終わり、2021年１月にジョー・バイデンが第46代大統領に就任した。この大統領選挙では感染症危機とBLM運動によって露呈した人種主義の構造的・歴史的要因へのアプローチの相違が、大統領選のゆくえを左右する争点となった。

そのひとつが、投票権であった。BLMをはじめとする反人種主義運動が「投票せよ！」と訴えたのは、投票権が、制度的人種主義の歴史的遺産とポスト人種時代の新しい権利剥奪が重なりあう象徴的争点であったからだ。2013年のシェルビー郡判決以降、南部諸州を中心にマイノリティや貧困層の投票を妨害する制度が次々と導入された。たとえば、投票時に運転免許証などの写真付き身分証明書類の提示を義務づける「有権者ID法」と呼ばれる制度は、運転免許証の取得率が低い黒人やヒスパニックの投票権を結果として制限している(Berman 2015=2020: 411)。それゆえ、有権者登録や郵便投票を促してマイノリティの投票権行使を支える運動が、大統領選挙において重要な意味を持った。とくに、激戦州となったジョージア州で約80万人の有権者登録を支援した黒人女性ステイシー・エイブラムスの草の根の運動は、抑圧された投票権を掘り起こし、州内の多様な住民が政治参加する回路を切り開いた[12]。この運動は、公民権に対する歴史的抑圧が現在進行形で存在していることを再認識させるとともに、投票という行為による抑圧構造への直接介入の力を知らしめることとなった。

そして、2020年大統領選挙では、BLM運動への態度と人種問題への取り組みが直接的な争点になった。バイデンがBLM運動への共感を示す一方で、トランプは、BLM運動を「暴徒」と同一視して「法と秩序」の回復を訴え、白人アイデンティティ・ポリティクスの常套手段と言える犬笛政治を繰り返した(兼子 2021: 190)。しかし、2020年9月の段階でBLM運動は成人全体の55%の支持を集めており、トランプの戦略は白人保守支持層を超えてアプローチすることが困難だった。出口調査によれば、大統領選挙において「人種的不平等」を最も重要な課題と考える層の92%がバイデンに投票しており、人種問題への態度はバイデン支持の鍵要因のひとつとなった[13)]。

バイデンは、2020年11月の勝利演説において、「体系的人種主義を根絶」し「人種的正義を実現させる」と語った。アメリカ多文化主義が長く取り組んできた課題が、BLMの問題提起によって、再び新政権のアジェンダとして取り上げられたことの意義は大きい。2020年の感染症危機、BLM運動、大統領選挙の経験は、不平等の根底へとアプローチする「深い多様性」に根ざした政治が必要であることを痛感させ、人種政治の問題設定を変えた。その問題設定とは、トランプ時代に頓挫したかに見えた、多文化主義的な「多からなる一」の構想を「修復」し、「人種的正義」をいまいちど国家政策の課題と位置づけることだ。とはいえ、オバマ時代がそうであったように、バイデンが用いた多文化主義的な語彙が、空虚なスローガンに終始する可能性もある。実質的な政策を伴わないまま、白人多数派の被害者意識を刺激するだけに終わる場合もあるだろう。社会運動による問題提起を、政治がどのように応答するかは、アメリカ史で繰り返されてきた「多からなる一」をめぐる重要な問いのひとつである。バイデン政権以降のアメリカにも、その問いが突きつけられている。

アメリカ社会における「多からなる一」の模索は、1990年代の文化多元主義と多文化主義のあいだの論争を経て、21世紀における新自由主義と接合する「浅い多様性」の広がり、これに反発する白人アイデンティティ・ポリティクス、そしてBLM運動に見られる「深い多様性」からの挑戦が絡まり合うダイナミクスのもとにある。文化多元主義の系譜は、ポストエスニシティ論や新しい同化論と絡み合いながら、21世紀には、人種に左右されない理想を掲げて反人種主義の取り組みを無効化するカラーブラインド主義、人種主義を過去の解決済みと考えるポスト人種論の広がりを支えた。多文化主義の語彙を用いて多数派の人種意識を煽る白人アイデンティティ・ポリティクスの跋扈を許した背景にも、ポスト人種論の世界観があった。一方で、多文化主義の系譜は、オバマ時代の包摂型多文化主義を通して「多文化による市民社会」の可能性を提示する一方で、公民権を徐々に歴史から切り離し、新自由主義に親和的な変質を遂げてきた。その変質に抗するように、多文化主義の本来の問題関心であった反人種主義やインターセクショナリティの視点から声を上げたのが、BLM運動であった。

トランプ時代のアメリカでは、白人優越主義の復活とイデオロギー対立を強調する「分断」論が流行するなかで、「多からなる一」の理想は破綻に陥ったかのように語られた。しかし、「多からなる一」の修復への胎動もまた、その時代のなかに確認することができる。移民による人口動態の変動が続くなか、2020年代から先の姿を見通すことは難しい。それでも、人種主義の歴史にもとづく構造的な不平等にどのようにアプローチするのか、そして不平等を規定する権力関係を解くためのインターセクショナリティの視角を社会構想と制度のなかにどのように反映するのかが、21世紀の「多からなる一」を考える不可欠な問いとなるだろう。

1) "Merkel Says German Multicultural Society Has Failed," October 17, 2010. http://www.bbc.com/news/world-europe-11559451（最終閲覧日2021年８月14日）; "State Multiculturalism Has Failed, Says David Cameron," February 5, 2011. http://www.bbc.com/news/uk-politics-12371994（最終閲覧日2021年８月14日）
2) Pew Research Center, "Race in America 2019," April 9, 2019. https://www.pewsocialtrends.org/2019/04/09/race-in-america-2019/（最終閲覧日2021年８月14日）
3) "Full text: 2017 Donald Trump Inauguration Speech Transcript," January 20, 2017. https://www.politico.com/story/2017/01/full-text-donald-trump-inauguration-speech-transcript-233907（最終閲覧日2021年８月14日）
4) 兼子歩によれば、「犬笛政治」とは、「人間には聞こえないが犬には聴取できる音を出す犬笛のように、直接人種に言及する言葉を使用せずに人種的な意味を帯びたメッセージを発し、人種意識に駆り立てられた投票行動を促す戦術」を指す（兼子 2021: 187)。犬笛政治は、トランプ現象以前から、「福祉不正」や「不法移民」に言及して白人の人種意識を煽り、支持を集める共和党政治家の戦略に頻繁に見られる（Haney López 2014)。
5) Pew Research Center, "Generation Z Looks a Lot Like Millennials on Key Social and Political Issues," January 17, 2019. https://www.pewresearch.org/social-trends/2019/01/17/generation-z-looks-a-lot-like-millennials-on-key-social-and-political-issues/（最終閲覧日2021年８月16日）
6) Morning Consult, "How 2020 is Impacting Gen Z's Worldview," June 2020. https://

morningconsult.com/form/gen-z-worldview-tracker/（最終閲覧日2021年8月16日）

7） AAPI Data, "Tip of the Iceberg: Estimates of AAPI Hate Incidents Far More Extensive than Reported," March 30, 2021. http://aapidata.com/blog/tip-iceberg-march2021-survey/（最終閲覧日2021年8月16日）

8） "Stop AAPI Hate National Report," August 12, 2021. https://stopaapihate.org/stop-aapi-hate-national-report-2/（最終閲覧日2021年8月16日）

9） 本章での制度的人種主義と感染症リスクの関連性についての説明は、おもに以下の記事に依拠している。Khiaram M. Bridges "The Many Ways Institutional Racism Kills Black People," *Time* June 11, 2020. https://time.com/5851864/institutional-racism-america/（最終閲覧日2021年8月16日）

10） Centers for Disease Control and Prevention, "African American Health," May 2017. https://www.cdc.gov/vitalsigns/pdf/2017-05-vitalsigns.pdf（最終閲覧日2021年8月16日）

11） Civiqs, "Black Lives Matter: Registered Voters," https://civiqs.com/results/black_lives_matter（最終閲覧日2021年10月8日）；なお、ピュー研究所の調査の場合、BLMへの支持は、2020年6月に67％まで増加したあとに、同年9月に55％に低下したが、その後は55％を維持している。 https://www.pewresearch.org/fact-tank/2021/09/27/support-for-black-lives-matter-declined-after-george-floyd-protests-but-has-remained-unchanged-since/（最終閲覧日2021年10月8日）；2つの調査の支持率の違いは、Civiqs調査が「支持も反対もしない」を選択できることを反映していると考えられる。

12） "As Biden Inches Ahead in Georgia, Stacey Abrams Draws Recognition and Praise," *New York Times* November 6, 2020. https://www.nytimes.com/2020/11/06/us/politics/stacey-abrams-georgia.html（最終閲覧日2021年8月17日）

13） "National Exit Polls: How Different Groups Voted," New York Times, November 3, 2020. https://www.nytimes.com/interactive/2020/11/03/us/elections/exit-polls-president.html（最終閲覧日2021年8月17日）

終　章

多文化社会アメリカの教訓
――日本への示唆――

「多からなる一」の系譜から考える

本書では、アメリカ合衆国における「多からなる一」を模索するモデルについて、その基本的視角や理論的背景を明らかにするとともに、その変遷を20世紀転換期から21世紀にかけてのアメリカ社会の歴史的変動のなかに位置づけてきた。その変化は、アメリカ社会内部に閉じた動きというよりも、近代化、産業化、グローバル化といった世界史的な同時代の変動の一部でもあった。

2020年代を迎えた世界は、これまでになく不透明で不確実な渦中にある。アメリカ合衆国が20世紀世界を規定してきたヘゲモニーは、21世紀の「テロとの戦争」の顛末、トランプ政権が体現した「アメリカ・ファースト」の姿勢、そして新型コロナウイルス感染の激甚な被害の拡大のなかで、明らかに動揺している（古矢 2020）。アメリカが示してきた多文化社会としてのモデルも、問題点や限界点のほうが強調されるようになってきた。現代世界では、ヨーロッパで多文化主義の「失敗」が喧伝され、感染症対策として国境封鎖を経験し、人種主義や性差別への抗議運動すら「分断」を生むと否定的に伝える風潮も見られる。多文化の共存が非現実的な空想であるかのように語る、冷笑的な議論を目にすることもあるだろう。そのような現状に対して、アメリカ多文化社会の経験からいかなる教訓を受け取ることができるのだろうか。

本書が描いてきたのは、アメリカ社会における試行錯誤の姿である。もともとは連邦制度における政治的多元性を表現したと言われる「多からなる一」は、20世紀初頭までに多様な出自を持つエスニック集団の共存を含意するようになった。さらに、1960年代の公民権運動以降は、人種、ジェンダー、セクシュアリティなど、アイデンティティの多様性とインターセクショナルな相互関係をいかに反映させるかが問われるようになった。このような問題関心の広がりとともに、白人優越主義を基調とした単一文化への同化を求める同化主義は後退し、文化の多様性を積極的に認め、個人が生きるうえで文化は不可欠とする考えが広がった。公民権期以降は、文化的な多様性をめぐって、ヨーロッパ系の共通文化を想定する文化多元主義と、徹底した人種主義批判を伴った多文化主義の論争が、人種エスニック関係を規定してきた。しかし、21世紀になると「ひとつの集団への帰属」という前提が問いなおされ、「多からなる一」をめぐるモデルはさらに複雑化した。個人を基点とするポストエスニシティ論や人種主義の影響を否認するポスト人種論から、多様性規範にもとづく包摂型多文化主義、BLM運動が描き出したインターセクショナルな多文化主義まで、「多」から「一」を想起する方法は多岐にわたり、ひとつのモデルに収束する様相は見られない。

支配的モデルの不在は、「分断」論へと与する誘因となるかもしれない。各モデル間の根本的な相違に注目して「分断」を語ることは容易だろう。しかし、それは、既存のモデルの限界や問題を乗り越え、次の構想を描こうとするダイナミズムの証左でもある。アメリカ史においては、人種主義などの抑圧的な社会制度をめぐって、抵抗する側とそれを維持しようとする側のあいだの対立が常に存在してきた。そして、その葛藤が生み出したのは、より多様な人びとの尊厳とその「ライヴズ（生命／生活）」を守り、包摂する仕組みをつくろうとする努力であった。「多からなる一」をめぐる歴史は、モデル間の優劣よりも、各モデルのなかの苦難や葛藤のなかから新しい声が生まれ、それがまた新しい構想や制度を導いてきたことに目を向けさせる。その試行錯誤のなかに、歴史的に蓄積された不正義を見出すこと、多様な人びとの声を聞き取ること、複数の声のあいだに対話や連帯のありかを見出すこと、多様な人びとを包摂する新しい社会の像を描くことが、アメリカ多文化社会を論じることの意義なのではないだろうか。

多文化社会日本の課題

多文化の共存を模索する動きは、日本社会でも独自のかたちで進展してきた。日本においては、多文化主義とは異なった文脈のなかで、「多文化共生」という用語が、多文化社会としての日本を構想するものとして用いられる傾向がある。「共生」という語は、日本社会の先住民族、障がい者、エスニック・マイノリティの権利を求める社会運動から生み出された言葉である（花崎 2001）。1980年代には、在日コリアンへの反差別と権利擁護を訴える住民運動を受けて、川崎市などの地方自治体が、日本人と外国人が「相互の立場を尊重し共に生きる地域社会の創造を目指」す取り組みを始めた。1990年代以降は、ラテンアメリカやアジア出身の外国人住民が増加するなか、外国人の生活環境整備やコミュニティ支援を扱う事業で「多文化共生」の言葉が利用されるようになった。そして、2000年代になると日本政府が、「多文化共生」の語を、日本人と外国人のあいだで「互いの文化的ちがいを認め合い、対等な関係を築こうとしながら、地域社会の構成員として共に生きていく」ための政策的スローガンとして採用した。しかし、2010年代以降は、国家レベルの「共生」の言説は後退し、「移民政策」の存在を否定して「外国人材」として市場の論理を優先する態度が顕著になっている（加藤 2008; 髙谷 2021）。

では、アメリカ多文化社会論の視角から、多文化社会日本のあり方について、どのような課題が指摘できるだろうか。

アメリカにおける「多からなる一」の構想は、「アメリカ人とは誰か」をめぐるナショナルな再定義を含んでいた。白人男性のみを正規のメンバーとする考え方は、公民権運動やフェミニズムをはじめとする社会運動の挑戦の結果、より多様な人びと――黒人などの人種マイノリティ、女性、性的マイノリティなど――を包摂するようになった。しかし、日本の「多文化共生」施策は、国民社会や国家政策への検証を欠いたまま、地域社会での日本人／外国人の「共生」を目指すものとされ、「日本人」像の内実を問いなおすことに結びついていない。多文化化とは、「国民」と「外国人」の共存ではなく、社会を構成するメンバーの再定義を伴う変化であるはずだ。

アメリカ多文化社会をモデル化する際の鍵となったのが、歴史との対峙であった。セトラー・コロニアリズム、人種主義、性差別、ホモフォビアなどを制度化してきた抑圧的な社会構造が、現代社会を形づくっている。多文化社会の構想は、このような歴史的条件から乖離させることはできない。それは、日本社会においても同様である。明治国家成立期のアイヌや沖縄支配の確立、海外への日本人移民世界の拡張、アジアへの植民地主義と植民地出身者への人種主義的な支配体制、そして外国人労働者の搾取と差別的処遇は、いずれも日本社会の展開と深く結びついている。現代の多文化社会が抱える歴史的条件、すなわち日本社会の「深い多様性」に目を向けることが必要だろう。

そして、21世紀のアメリカと同時代の日本でも、新自由主義や安全保障化が多文化社会のあり方を左右している。とくに2000年代以降の日本では、経済界の意向を受けて、必要な労働力を「外国人材」として都合良く活用し、その生活支援や統合政策は地方自治体に「丸投げ」している実態がある。一方で、非正規滞在者や難民申請者に対しては「治安問題」を煽り、基本的な権利を無視した厳しい取締りが実施されている（高谷編 2019)。ジェンダーやセクシュアリティに関わる領域でも不平等や権利制限は顕著だ。「女性活躍」を掲げたにもかかわらず、世界経済フォーラムによる2021年のジェンダー・ギャップ指数が世界120位という現実は、政治や経済面での深刻なジェンダー格差の存在を示している。市場主導の「LGBTブーム」の一方で、同性婚の制度化はパートナーシップ制度にとどまり、2021年6月に国会に提出予定であった「LGBT差別解消」を掲げた法案も未成立に終わった。多文化社会日本は、人種、ジェンダー、階級、セクシュアリティなどの複雑なマトリクスのもとに成立しており、多様な人びとが直面する不平等は、新自由主義的な選別主義や自己責任論のもとで地続きとなっている。

アメリカ多文化社会論から日本を考える

多文化社会の構想という現代的課題に直面したとき、アメリカ合衆国と日本は対照的な性格を持つとされることが多い。両国では、移民やマイノリティ集団の人口規模が大きく異なっている。アメリカでは、2020年センサスによれば、人口の43%を人種エスニックなマイノリティが占め、外国生まれ人口は全体の13.7%（2019年）である。一方で、日本における「在留外国人」人口は急増しているとはいえ、2019年末に約293万人で全人口の2.3%程度である（法務省出入国在留管理庁 2020: 25)。さらに、アメリカ合衆国では、国外からの移民を自国のナショナルな物語の中心に抱く傾向があるのに対し、日本においては「単一民族」の神話に拘泥する態度が根強く見られる。それは制度にも反映されている。アメリカでは、出生地主義的な国籍原則を維持しており、多くの市民が自身を、エスニックな出自を持つ「○○系アメリカ人」と考えている。一方、日本では、国籍を親子関係（＝血統）によって規定し、「日本人」のエスニックな均質性が過度に強調される。アメリカ合衆国のような移民国家では、公民権にもとづいて移民やマイノリティを「市民」として包摂した社会を多文化社会と考えるが、日本では「日本人」と「外国人」の区別を前提とした「共生」の先に多文化社会を見ている。

ただし、両国の類型上の相違を、質的な差異と同一視することは避けるべきだ。本書でもみたように、市民的な理念にもとづく「移民の国」像を過度に強調すれば、セトラー・コロニアリズムや奴隷制を起点として、WASPや「白人性」を中核に据える人種主義の存在を見過ごしてしまう。同様に、エスニックな血統を重視する日本という像も、「日本国民」が、少なくとも形式的には、日本国憲法における国民主権、基本的人権の尊重、平和主義などの理念を共有するものとして規定されてきたことを忘れさせる。日本社会においても、自由民主主義的な価値を共有する市民としての「国民」概念の延長線上に多文化社会を構想することも、ひとつの可能な選択肢となりえるはずだ。アメリカと日本の相違を安易に類型化するのではなく、両国の質的差異も、市民的な理念と人種主義の関係性のあり方の相違として理解したほうがいいだろう。

アメリカ合衆国における「多からなる一」の構想は、社会運動による問題提起、連邦国家の枠組における政策実践、それらを踏まえて検証される理論のあいだの往復関係のなかで鍛えられてきた。それは、同化論から公民権運動を経て文化多元主義と多文化主義へと展開し、人種エスニックな多様化、新自由主義の拡大とマイノリティ政策の安全保障化などの変動に直面することで、複雑さを増している。しかし、2020年の感染症危機や警察暴力の顕在化は、構造的不平等に埋め込まれた「深い多様性」へとアプローチすることの必要性を痛感させている。日本における「多文化共生」も、新自由主義的な外国人労働力の活用のスローガンへと短絡化するのではなく、人種主義、植民地主義、グローバル資本主義、ナショナリズムなどを背景として、現代日本に住まう多様な人びとで構成される市民社会を描く指針として、再提案することが必要だろう。

「多文化共生」を再提案するうえで、アメリカの経験との対比から、2つの論点を確認しておきたい。第一に、本書では、アメリカ社会における多文化主義政策を導くうえで、1964年公民権法が決定的な契機となったことを論じた。差別を禁止することは、多文化の共存を「差別のない社会」として構築するうえでの根本的な条件となる。そして、それは抽象的な理念としてだけでなく、制度的な取り組みを促す具体的な法として規定されていることも重要である。日本でもヘイトスピーチ問題や差別問題への対策として、差別禁止法の制定が求められているにもかかわらず、日本政府は消極的な態度に終始している（師岡 2013; 梁 2020)。反差別法の制定が、多文化社会の制度化への第一歩であることをここで再確認しておきたい。

第二に、反差別や「多文化共生」を求める動きに対するバックラッシュは、日本国内でも顕著である。バックラッシュの言説はしばしば「多文化主義や反差別論の行き過ぎ」を強調し、アメリカが直面したとされる「分断」の脅威を煽る。しかし、「行き過ぎ」を強調する前に、日本国内で多文化主義的な政策がまともに制度化されたことがないことを確認する必要がある。第6章で言及したカナダのクイーンズ大学が実施する多文化主義政策指標によれば、移民に対する多文化主義政策の日本のスコアは1980年から2020年まで一貫して「ゼロ」のままであり、先進国では最低レベルである（Wallace et al. 2021)。日本が「多文化主義なき多文化社会」であることから議論を始めなければならない（ハン 2019)。

多文化社会をめぐる議論は、それぞれの社会を形づくってきた人種主義と排除の歴史を学び、その蓄積のうえに現代の「深い多様性」を描き、共生の条件を探ることが必要だ。不正義を是正し、集団間・個人間の対等な関係を築く制度的枠組の追求は、反差別法にもとづく反人種主義の原則を徹底することから始まる。当然、それぞれの制度に対して、常に弱い立場に置かれた人びとの視点から検証を重ね、試行錯誤を繰り返すことになるだろう。多文化社会としての日本の未来は、その繰り返しの先にはじめて見出されるものなのである。

初版あとがき

本書は、これまで私が担当してきた大学での講義がもとになっている。2006年度から2010年度まで神戸市外国語大学で担当した「米国の社会」に始まり、それは、立命館大学国際関係学部での「北アメリカ研究」に引き継がれ、2015年度で10年目を迎えた。その間に、アメリカ合衆国史上はじめての非白人大統領が誕生する一方で、とくにここ数年は、アメリカでの警察による暴力やヘイトクライムの表面化、日本でのヘイトスピーチの蔓延という暗澹とするニュースも目立つようになった。このような時事的状況を踏まえつつ、講義では、現代のアメリカ多文化社会における論争点を理解するとともに、多文化社会のあり方について体系的な知識を身につけることを目指してきた。

このような講義内容を書籍化する直接の契機となったのは、2013年度に所属学部の学外研究員制度を利用して、カリフォルニア大学バークレー校で研究に専念する機会を得たことだった。在外研究中、アメリカ社会に身をおいて多くの人に出会い、多文化社会や人種主義をめぐるさまざまな議論を学ぶうちに、これまで講義で積み重ねてきた議論に、新たな研究成果も盛り込みながら、多文化社会としてのアメリカを理解するための枠組について、学生や一般の方にも読んでもらえる書物として発表したいと考えるようになった。

たとえば、アメリカの人種主義をめぐる事件は、日本のメディアでは「根深い人種差別」という常套句で紹介されることが多い。その「根深さ」を前にして、日本では、アメリカという「特殊な社会」の事情と他者化したり、「所詮、違う人種はわかりあえない」「多文化の共存なんて絵空事」といった短絡的な一般化をしたりする声を耳にすることも少なくない。しかし、これでは何も理解したことにはならない。深く埋もれている周囲の土（＝歴史的文脈）を丁寧にかき分け、絡まった根（＝対立の複合的な諸要因）を慎重に解きほぐし、問題を、さまざまな立場の人々の視点から考えてみることなしに、「人種差別」を理解することはできないだろう。でも、問題を分解するための道具も、それを見通すための眼鏡も、十分に提供されているとは言い難い。それが、アメリカの課題を、「対岸の火事」ではなく自分が生きる社会の問題として考える姿勢を身につけることを難しくしている。ヘイトスピーチや特定の背景を持つ人々への攻撃は、これまでも、現在も、そしてこれからも「対岸の火事」ではありえない。講義で心がけてきたことは、太平洋の向こうの特殊な出来事としてではなく、近現代の社会が直面してきた共通体験の１つとして、多文化社会の課題を考えることであった。

本書が目指したのも、アメリカという社会の経験を通して、多文化社会を包括的にとらえるための枠組を用意すること、その枠組の成り立ちを理解すること、そして、その経験を、日本を含む現代社会の課題と突き合わせ、多文化社会の可能性を考えるための材料を提供することであった。アメリカ多文化社会を支える人々の葛藤、制度や政策、そしてそこに体現された社会の理想というものを体系的に提示し、読者の方々それぞれが、「人種差別」の「根深さ」を、自分の問題として見据えることの一助となればと考えている。

とはいえ、研究者としても教育者としても未熟な私にとって、アメリカの歴史を見通し、その社会構想の変遷を問う本書の課題は、あまりに過大なものであった。当然ながら各分野での最新動向や複雑な議論を十分反映させるに至っていない部分もあるし、十分に目が届いていない箇所も少なくないだろう。専門研究者の方々はもちろん、実際に多文化社会実現の現場で奮闘する方々のご批判、ご意見を賜ることができれば、本書の議論をより深化させることもできるだろう。

本書は、多くの方々の協力・助力があってはじめて世に出ることとなった。恩師、先輩、友人、同僚のみなさんの名前をすべて挙げることは難しいが、本書の原型が、大学時代に受講した辻内鏡人さんの講義にあったことは記しておかなくてはならない。多文化主義論争真っ最中の1990年代に辻内さんのアクチュアリティに満ちたアメリカ研究の講義に感じた知的興奮が、本書の出発点になったことは間違いない。そして、１年間の在外研究の機会を与えてくれた立命館大学国際関係学部のみなさん、すばらしい研究環境を提供してくれたカリフォルニア大学バークレー校のマイケル・オミ、キャサリン・セニーザ・チョイ両先生にも感謝する。また、法律文化社の小西英央さんに「拾って」いただいたことで、本書の原稿は日の目を見ることができた。本書の出版は、立命館大学学術図書出版推進プログラムの助成によって可能になった。記して感謝したい。また、本書は、科研費基盤研究（C）「アメリカ型多文化主義の生成と展開をめぐる歴史社会学的研究」（研究課題番号 26380720）による研究成果である。

何よりも本書の出版にあたって感謝しなくてはならないのは、10年間にわたって、私の講義を受講してくれたすべての学生たちであることは間違いない。みなさんの真剣な表情、鋭い質問、温かい激励、厳しい批判のすべてが、本書をまとめる原動力となった。

現代アメリカの人種や多様性をめぐる状況は決して楽観を許すものではないが、本書が、多文化社会というものについて少しでも希望を含んだものになっているとすれば、それは、妻と２人の娘と過ごしたバークレーでの１年間があってのことであると思う。ベイエリアの人々は、私たち家族を住民として地域に迎え入れ、アメリカ多文化社会の最良の経験を与えてくれた。本書を、そんな機会を最大限に「楽しむ」ことで、多文化社会のしなやかな可能性をあらためて実感させてくれた妻と娘たちに捧げたい。

2015年８月末日　京都の研究室にて

南 川 文 里

新版あとがき

初版と同様に、新版も多くの人の支えによって完成することができた。新版に向けてアップデートされた資料の多くは、2019年度立命館大学学外研究制度によるトロント大学での学外研究時の調査によって入手した。その後2年間にわたり新型コロナウイルス感染症対策による出入国規制でほとんど海外調査ができないなかも、学外研究時の蓄積によって新版の執筆は可能になった。このような機会を認めていただいた立命館大学国際関係学部の同僚、学生のみなさんに感謝したい。また、本研究は、科研費基盤研究(C)「アメリカ型多文化主義の後退と浸透をめぐる歴史社会学的研究」(研究代表者・南川文里、2018～21年度、課題番号18K01982)、科研費基盤研究(B)「社会的境界研究の構築と移民トランスナショナリズムへの応用」(研究代表者・樽本英樹、2017～20年度、課題番号17KT0030)、科研費国際共同研究加速基金(国際共同研究強化)「都市部における共生の危機と「内発的ソーシャル・ミックス」に関する仏米比較研究」(研究代表者・森千香子、2018～21年度、課題番号18KK0054)による研究助成の成果をもとにしている。

本書の一部は、初版刊行後に発表した以下の研究成果にもとづいている。

南川文里. 2018.「『移民の国』のネイティヴィズム：アメリカ排外主義と国境管理」樽本英樹編『排外主義の国際比較：先進諸国における外国人移民の実態』ミネルヴァ書房: 177-197.

南川文里. 2020.「制度から考える反人種主義：制度的人種主義批判の射程」『現代思想10月臨時増刊号　総特集：ブラック・ライヴズ・マター』青土社: 91-96.

南川文里. 2020.「『多様性』時代におけるトランプ現象：「分断」の底で進行する人種関係の地殻変動」『論座』11月13日.

南川文里. 2021.『未完の多文化主義：アメリカにおける人種、国家、多様性』東京大学出版会.

本書を全面的に改訂したいという提案を快く受け止めてくださった法律文化社の小西英央さんにも感謝したい。短い改稿期間であったが、複雑な議論が少しでも明瞭さを増していたとすれば、それは信頼できる編集者との共同作業のおかげだろう。

最後に、あらためて初版の読者のみなさん、そしてこれまで著者の講義やゼミを受講してくれた学生のみなさんに感謝の意を表したい。初版は、著者が所属した立命館大学国際関係学部をはじめ、多くの大学や大学院で教科書や参考書として使用された。アメリカ研究者や学生・読者のみなさんからいただいた貴重なフィードバックは、新版への長い道のりを前進させる原動力となった。本書がみなさんの意見、批判、励ましにどこまで応えられたかは、今後の新たなフィードバックを待ちたいと思う。

2022年1月　雪に囲まれた新年に

南川文里

文献一覧

阿部珠理. 2005.『アメリカ先住民：民族再生にむけて』角川書店.

会田弘継. 2017.『破綻するアメリカ』岩波書店.

明石紀雄・飯野正子. 2011.『エスニック・アメリカ：多文化社会における共生の模索 第3版』有斐閣.

Alba, Richard, and Victor Nee. 2003. *Remaking the American Mainstream: Assimilation and Contemporary Immigration*. Cambridge: Harvard University Press.

Alexander, Jeffrey C. 2001. "Theorizing the 'Modes of Incorporation'." *Sociological Theory* 19 (3): 371-400.

———. 2006. *The Civil Sphere*. Oxford: Oxford University Press.

Alexander, Michelle. 2010. *The New Jim Crow: Mass Incarceration in the Age of Colorblindness*. New York: The New Press.

Almaguer, Tomás. 1994. *Racial Fault Lines: The Historical Origin of White Supremacy in California*. Berkeley: University of California Press.

Anderson, Terry H. 2004. *The Pursuit of Fairness: A History of Affirmative Action*. Oxford: Oxford University Press.

Anzaldúa, Gloria. 1987=1999. *Borderlands/La Frontera: The New Mestiza, Second Edition*. San Francisco: Aunt Lute Books.

Aoki, Andrew and Okiyoshi Takeda. 2008. *Asian American Politics*. Cambridge: Polity.

青柳まちこ. 2010.『国勢調査から考える人種・民族・国籍：オバマはなぜ「黒人」大統領と呼ばれるのか』明石書店.

Appiah, K. Anthony. 1994. "Identity, Authenticity, Survival: Multicultural Societies and Social Production." In *Multiculturalism: Examining the Politics of Recognition*. Ed. by Amy Gutmann. Princeton: Princeton University Press：149-163. 佐々木毅・辻康夫・向山恭一訳. 1996.「アイデンティティ、真正性、文化の存続：多文化社会と社会的再生産」『マルチカルチュラリズム』岩波書店: 211-234.

Asante, Molefi K. 1987. *The Afrocentric Idea*. Philadelphia: Temple University Press.

綾部恒雄編. 1992.『アメリカの民族：ルツボからサラダボウルへ』弘文堂.

Banting, Keith G. 2005. "The Multicultural Welfare State: International Experience and North American Narratives." *Social Policy and Administration* 39(2): 98-115.

Barret, James R. and David Roediger. 1997. "Inbetween Peoples: Race, Nationality and the 'New Immigrant' Working Class." *Journal of American Ethnic History* 16(3): 3-44.

Bellah, Robert N. 1967=2005. "Civil Religion in America." *Daedalus* 134 (4): 40-45.

Berman, Ari. 2015. *Give Us the Ballot: The Modern Struggle for Voting Rights in America*. New York: Picador. 秋元由紀訳. 2020.『投票権をわれらに：選挙制度をめぐるアメリカの新たな闘い』白水社.

Berman, Paul. ed. 1992. *Debating P.C.: The Controversy Over Political Correctness on College Campus*. New York: Bantam/Laurel.

Bernal, Martin. 1987. *Black Athena: The Afrocentric Roots of Classical Civilization, Volume I: The Fabrication of Ancient Greece 1785-1985*. New Brunswick: Rutgers University Press.

Bernstein, Mary. 2005. "Identity Politics." *Annual Review of Sociology* 31: 47-74.

Berrey, Ellen. 2015. *The Enigma of Diversity: The Language of Race and the Limits of Racial Justice*. Chicago: The University of Chicago Press.

Bloemraad, Irene. 2006. *Becoming a Citizen: Incorporating Immigrants and Refugees in the United States and Canada*. Berkeley: University of California Press.

————, Anna Korteweg, and Gokce Yurdakul. 2008. "Citizenship and Immigration: Multiculturalism, Assimilation, and Challenges to the Nation-State." *Annual Review of Sociology* 34: 153-179.

Bloom, Alan Davis. 1987. *The Closing of American Mind: How Higher Education Has Failed Democracy and Impoverished the Souls of Today's Students*. New York: Simon and Schuster. 菅野盾樹訳. 1988.『アメリカン・マインドの終焉：文化と教育の危機』みすず書房.

Blumrosen, Alfred W. 1971. *Black Employment and the Law*. New Brunswick: Rutgers University Press.

Bobo, Lawrence D., and Camille Z. Charles. 2009. "Race in the American Mind: From the Moynihan Report to the Obama Candidacy." *The Annals of the American Academy of Political and Social Science* 621: 243-259.

Bodnar, John. 1985. *The Transplanted: A History of Immigrants in Urban America*. Bloomington: Indiana University Press.

Bonilla-Silva, Eduardo. 2001. *White Supremacy and Racism in the Post-Civil Rights Era*. Boulder: Lynne Rienner Publishers.

————. 2006. *Racism Without Racists: Color-Blind Racism and Persistence of Racial Inequality in America, Second Edition*. Lanham: Rowman & Littlefield.

Brettell, Caroline B., and Deborah Reed-Danahay. 2012. *Civic Engagements: The Citizenship Practice of Indian and Vietnamese Immigrants*. Stanford: Stanford University Press.

Brimelow, Peter. 1995. *Alien Nation: Common Sense About America's Immigration*

Disaster. New York: Harper Perennial.
Brubaker, Rogers. 2004. *Ethnicity Without Groups*. Cambridge: Harvard University Press.
Carmichael, Stokely and Charles V. Hamilton. 1967. *Black Power: The Politics of Liberation in America*. New York: Random House.
Center for Economic and Policy Research. 2020. *A Basic Demographic Profile in Frontline Industries*. Washington, D.C.: Center for Economic and Policy Research.
Chan, Sucheng. 1991. *Asian Americans: An Interpretive History*. Boston: Twayne Publishers.
Chang, Edward T., and Russell C. Leong ed. 1994. *Los Angeles: Struggle Toward Multiethnic Community*. Seattle: University of Washington Press.
Charles, Camille Z. 2006. *Won't You Be My Neighbor?: Race, Class, and Segregation in Los Angeles*. New York: Russell Sage Foundation.
Chauncey, George. 2004. *Why Marriage: The History Shaping Today's Debate Over Gay Equality*. New York: Basic Books. 上杉富之・村上隆則訳. 2006.『同性婚：ゲイの権利をめぐるアメリカ現代史』明石書店.
Chaves, Leo R. 2013. *The Latino Threat: Constructing Immigrants, Citizens, and the Nation, Second Edition*. Stanford: Stanford University Press.
崔勝久・加藤千香子編. 2008.『日本における多文化共生とは何か：在日の経験から』新曜社.
中條献. 2004.『歴史のなかの人種：アメリカが創り出す差異と多様性』北樹出版.
Coates, Ta-Nehisi. 2017. *We Were Eight Years in Power: An American Tragedy*. New York: One World. 池田年穂・長岡真吾・矢倉喬士訳. 2020.『僕の大統領は黒人だった（上・下）』慶應義塾大学出版会.
Collins, Patricia Hill. 1990. *Black Feminist Thought: Knowledge, Consciousness, and the Politics of Empowerment*. New York: Routledge.
———, and Sirma Bilge. 2020. *Intersectionality: Second Edition*. Cambridge: Polity.
Committee of Scholars in Defense of History. 1990. "Statement by 'Scholars in Defense of History'." *Education Week* August 1.
Connerly, Ward. 2000. *Creating Equal: My Fight Against Race Preferences*. San Francisco: Encounter Books.
Cornbleth, Catherine, and Dexter Waugh. 1999. *The Great Speckled Bird: Multicultural Politics and Education Policymaking*. New York: Routledge.
Council of Europe. 2008. *White Paper on Intercultural Dialogue: Living Together As Equals in Dignity*. Strasbourg: Council of Europe.
Crenshaw, Kimberle. 1991. "Mapping the Margins: Intersectionality, Identity Politics,

and Violence Against Women of Color." *Sanford Law Review* 43 (6): 1241-1299.

Crevecoeur, J. Hector St. John. 1784=1904. *Letters From An American Farmer*. New York: Fox Duffield. American Studies at the University of Virginia Hypertext. http://xroads.virginia.edu/~HYPER/CREV/header.html（最終閲覧日2015年８月31日）

Daniels, Roger, 1962. *The Politics of Prejudice: The Anti-Japanese Movement in California, and the Struggle for Japanese Exclusion*. Berkeley: University of California Press.

Davis, Angela Y. 2003. *Are Prisons Obsolete?* New York: Seven Stories Press. 上杉忍訳. 2008.『監獄ビジネス：グローバリズムと産獄複合体』岩波書店.

Davis, F. James. 2001. *Who Is Black?: One Nation's Definition, Tenth Anniversary Edition*. University Park: The Pennsylvania State University Press.

Davis, Mike. 1993. "Who Killed L.A.; A Political Autopsy." *New Left Review* 197 (1): 3-28.

de Haas, Hein, Stephen Castles, and Mark J. Miller. 2020. *The Age of Migration: International Population Movements in the Modern World, Sixth Edition*. London: Red Globe Press.

Dillard, Angela D. 2001. *Guess Who's Coming to Dinner Now? Multicultural Conservatism in America*. New York: New York University Press.

Dobbin, Frank. 2009. *Inventing Equal Opportunity*. Princeton: Princeton University Press.

Duberman, Martin. 1993. *Stonewall*. New York: Plume.

DuBois, W.E.B. 1903=2008. *The Souls of Black Folk*. The Project Gutenberg EBook. 木島始・鮫島重俊・黄寅秀訳. 1992.『黒人のたましい』岩波文庫.

Dudziak, Mary L. 2000. *Cold War Civil Rights: Race and the Image of American Democracy*. Princeton: Princeton University Press.

Dyson, Michael Eric. 2016. *The Black Presidency: Barack Obama and the Politics of Race in America*. Boston: Mariner Books.

遠藤泰生. 2005.「黒人種奴隷制社会の成立：1705年ヴァージニア植民地議会、奉公人と奴隷に関する法」遠藤泰生編『史料で読むアメリカ文化史１：植民地時代15世紀末－1770年代』東京大学出版会:167-180.

Equal Justice Initiative. 2017. *Lynching in America: Confronting the Legacy of Racial Terror, Third Edition*. Montgomery: Equal Justice Initiative.

Espiritu, Yen Le. 1992. *Asian American Panethnicity: Bridging Institutions and Identities*. Philadelphia: Temple University Press.

Feagin, Joe R. 2006. *Systemic Racism: A Theory of Oppression*. New York: Routledge.

Forman, Seth. 1998. *Blacks in the Jewish Mind: A Crisis of Liberalism*. New York. New York University Press.
フランクリン，ベンジャミン．中野勝郎訳．1784=2005.「アメリカに移住を希望する人々への案内」遠藤泰生編『史料で読むアメリカ文化史１：植民地時代15世紀末-1770年代』東京大学出版会: 116-125.
Franklin, John Hope, and Evelyn Brooks Higginbotham. 2010. *From Slavery to Freedom: A History of African Americans, Ninth Edition*. New York: McGraw-Hill.
Frederickson, George M. 2002. *Racism: A Short History*. Princeton: Princeton University Press. 李孝徳訳. 2009.『人種主義の歴史』みすず書房.
Frey, William H. 2018. *Diversity Explosion: How New Racial Demographics Are Remaking America, Revised and Updated Edition*. Washington, D.C.: Brookings Institution Press.
———. 2021. "New 2020 Census Result Show Increased Diversity Countering Decade-long Declines in America's White and Youth Populations." Brookings Report. August 13. https://www.brookings.edu/research/new-2020-census-results-show-increased-diversity-countering-decade-long-declines-in-americas-white-and-youth-populations/（最終閲覧日2021年９月30日）
Friedan, Betty. 1963=1997. *The Feminine Mystique*. New York: W.W. Norton & Company. 三浦冨美子訳. 2004.『新しい女性の創造』大和書房.
Fuchs, Lawrence H. 1990. *The American Kaleidoscope: Race, Ethnicity and Civic Culture*. Middletown: Wesleyan University Press.
藤本一美・末次俊之. 2011.『ティーパーティー運動：現代米国政治分析』東信堂.
藤本龍児. 2009.『アメリカの公共宗教：多元社会における精神性』NTT出版.
藤永康政. 2018.「刑罰国家とブラック・ライヴズ・マター運動」『世界』908: 162-167.
古矢旬. 2002.『アメリカニズム：「普遍国家」のナショナリズム』東京大学出版会.
———. 2005.「アメリカニズムと『人種』：その原点と現在」川島正樹編『アメリカニズムと「人種」』名古屋大学出版会: １-34.
———. 2020.『グローバル時代のアメリカ：冷戦時代から21世紀　シリーズアメリカ合衆国史④』岩波新書.
Gabaccia, Donna R. 1994. *From the Other Side: Women, Gender, and Immigrant Life in the U.S. 1820-1990*. Bloomington: Indiana University Press.
Gans, Herbert J. 1979. "Symbolic Ethnicity." *Ethnic and Racial Studies* 2 (1): 1-20.
García, Emma. 2020. "Schools Are Still Segregated And Black Children Are Paying a Price." February 12. Washington, D.C.: Economic Policy Institute.
Garcia, John A. 2012. *Latino Politics in America: Community, Culture, and Interests.*

Lanham: Rowman & Littlefield.

Garza, Alicia. 2017. *The Purpose of Power: How We Come Together When We Fall Apart*. New York: One World. 人権学習コレクティブ監訳. 2021.『世界を動かす変革の力：ブラック・ライブズ・マター共同代表からのメッセージ』明石書店.

Gerstle, Gary. 2001. *American Crucibles: Race and Nation in the Twentieth Century*. Princeton: Princeton University Press.

Gibson, Campbell, and Kay Jung. 2002. "Historical Census Statistics on Population Totals by Race, 1790 to 1990, And by Hispanic Origin, 1970 to 1990, For the Regions, Divisions, and States." Population Division Working Paper No. 56. Washington, D.C.: U.S. Census Bureau.

———. 2006. "Historical Census Statistics on the Foreign-Born Population of the United States: 1850 to 2000." Population Division Working Paper, No. 81. Washington, D.C.: U.S. Census Bureau.

Gibson, Michelle A., Jonathan Alexander, and Deborah T. Meem. 2014. *Finding Out: An Introduction to LGBT Studies, Second Edition*. Thousands Oaks: Sage.

Gilroy, Paul. 1993. *The Black Atlantic: Modernity and Double Consciousness*. Cambridge: Harvard University Press. 上野俊哉・毛利嘉孝・鈴木慎一郎訳. 2006.『ブラック・アトランティック：近代性と二重意識』月曜社.

Gitlin, Todd. 1995. *The Twilight of Common Dreams: Why America Is Wracked by Culture Wars*. New York: Metropolitan Books. 疋田三良・向井俊二訳. 2001.『アメリカの文化戦争：たそがれゆく共通の夢』彩流社.

Glaeser, Edward, and Jacob Vigdor. 2012. *The End of the Segregated Century: Racial Separation in America's Neighborhood, 1890-2010*. New York: Manhattan Institute.

Glazer, Nathan. 1975. *Affirmative Discrimination: Ethnic Inequality and Public Policy*. New York: Basic Books.

———. 1983. *Ethnic Dilemmas 1964-1982*. Cambridge: Harvard University Press.

———. 1997. *We Are All Multiculturalists Now*. Cambridge: Harvard University Press.

———. 1999. "Multiculturalism and American Exceptionalism." In *Multicultural Questions*. Ed. by Christian Joppke and Steven Lukes. Oxford: Oxford University Press: 183-198.

———, and Daniel P. Moynihan. 1963=1970. *Beyond the Melting Pot: The Negroes, Puerto Ricans, Jews, Italians, and Irish of New York City, Second Edition*. Cambridge: The MIT Press. 阿部齊・飯野正子訳. 1986.『人種のるつぼを越えて：多民族社会アメリカ』南雲堂.

———, and Daniel P. Moynihan ed. 1975. *Ethnicity: Theory and Experience.* Cambridge: Harvard University Press.

Gleason, Philip. 1992. *Speaking Diversity: Language and Ethnicity in Twentieth-Century America.* Baltimore: The Johns Hopkins University Press.

Glenn, Evelyn Nakano. 2002. *Unequal Freedom: How Race and Gender Shaped American Citizenship and Labor.* Cambridge: Harvard University Press.

Gonzales, Alfonso. 2014. *Reform Without Justice: Latino Migrant Politics and the Homeland Security State.* Oxford: Oxford University Press.

Gordon, Milton M. 1964. *Assimilation in American Life: The Role of Race, Religion, and National Origin.* New York: Oxford University Press. 倉田和四生・山本剛郎訳. 2000.『アメリカンライフにおける同化理論の諸相：人種・宗教および出身国の役割』晃洋書房.

Graham, Hugh Davis. 1990. *The Civil Rights Era: Origins and Development of National Policy, 1960–1972.* New York: Oxford University Press.

Greenhouse, Linda. 2003. "Justice Back Affirmative Action by 5 to 4." *New York Times* June 24.

Gutmann, Amy, ed. 1994. *Multiculturalism: Examining the Politics of Recognition.* Princeton: Princeton University Press. 佐々木毅・辻康夫・向山恭一訳. 1996.『マルチカルチュラリズム』岩波書店.

ハン・トンヒョン. 2019.「外国人・移民：包摂型社会を経ない排除型社会で起きていること」小熊英二編『平成史　完全版』河出書房新社: 517–558.

花崎皋平. 2001.『増補・アイデンティティと共生の哲学』平凡社.

Handlin, Oscar. 1951=1973. *The Uprooted: The Epic Story of the Great Migrations That Made the American People, Second Edition.* Boston: Little, Brown, and Company.

Haney López, Ian F. 1994. "Social Construction of Race: Some Observations on Illusion, Fabrication, and Choice." *Harvard Civil Rights-Civil Liberties Law Review* 29: 1–62.

———. 2000. "Institutional Racism: Judicial Conduct and a New Theory of Racial Discrimination." *The Yale Law Journal* 109(8): 1717–1884.

———. 2014. *Dog Whistle Politics: How Coded Racial Appeals Have Reinvented Racism and Wrecked the Middle Class.* Oxford: Oxford University Press.

Harris, Fredrick C. 2012. *The Price of the Ticket: Barrack Obama and the Rise and Decline of Black Politics.* New York: Oxford University Press.

Hartmann, Douglas, and Joseph Gerteis. 2005. "Dealing with Diversity: Mapping Multiculturalism in Sociological Terms." *Sociological Theory* 23 (2): 218–240.

Hero, Rodney E., and Robert R. Preuhs. 2006. “Multiculturalism and Welfare Policies in the USA: A State-Level Comparative Analysis.” In *Multiculturalism and the Welfare State: Recognition and Redistribution in Contemporary Democracies*. Ed. by Will Kymlicka and Keith G. Banting. Oxford: Oxford University Press: 121-151.

Higham, John. 1955=2002. *Strangers in the Land: Patterns of American Nativism, 1860-1925*. New Brunswick: Rutgers University Press.

樋口映美. 2001=2021.「1990年代の『文化戦争』：左翼ギトリンの思い」樋口映美『アメリカ社会の人種関係と記憶：歴史との対話』彩流社: 249-286.

Hinton, Elizabeth Kai. 2016. *From the War on Poverty to the War on Crime: The Making of Mass Incarceration in America*. Cambridge: Harvard University Press.

Hixson, Walter L. 2013. *American Settler Colonialism: A History*. New York: Palgrave Macmillan.

Hochschild, Arlie Russell. 2016. *Strangers in Their Own Land: Anger and Mourning on the American Right*. New York: New Press.布施由紀子訳. 2018.『壁の向こうの住人たち：アメリカの右派を襲う怒りと嘆き』岩波書店.

Hochschild, Jennifer, Velsa Weaver, and Traci Burch. 2012. *Creating A New Racial Order: How Immigration, Multiracialism, Genomics, and the Young Can Remake Race in America*. Princeton: Princeton University Press.

Hollifield, James F., Philip L. Martin, and Pia M. Orrenius ed. 2014. *Controlling Immigration: A Global Perspective, Third Edition*. Stanford: Stanford University Press.

Hollinger, David A. 1995. *Postehnic America: Beyond Multiculturalism*. New York: Basic Books. 藤田文子訳. 2002.『ポストエスニック・アメリカ：多文化主義を超えて』明石書店.

———. 2008. “Obama, the Instability of Color Lines, and the Promise of a Postethnic Future.” *Callaloo* 31 (4): 1033-1037.

本田創造. 1991.『アメリカ黒人の歴史：新版』岩波新書.

本間長世. 1996.『思想としてのアメリカ：現代アメリカ文化・社会論』中公叢書.

hooks, bell. 1984. *Feminist Theory from Margin to Center*. Boston: South End Press. 清水久美訳. 1997.『ブラック・フェミニストの主張：周縁から中心へ』勁草書房.

Horowitz, Donald L. 1975. “Ethnic Identity.” In *Ethnicity: Theory and Experience*. Ed. by Nathan Glazer and Daniel P. Moynihan. Cambridge: Harvard University Press: 111-140.

HoSang, Daniel Martinez. 2010. *Racial Propositions: Ballot Initiatives and the Making of Postwar California*. Berkeley: University of California Press.

法務省出入国在留管理庁. 2020.『2020年度版出入国在留管理』法務省.

Human Rights Watch. 2016. *Every 25 Seconds: The Human Toll of Criminalizing Drug Use in the United States*. Washington D.C.: Human Rights Watch.

Huntington, Samuel P. 2004. *Who Are We?: The Challenges to America's National Identity*. New York: Simon and Schuster. 鈴木主税訳. 2004.『分断されるアメリカ：ナショナル・アイデンティティの危機』集英社.

飯尾真貴子. 2017.「非正規移民1150万人の排除と包摂：強制送還レジームとDACAプログラム」小井土彰宏編『移民受入の国際社会学：選別メカニズムの比較分析』名古屋大学出版会: 48-69.

石山徳子. 2020.『「犠牲区域」のアメリカ：核開発と先住民族』岩波書店.

Jacobson, Matthew Frye. 1999. *Whiteness of a Different Color: European Immigrants and the Alchemy of Race*. Cambridge: Harvard University Press.

――――. 2006. *Roots Too: White Ethnic Revival in Post-Civil Rights America*. Cambridge: Harvard University Press.

Jardina, Ashley. 2019. *White Identity Politics*. Cambridge: Cambridge University Press.

Jefferson, Thomas. 1784＝1853. *Notes on the States of Virginia, New Edition*. Richmond: J.W. Randolph.

Joint Committee on Printing, United States Congress. 2003. *Our Flag*. Washington, D.C.: U.S. Government Printing Office.

Jones, Robert P., Daniel Cox, E.J. Dionne Jr., and William A. Galston. 2011. "What It Means to Be American: Attitudes in an Increasingly Diverse America Ten Years After 9/11." Washington, D.C.: Brookings Institute/ Public Religion Research Institute.

Jones, Robert P., Daniel Cox, E.J. Dionne Jr., William A. Galston, Betsy Cooper, and Rachel Linesch. 2016. "How Immigration and Concerns About Cultural Changes Are Shaping the 2016 Election: Findings from the 2016 PPRI/Brookings Immigration Survey." Washington, D.C.: Public Religion Research Institute.

Joppke, Christian. 2017. *Is Multiculturalism Dead? Crisis and Persistence in the Constitutional State*. Cambridge: Polity Press.

――――, and Steven Lukes ed. 1999. *Multicultural Questions*. Oxford: Oxford University Press.

梶田孝道. 1993.『統合と分裂のヨーロッパ：EC、国家、民族』岩波新書.

Kallen, Horace M. 1915. "Democracy Versus the Melting-Pot." *The Nation*. Vol. 100. No. 2590, 190-194, No. 2591, 217-220.

鎌田遵. 2006.『「辺境」の抵抗：核廃棄物とアメリカ先住民の社会運動』御茶の水書房.

――――. 2009.『ネイティブ・アメリカン：先住民社会の現在』岩波新書.

金成隆一. 2017.『ルポ　トランプ王国：もう一つのアメリカを行く』岩波新書.

兼子歩. 2007.「『黒人レイピスト神話』のポリティクス：20世紀転換期アメリカにおける人種暴力・ジェンダー・階級」『ジェンダー史学』3：5-18.
―――. 2018.「トランプの時代の新しい女性運動：その限界と可能性」『世界』908: 176-183.
―――. 2021.「犬笛政治の果てに：トランプ大統領の4年間を歴史的に考える」『世界』940: 185-195.
Kasarda, John D. 1989. "Urban Industrial Transition and the Underclass." *Annals of the American Academy of Political and Social Science* 501: 26-47.
加藤千香子. 2008.「『多文化共生』への道程と新自由主義の時代」崔勝久・加藤千香子編『日本における多文化共生とは何か：在日の経験から』新曜社: 11-31.
加藤普章. 2018.『カナダの多文化主義と移民統合』東京大学出版会.
川島正樹編. 2005.『アメリカニズムと「人種」』名古屋大学出版会.
―――. 2014.『アファーマティヴ・アクションの行方：過去と未来に向き合うアメリカ』名古屋大学出版会.
Kendi, Ibram X. 2019. *How to be an Antiracist*. New York: One World. 児島修訳. 2021.『アンチレイシストであるためには』辰巳出版.
Kennedy, John F. 1964. *A Nation of Immigrants, Revised and Enlarged Edition*. New York: Harper and Row.
貴堂嘉之. 2018.『移民国家アメリカの歴史』岩波新書.
―――. 2019.『南北戦争の時代：19世紀　シリーズアメリカ合衆国史②』岩波新書.
King Jr., Martin Luther. 1963. "I Have a Dream." 荒このみ訳. 2008.「私には夢がある」荒このみ編訳『アメリカの黒人演説集』岩波文庫: 275-284.
Kingston, Maxine Hong. 1976=1989. *The Woman Warrior*. New York: Vintage.
Kirschenman, Joleen, and Kathryn M. Neckerman. 1991. "We'd love to hire them, but . . . ": The meaning of race for employers. In *The Urban Underclass*. Ed. by Christopher Jencks and Paul E. Peterson. Washington, D.C.: Brookings Institution Press: 203-232.
小井土彰宏. 2017.「高度技能移民政策の起源と変貌：H-1B　ビザの神話を超えて」小井土彰宏編『移民受入の国際社会学：選別メカニズムの比較分析』名古屋大学出版会: 20-47.
小泉明子. 2020.『同性婚論争：「家族」をめぐるアメリカの文化戦争』慶應義塾大学出版会.
近藤敦編. 2011.『多文化共生政策へのアプローチ』明石書店.
栗原涼子. 2018.『アメリカのフェミニズム運動史：女性参政権から平等憲法修正条項へ』彩流社.
Kymlicka, Will. 1995. *Multicultural Citizenship: A Liberal Theory of Minority Rights.*

Oxford: Oxford University Press. 角田猛之・石山文彦・山崎康仕監訳. 1998.『多文化時代の市民権：マイノリティの権利と自由主義』晃洋書房.
————. 2013. "Neoliberal Multiculturalism?" In *Social Resilience in the Neoliberal Era*. Ed. by Peter Hall and Michéle Lamont. Cambridge: Cambridge University Press: 99-125.
————, and Keith G. Banting eds. 2006. *Multiculturalism and the Welfare State: Recognition and Redistribution in Contemporary Democracies*. Oxford: Oxford University Press.
La Belle, Thomas J. and Christopher R. Ward. 1996. *Multiculturalism and Ethnic Studies*. Albany: State University of New York Press.
Lee, Jennifer. 2021. "Asian Americans, Affirmative Action and the Rise in Anti-Asian Hate." *Daedalus* 150 (2): 180-198.
————, and Frank D. Bean. 2010. *The Diversity Paradox: Immigration and the Color Line in 21st Century America*. New York: Russell Sage Foundation.
————, and Min Zhou. 2015. *The Asian American Achievement Paradox*. New York: Russell Sage.
Light, Ivan H. 1972. *Ethnic Enterprise in America: Business and Welfare among Chinese, Japanese, and Blacks*. Berkeley: University of California Press.
————, and Edna Bonacich. 1988. *Immigrant Entrepreneurs: Koreans in Los Angeles 1965-1982*. Berkeley: University of California Press.
Lilla, Mark. 2017. *The Once and Future Liberal: After Identity Politics*. New York: HarperCollins. 夏目大訳. 2018.『リベラル再生宣言』早川書房.
Logan, John R., and Brian J. Stults. 2011. "The Persistence of Segregation in the Metropolis: New Findings from the 2010 Census." Census Brief prepared for Project US2010.　http://www.s4.brown.edu/us2010/（最終閲覧日2015年８月31日）
Lopez, Mark Hugo, and Susan Minushkin. 2008. "2008 National Survey of Latinos: Hispanics See Their Situation in U.S. Deteriorating; Oppose Key Immigration Enforcement Measures." September 18, Washington, D.C.: Pew Hispanic Center.
Lowe, Lisa. 1996. *Immigrant Acts: On Asian American Cultural Politics*. Durham: Duke University Press.
Maeda, Daryl J. 2012. *Rethinking the Asian American Movement*. New York: Routledge.
Malcolm X. 1964. "The Ballot or the Bullet." 荒このみ訳. 2008.「投票権か、弾丸か」荒このみ編訳『アメリカの黒人演説集』岩波文庫: 285-320.
Malik, Kenan. 2015. "The Failure of Multiculturalism: Community Versus Society in Europe." *Foreign Affairs* 94 (2): 21-32.

Marable, Manning. 2007. *Race, Reform and Rebellion: The Second Reconstruction and Beyond in Black America, 1945-2006, Third Edition*. Jackson: The University Press of Mississippi.

Martin, Philip L. 2014. "The United States: The Continuing Immigration Debate." In *Controlling Immigration: A Global Perspective, Third Edition*. Ed. by James F. Hollifield, Philip L. Martin, and Pia M. Orrenius. Stanford: Stanford University Press: 47-77.

Massey, Douglas S., and Nancy A. Denton. 1993. *American Apartheid: Segregation and the Making of the Underclass*. Cambridge: Harvard University Press.

Massey, Douglas S., Jorge Durand, and Nolan J. Malone. 2002. *Beyond Smoke and Mirrors: Mexican Immigration in an Era of Economic Integration*. New York: Russell Sage Foundation.

Massey, Douglas S., and Jacob S. Rugh. 2014. "Segregation in Post-Civil Rights America: Stalled Integration or End of the Segregated Century?" *Du Bois Review* 11 (2): 205-232.

松尾知明. 2007.『アメリカ多文化教育の再構築：文化多元主義から多文化主義へ』明石書店.

Matthew, Dayna Bowen. 2015. *Just Medicine: A Cure for Racial Inequality in American Health Care*. New York: New York University Press.

McAdam, Doug, and Karina Kloos. 2014. *Deeply Divided: Racial Politics and Social Movements in Postwar America*. Oxford: Oxford University Press.

Medoff, Peter, and Holly Sklar. 1994. *The Streets of Hope: The Fall and Rise of an Urban Neighborhood*. Cambridge: South End Press. 大森一輝・森川美生訳. 2011.『ダドリー通り：破壊された街の再生の物語』東洋書店.

Meyer, Stephen. 1981. *The Five-Dollar Day: Labor Movement and Social Control in the Ford Motor Company 1908-1921*. Albany: State University of New York Press.

Miller, Todd. 2014. *Border Patrol Nation: Dispatches from the Front Lines of Homeland Security*. San Francisco: City Lights Books.

南川文里. 2007.『「日系アメリカ人」の歴史社会学：エスニシティ、人種、ナショナリズム』彩流社.

————. 2012.「エスニシティは変容する：アメリカ合衆国におけるエスニシティ論の射程」マイグレーション研究会編『エスニシティを問いなおす：理論と変容』関西学院大学出版会: 21-45.

————. 2016.「『エスニック・アメリカン』であること：エスニック文化とナショナリズムの接合」駒井洋監修・佐々木てる編『マルチ・エスニック・ジャパニーズ：○○系日本人の変革力』明石書店: 26-41.

――――. 2017.「トランプ政権初期の移民政策：動揺する『移民国家』」『Migrants Network』192: 28-29.
――――. 2018.「『移民の国』のネイティヴィズム：アメリカ排外主義と国境管理」樽本英樹編『排外主義の国際比較：先進諸国における外国人移民の実態』ミネルヴァ書房: 177-197.
――――. 2020a.「制度から考える反人種主義：制度的人種主義批判の射程」『現代思想10月臨時増刊号　総特集ブラック・ライヴズ・マター』青土社: 91-96.
――――. 2020b.「『多様性』時代におけるトランプ現象：「分断」の底で進行する人種関係の地殻変動」『論座』11月13日. https://webronza.asahi.com/politics/articles/2020111100009.html（最終閲覧日2021年９月30日）
――――. 2021.『未完の多文化主義：アメリカにおける人種、国家、多様性』東京大学出版会.
Mirel, Jeffrey. 2010. *Patriotic Pluralism: Americanization Education and European Immigrants*. Cambridge: Harvard University Press.
Modood, Tariq. 2013. *Multiculturalism, Second Edition*. London: Polity.
Morawska, Ewa. 2009. *A Sociology of Immigration: (Re)Making Multifaceted America*. New York: Palgrave Macmillan.
森孝一. 1996.『宗教からよむ「アメリカ」』講談社選書メチエ.
森山至貴. 2017.『LGBTを読みとく：クィア・スタディーズ入門』ちくま新書.
師岡康子. 2013.『ヘイトスピーチとは何か』岩波新書.
Moss, Philip, and Chris Tilly. 2001. "Why Opportunity Isn't Knocking: Racial Inequality and the Demand for Labor." In *Urban Inequality: Evidence From Four Cities*. Ed. by Alice O'Connor et al. New York: Russell Sage Foundation: 444-495.
Muñoz Jr., Carlos. 1989=2007. *Youth, Identity, Power: The Chicano Movement*. London: Verso.
Murakawa, Naomi. 2014. *The First Civil Right: How Liberals Built Prison America*. New York: Oxford University Press.
Myrdal, Gunnar. 1944. *An American Dilemma: The Negro Problem and Modern Democracy*. New York: Harper and Brothers.
Nagel, Joane. 1996. *American Indian Ethnic Renewal: Red Power and the Resurgence of Identity and Culture*. New York: Oxford University Press.
中村隆之. 2020.『野蛮の言説：差別と排除の精神史』春陽堂.
中野耕太郎. 2013.『戦争のるつぼ：第一次世界大戦とアメリカニズム』人文書院.
――――. 2015.『20世紀アメリカ国民秩序の形成』名古屋大学出版会.
National Council for the Social Studies. 1976. "Curriculum Guidelines for Multiethnic Education." Arlington: National Council for the Social Studies.

————. 1991=1992. “Curriculum Guidelines for Multicultural Education.” *Social Education* 56(5): 274-294.
New York State Social Studies Review and Development Committee. 1991. *One Nation, Many Peoples: A Declaration of Cultural Independence*. Albany: New York State Education Department.
Ngai, Mae. 1999. “The Architecture of Race in American Immigration Law: A Reexamination of the Immigration Act of 1924.” *The Journal of American History* 86 (1): 67-92.
————. 2004. *Impossible Subjects: Illegal Aliens and the Making of Modern America*. Princeton: Princeton University Press. 小田悠生訳. 2021.『「移民の国アメリカ」の境界：歴史のなかのシティズンシップ・人種・ナショナリズム』白水社.
西山隆行. 2017.「2016年アメリカ大統領選挙と「マイノリティ」」『立教大学アメリカン・スタディーズ』39: 61-75.
野口久美子. 2019.『インディアンとカジノ：アメリカの光と影』ちくま新書.
Novak, Michael. 1972. *The Rise of Unmeltable Ethnics: Politics and Culture in the Seventies*. New York: Macmillan.
Obama, Barack. 1995. *Dreams from My Father: A Story of Race and Inheritance*. New York: Three Rivers Press 白倉三紀子・木内裕也訳. 2007.『マイ・ドリーム：バラク・オバマ自伝』ダイヤモンド社.
————. 2004. “Keynote Address at the 2004 Democratic Convention.” July 27. 三浦俊章訳. 2010.「民主党全国大会演説『大いなる希望』」三浦俊章編訳『オバマ演説集』岩波新書: 3-18.
————. 2009. “Inaugural Address.” January 20. 三浦俊章訳. 2010.「大統領就任演説『新しい責任の時代』」三浦俊章編訳『オバマ演説集』岩波新書: 91-105.
『オキュパイ！ガゼット』編集部編. 肥田美佐子訳. 2012.『私たちは “99%”だ：ドキュメント・ウォール街を占拠せよ』岩波書店.
Office of Management and Budget. 1997. *Revisions to the Standards for the Clarification of Federal Data on Race and Ethnicity*. Washington, D.C.: Executive Office of the President.
太田好信. 1998.『トランスポジションの思想：文化人類学の再想像』世界思想社.
Okin, Susan Moller. 1999. “Is Multiculturalism Bad For Women?” In *Is Multiculturalism Bad for Women?* Ed. by Joshua Cohen, Matthew Howard, and Martha C. Nusbaum. Princeton: Princeton University Press: 7-24.
Omi, Michael, and Howard Winant. 2015. *Racial Formation in the United States, Third Edition*. New York: Routledge.
大森一輝. 2014.『アフリカ系アメリカ人という困難：奴隷解放後の黒人知識人と「人種」』

彩流社.
Orfield, Gary and Chungmei Lee. 2005. "Why Segregation Matters: Poverty and Educational Inequality." The Civil Rights Project, Harvard University.
Page, Scott E. 2007. *The Difference: How the Power of Diversity Creates Better Groups, Firms, Schools, and Societies*. Princeton: Princeton University Press.
Park, Robert E. 1914. "Racial Assimilation in Secondary Groups with Particular Reference to the Negro." *American Journal of Sociology* 19 (5): 606-623.
———. 1926=1950. "Our Racial Frontier on the Pacific." In *Race and Culture*. Ed. by Everett Hughes. Chicago: University of Chicago Press: 138-151.
———, and Ernest W. Burgess. 1921. *Introduction to the Science of Sociology*. Chicago: Chicago University Press.
Pascoe, Peggy. 2009. *What Comes Naturally: Miscegenation Law and the Making of Race in America*. New York: Oxford University Press.
Perlmann, Joel, and Mary C. Waters ed. 2005. *The New Race Question: How the Census Counts Multiracial Individuals*. New York: Russell Sage.
Pew Research Center. 2013. *King's Dream Remains an Elusive Goal; Many Americans See Racial Disparities*. Washington, D.C.: Pew Research Center.
———. 2018. *More Latinos Have Serious Concerns About Their Place in America Under Trump*. Washington, D.C.: Pew Research Center.
Philips, Anne. 2007. *Multiculturalism Without Culture*. Princeton: Princeton University Press.
Pickerill, Jenny, and John Krinsky. 2012. "Why Does Occupy Matter?" *Social Movement Studies* 11 (3-4): 279-287.
Pierson, Paul. 2007. "The Rise and Reconfiguration of Activist Government." In *The Transformation of American Politics: Activist Government and the Rise of Conservatism*. Ed. by Paul Pierson and Theda Skocpol. Princeton: Princeton University Press: 19-38.
Portes, Alejandro and Robert L. Bach. 1985. *Latin Journey: Cubans and Mexican Immigrants in the United States*. Berkeley: University of California Press.
———, and Rubén G. Rumbaut. 2001. *Legacies: The Story of the Immigrant Second Generation*. Berkeley: University of California Press. 村井忠政訳. 2014.『現代アメリカ移民第二世代の研究：移民排斥と同化主義に代わる「第三の道」』明石書店.
———, and Rubén G. Rumbaut. 2014. *Immigrant America: A Portrait, Fourth Edition*. Berkeley: University of California Press.
Pulido, Laura. 2006. *Black, Brown, Yellow and Left: Radical Activism in Los Angeles*. Berkeley: University of California Press.

Ramírez, Catherine S. 2020. *Assimilation: An Alternative History*. Berkeley: University of California Press.

Ransby, Barbara. 2018. *Making All Black Lives Matter: Reimagining Freedom in the 21st Century*. Berkeley: University of California Press.

Ratner-Rosenhagen, Jennifer. 2019. *The Ideas That Made America: A Brief History*. Oxford: Oxford University Press. 入江哲朗訳. 2021.『アメリカを作った思想：500年の物語』ちくま学芸文庫.

Rawls, John. 1999. *A Theory of Justice: Revised Edition*. Cambridge: Harvard University Press. 川本隆史・福間聡・神島裕子訳. 2010.『正義論　改訂版』紀伊國屋書店.

Reimers, David M. 1985=1992. *Still the Golden Door: The Third World Comes to America*. New York: Columbia University Press.

———. 1998. *Unwelcome Strangers: American Identity and the Turn Against Immigration*. New York: Columbia University Press.

Riesman, David, Nathan Glazer, and Reuel Denney. 1950=1961. *The Lonely Crowd: A Study of the Changing American Character*. New Haven: Yale University Press. 加藤秀俊訳. 1964.『孤独な群衆』みすず書房.

Roediger, David R. 1991. *The Wages of Whiteness: Race and the Making of the American Working Class*. London: Verso. 小原豊志ほか訳. 2006.『アメリカにおける白人意識の構築：労働者階級の形成と人種』明石書店.

———. 2008. *How Race Survived U.S. History: From Settlement and Slavery to the Obama Phenomenon*. London: Verso.

Root, Maria P. P. 1995. "A Bill of Rights for Racial Mixed People." In *The Multiracial Experience: Racial Borders as the New Frontier*. Ed. by Maria P. P. Root. Thousand Oaks: Sage: 1-14.

Rosaldo, Renato. 1994. "Cultural Citizenship and Educational Democracy." *Cultural Anthropology* 9 (3): 402-411.

Ryan, Camille L. and Kurt Bauman. 2016. *Educational Attainment in the United States: 2015*. Current Population Reports P20-578. Washington, D.C.: Government Printing Office.

梁英聖. 2020.『レイシズムとは何か』ちくま新書.

Saito, Leland T. 1998. *Race and Politics: Asian Americans, Latinos, and Whites in a Los Angeles Suburb*. Urbana: University of Illinois Press.

斎藤眞. 1995.『アメリカとは何か』平凡社.

Saxton, Alexander. 1971=1995. *The Indispensable Enemy: Labor and the Anti-Chinese Movement in California*. Berkeley: University of California Press.

Schlesinger Jr., Arther M. 1991a. *The Disuniting of America: Reflections on Multicultural Society*. New York: W.W. Norton and Company. 都留重人訳. 1992.『アメリカの分裂：多元文化社会についての所見』岩波書店.
———. 1991b. "A Dissenting Opinion." In *One Nation, Many Peoples: A Declaration of Cultural Independence*. New York State Social Studies Review and Development Committee. Albany: New York State Education Department: 45-47.
Schuck, Peter H. 2003. *Diversity in America: Keeping Government at a Safe Distance*. Cambridge: Harvard University Press.
関根政美. 1994.『エスニシティの政治社会学：民族紛争の制度化のために』名古屋大学出版会.
———. 2000.『多文化主義社会の到来』朝日新聞社.
Semega, Jessica, Melissa Kollar, Emily A. Shrider, and John F. Creamer. 2020. *Income and Poverty in the United States: 2019*. U.S. Census Bureau, Current Population Reports, P60-270. Washington, D.C.: U.S. Government Publishing Office.
Sen, Amartya. 2006. *Identity and Violence: The Illusion of Destiny*. New York: W.W. Norton and Company. 大門毅・東郷えりか訳. 2011.『アイデンティティと暴力：運命は幻想である』勁草書房.
志田陽子. 2006.『文化戦争と憲法理論：アイデンティティの相剋と模索』法律文化社.
塩原良和. 2005.『ネオリベラリズムの時代の多文化主義：オーストラリアン・マルチカルチュラリズムの変容』三元社.
白井洋子. 2003.「文化復権を求めて：先住アメリカ人のあゆみ」有賀夏紀・油井大三郎編『アメリカの歴史：テーマで読む多文化社会の夢と現実』有斐閣: 84-99.
Skrentny, John D. 1996. *The Ironies of Affirmative Action: Politics, Culture, and Justice in America*. Chicago: University of Chicago Press.
———. 2002. *The Minority Rights Revolution*. Cambridge: The Belknap Press of Harvard University Press.
Smedley, Audrey. 2011. *Race in North America: Origin and Evolution of Worldview, Fourth Edition*. Boulder: Westview.
Smith, Anthony D. 1991. *National Identity*. Reno: University of Nevada Press. 高柳先男訳. 1998.『ナショナリズムの生命力』晶文社.
Sollors, Werner. 1986. *Beyond Ethnicity: Consent and Descent in American Culture*. Oxford: Oxford University Press.
Spivak, Gayatri Chakravorty. 2010. "Can the Subaltern Speak? Revised Edition." In *Can The Subaltern Speak?: Reflections on the History of An Idea*. Ed. by Rosalind C. Morris. New York: Columbia University Press: 20-78.
Steele, Shelby. 1990. *The Content of Our Character: A New Vision of Race in America*.

New York: Harper Perennial. 李隆訳. 1997.『黒い憂鬱：90年代アメリカの新しい人種関係』五月書房.

Steinberg, Stephen. 1981. *Ethnic Myth: Race, Ethnicity and Class in America*. Boston: Beacon Press.

Sugrue, Thomas J. 1996. *The Origins of the Urban Crisis: Race and Inequality in Postwar Detroit*. Princeton: Princeton University Press. 川島正樹訳. 2002.『アメリカの都市危機と「アンダークラス」』明石書店.

————. 2010. *Not Even Past: Barack Obama and the Burden of Race*. Princeton: Princeton University Press.

鈴木透. 2016.『実験国家アメリカの履歴書：社会・文化・歴史にみる統合と多元化の軌跡　第2版』慶應義塾大学出版会.

Takaki, Ronald. 1982. “Reflection on Racial Patterns in America: An Historical Perspective.” *Ethnicity and Public Policy* 1: 1-23.

————. 1993=2008. *A Different Mirror: A History of Multicultural America: Revised Edition*. New York: Little, Brown, and Company.

————. 2000. *Double Victory: A Multicultural History of America in World War II*. New York: Little, Brown, and Company.

髙佐智美. 2003.『アメリカにおける市民権：歴史に揺らぐ「国籍」概念』勁草書房.

髙谷幸編. 2019.『移民政策とは何か：日本の現実から考える』人文書院.

————. 2021.「移民・多様性・民主主義：誰による、誰にとっての多文化共生か」岩渕功一編『多様性との対話：ダイバーシティ推進が見えなくするもの』青弓社: 68-92.

竹沢泰子. 2005.「人種概念の包括的理解に向けて」竹沢泰子編『人種概念の普遍性を問う：西洋的パラダイムを超えて』人文書院: 9-109.

樽本英樹編. 2018.『排外主義の国際比較：先進諸国における外国人移民の実態』ミネルヴァ書房.

Taylor, Alan. 2013. *Colonial America: A Very Short Introduction*. Oxford: Oxford University Press. 橋川健竜訳. 2020.『先住民vs.帝国　興亡のアメリカ史：北米大陸をめぐるグローバル・ヒストリー』ミネルヴァ書房.

Taylor, Charles. 1994. “Multiculturalism and ‘the Politic of Recognition’.” In *Multiculturalism: Examining the Politics of Recognition*. Ed. by Amy Gutmann. Princeton: Princeton University Press: 25-73. 佐々木毅・辻康夫・向山恭一訳. 1996.「承認をめぐる政治」『マルチカルチュラリズム』岩波書店: 37-110.

Taylor, Keenga-Yamahtta. 2016. *From #BlackLivesMatter to Black Liberation*. Chicago: Haymarket Books.

Tesler, Michael. 2016. *Post-Racial or Most-Racial? Race and Politics in the Obama*

Era. Chicago: The University of Chicago Press.

Thernstrom, Stephan, ed. 1980. *Harvard Encyclopedia of American Ethnic Groups*. Cambridge: The Belknap Press of Harvard University Press.

Thrasher, Frederic. 1936=2013. *The Gang: A Study of 1,313 Gangs in Chicago, Second Edition*. Chicago: University of Chicago Press.

Tillery Jr., Alvin B. 2019. "Obama's Legacy for Race Relations." In *The Obama Legacy*. Ed. by Bert A. Rockman and Andrew Rudalevige. Lawrence: University Press of Kansas: 71-90.

Tolley, Ellen. 2011 (Revision by Madison Vonk 2016). *Multiculturalism Policy Index: Immigrant Minority Policies Revised Edition*. Kingston: Queen's University.

Torres, Carlos Alberto. 1998. *Democracy, Education, and Multiculturalism: Dilemmas of Citizenship in a Global World*. Lanham: Rowman and Littlefield.

Tsuchiya, Kazuyo. 2014. *Reinventing Citizenship: Black Los Angeles, Korean Kawasaki, and Community Participation*. Minneapolis: University of Minnesota Press.

土屋和代. 2020.「刑罰国家と『福祉』の解体：『投資-脱投資』が問うもの」『現代思想10月臨時増刊号　総特集ブラック・ライヴズ・マター』青土社: 124-131.

辻内鏡人. 2001.『現代アメリカの政治文化：多文化主義とポストコロニアリズムの交錯』ミネルヴァ書房.

Turner, Margery Austin, Stephen L. Ross, George C. Galster, and John Yinger. 2002. *Discrimination in metropolitan housing markets: National results from Phase I HDS 2000*. Washington, D.C.: U.S. Department of Housing and Urban Development.

内田綾子. 2008.『アメリカ先住民の現代史：歴史的記憶と文化継承』名古屋大学出版会.

上杉忍. 2013.『アメリカ黒人の歴史：奴隷貿易からオバマ大統領まで』中公新書.

U.S. Bureau of Justice Statistics. 2020. "Prisoners in 2018." Washington, D.C.: U.S. Department of Justice.

U.S. Census Bureau. 2011. "Overview of Race and Hispanic Origin 2010." *2010 Census Briefs*. Washington, D.C.: U.S. Department of Commerce.

U.S. Department of Homeland Security (DHS). 2020. *2019 Yearbook of Immigration Statistics*. Washington, D.C.: U.S. Department of Homeland Security, Office of Immigration Statistics.

U.S. Department of Labor. 1965. *Negro Family: The Case for National Action*. Washington, D.C: Government Printing Office.

牛田千鶴. 2010.『ラティーノのエスニシティとバイリンガル教育』明石書店.

Uyematsu, Amy. 1969. "The Emergence of Yellow Power in America." *Gidra* 1(7): 8-11.

バーダマン, ジェームス・M. 森本豊富訳. 2020.『アメリカ黒人史：奴隷制からBLMまで』ちくま新書.
Voss, Kim and Irene Bloemraad ed. 2011. *Rallying for Immigrant Rights: The Fight for Inclusion in 21st Century America*. Berkeley: University of California Press.
Wacquant, Loïc. 2009. *Punishing the Poor: The Neoliberal Government of Social Insecurity*. Durham: Duke University Press.
Waldinger, Roger, Howard Aldrich, Robin Ward, and Associates. 1990. *Ethnic Entrepreneurs: Immigrant Business in Industrial Societies*. Newbury Park: Sage.
Wallace, Rebecca, Erin Tolley, and Madison Vonk. 2021. *Multiculturalism Policy Index: Immigrant Minority Policies, Third Edition*. Kingston: Queen's University.
Walzer, Michael. 1980. "Pluralism: A Political Perspective." In *Harvard Encyclopedia of American Ethnic Groups*. Ed. by Stephan Thernstrom. Cambridge: The Belknap Press of Harvard University Press: 781-787.
———. 1997. *On Toleration*. New Haven: Yale University Press. 大川正彦訳. 2003.『寛容について』みすず書房.
Ward, Stephen. 2006. "The Third World Women's Alliance: Black Feminist Radicalism and Black Power Politics." In *The Black Power Movement: Rethinking the Civil Right-Black Power Era*. Ed. by Peniel E. Joseph. New York: Routledge: 119-144.
Warner, W. Lloyd, and Leo Srole. 1945=1963. *The Social System of American Ethnic Groups*. New Haven: Yale University Press.
渡辺靖. 2007.『アメリカン・コミュニティ：国家と個人が交差する場所』新潮社.
Waters, Mary C. 1990. *Ethnic Options: Choosing Identities in America*. Berkeley: University of California Press.
———. 1999. *Black Identities: West Indian Immigrant Dreams and American Realities*. Cambridge: Harvard University Press.
Wei, William. 1993. *The Asian American Movement*. Philadelphia: Temple University Press.
Weiss, Adam. 2007. "Grutter, Community, and Democracy: The Case for Race-Conscious Remedies in Residential Segregation Suits." *Columbia Law Review* 107(5): 1195-1233.
Williams, Kim M. 2006. *Mark One or More: Civil Rights in Multiracial America*. Ann Arbor: University of Michigan Press.
Wilson, William Julius. 1987. *The Truly Disadvantaged: The Inner City, Underclass, and Public Policy*. Chicago: University of Chicago Press. 青木秀男監訳. 1999.『アメリカのアンダークラス：本当に不利な立場に置かれた人々』明石書店.
———. 2009. *More Than Just Race: Being Black and Poor in the Inner City*. New

York: W. W. Norton & Company.

Wingfield, Adia Harvey. 2019. *Flatlining: Race, Work, and Health Care in the New Economy*. Berkeley: University of California Press.

Wirth, Louis. 1928=1998. *The Ghetto*. New Brunswick: Transaction Publishers.

Wolfe, Patrick. 2006. "Settler Colonialism and the Elimination of the Native." *Journal of Genocide Research* 8 (4): 387-409.

安井倫子. 2016.『語られなかったアメリカ市民権運動史：アファーマティブ・アクションという切り札』大阪大学出版会.

米山リサ. 2003.『暴力・戦争・リドレス：多文化主義のポリティクス』岩波書店.

吉原令子. 2013.『アメリカの第二波フェミニズム：1960年代から現在まで』ドメス出版.

Young, Iris Marion. 1990. *Justice and the Politics of Difference*. Princeton: Princeton University Press. 飯田文雄・苅田真司・田村哲樹監訳. 2020.『正義と差異の政治』法政大学出版局.

Zangwill, Israel. 1909=1921. *The Melting Pot: Works on Israel Zangwill*. New York: The American Jewish Book Company.

Zhou, Min. 1992. *Chinatown: The Socioeconomic Potential of an Urban Enclave*. Philadelphia: Temple University Press.

———. 1997. "Segmented Assimilation: Issues, Controversies, and Recent Research on the New Second Generation." *International Migration Review* 31(4): 975-1008.

———, and John R. Logan. 1989. "Returns on Human Capital in Ethnic Enclaves: New York City's Chinatown." *American Sociological Review* 54 (5): 809-820.

Zolberg, Aristide R. 2006. *A Nation By Design: Immigration Policy in the Fashioning of America*. New York: Russell Sage Foundation.

Zunz, Olivier. 1998. *Why the American Century*. Chicago: University of Chicago Press. 有賀貞・西崎文子訳. 2005.『アメリカの世紀：それはいかに創られたか？』刀水書房.

索　引

あ　行

か　行

さ　行

た　行

な　行

は　行

ま　行

や　行

ら　行

わ　行

■著者紹介

南川 文里（みなみかわ　ふみのり）

1973年　愛知県に生まれる。
2001年　一橋大学大学院社会学研究科博士後期課程単位取得退学。
2006年　博士（社会学）取得。
　　　　神戸市外国語大学准教授、立命館大学国際関係学部教授などを経て、
現　在　同志社大学大学院グローバル・スタディーズ研究科教授。
　　　　専門は、社会学、アメリカ研究。

［主な著作］
『「日系アメリカ人」の歴史社会学：エスニシティ、人種、ナショナリズム』（単著）彩流社、2007年。
『未完の多文化主義：アメリカにおける人種、国家、多様性』（単著）東京大学出版会、2021年。
『排外主義の国際比較：先進諸国における外国人移民の実態』（共著、樽本英樹編）ミネルヴァ書房、2018年。

ほか。

Horitsu Bunka Sha

アメリカ多文化社会論〔新版〕
──「多（た）からなる一（いち）」の系譜と現在

2016年1月31日　初版第1刷発行
2022年4月15日　新版第1刷発行

著　者　南川文里
発行者　畑　　光
発行所　株式会社　法律文化社

〒603-8053
京都市北区上賀茂岩ヶ垣内町71
電話 075(791)7131　FAX 075(721)8400
https://www.hou-bun.com/

印刷：西濃印刷㈱／製本：㈱藤沢製本
装幀：谷本天志

ISBN 978-4-589-04206-4